예배의 실제

특별예배 기획

예배의 실제 / 특별예배 기획

초판 1쇄	2021년 12월 30일
지 은 이	김경진
펴 낸 이	김현애
펴 낸 곳	예배와 설교 아카데미
주 소	서울특별시 광진구 아차산로73길 25
전 화	02 - 457 - 9756
팩 스	02 - 457 - 1120
홈페이지	http://wpa.imweb.me
등록번호	제18 - 19호(1998.12.3)

디 자 인	디자인집 02 - 521 - 1474
총 판 처	비전북
전 화	031 - 907 - 3927
팩 스	031 - 905 - 3927
I S B N	978 - 89 - 88675 - 65 - 6

값 22,000원

● 잘못 만들어진 책은 교환해 드립니다.

김경진 지음

예배의 실제

특별예배 기획

목차

서문

모든 예배자가 함께 기뻐하며 하나님께만 온전한 영광을 돌리는 예배! 거룩하고 경건하면서도 열정이 느껴지는 예배! 성령의 임재가 경험되는 예배! 하늘의 예배와 이 땅의 예배가 조우되는 우주적인 예배! 참으로 아름다운 예배! ….

이러한 가치는 어쩌면 보다 의미 있는 예배를 꿈꾸는 사람들의 마음속에 묵직한 무게로 숨겨진 간절한 소망이 아닐까 생각됩니다.

예배학을 공부하고 1999년에 귀국한 이래로 저는 학생들에게 예배학을 가르치면서 보다 성경적이고 역사적인 예배, 신학적으로 올바르며 목회적으로 유용한 예배, 그리고 문화적으로 친밀하고 예술적으로 아름다운 예배를 소망해 왔습니다. 특별히 2000년부터 『예배와 설교 핸드북』 저작에 참여하면서, 그리고 여러 번의 『대한예수교장로회(통합) 예배 · 예식서』의 개정작업에 참여하면서, 또한 다양한 필요에 의한 공적인 예배 예식들을 기획하고 실행해 오면서 저는 이러한 소망을 다양한 예배 예식 안에서 표현해 보고자 노력해 왔습니다.

예배를 기획하면서 특별히 중요하게 생각한 것은 바로 "올바른 신학, 신앙의 내용을 담아내는 예배"였습니다. 이것은 이미 종교개혁자들이 강조하였던 예배 개혁의 중심 가치이기도 합니다. "lex orandi, lex credendi"(the rule of prayer, a norm for belief)라는 라틴어 문구가 있습니다. 이 말이 뜻하는 것은 "어떤 예배의 형식이든지 그 안에는 그들이 표현하는 신앙의 내용이 들어 있다"(what is prayed indicate what may and must be believed)는 것입니다. 이 말은 예배학에서 대단히 중요한 표현으로, 실제로 우리의 삶 속에서도 얼마든지 발견할 수 있습니다. 우리가 어떠한 예배의 형태를 취하든지(the rule of prayer), 그 속에는 그것이 표현하고 있는 신앙의 내용(a norm for belief)이 들어 있게 마련입니다. 문제는 예배와 예식이 잘못된 신학을 포함하거나 잘못된 신학으로 우리를 오도하는 데 있습니다. 종종 우리는 목회자들의 예배 인도의 모습 속에서, 또는 기도의 내용 속에서 성경적으로나 신학적으로 바르지 않은 경우들을 발견할 때가 있습니다. 따라서 저는 예배 예식을 기획하면서 가능한 성경적인 뿌리를 가지고 있으며 신학적으로 올바른 예배를 만들어 보고자 하였습니다.

또한 예배 예식을 기획하면서 역사적으로도 연속성이 있는 예배를 만들고자 하였습니다. 우리가 드리는 예배는 2000년 이상의 역사를 가지고 있습니다. 그동안 수많은 지역에서 수많은 사람들이 자신들의 지혜와 마음을 담아서 하나님께 바르게 예배하려고 노력해 왔습니다. 역사적인 고려는 이러한 선조들의 예배를 통해 우리가 배울 점이 있을 것이라는 기대로부터 출발합니다. 물론 때로는 왜곡된 경우도 있었지만, 초대교회의 다양한 예전의 경우만 보더라도 요즈음 우리가 상상하기 어려운 풍성하고도 신학적인 상상력이 그들의 예배 예식 안에 들어 있음을 발견할 수 있습니다. 따라서 저는 역사적인 연구를 통하여 발굴된 다양하고 유용한 예식의 내용들을 예배 예식 안에서 적절하게 소개하고 다양하게 응용하고자 했습니다.

아쉽게도 사람들 중에는 예배학자들이 쓸모없는 과거의 기도문에 집착한다고 오해하는 분들이 있습니다. 그리고 이러한 비평이나 불평은 때로 현실이 되기도 합니다. 오래된 예식문들을 읽어 내려가기는 하지만 생명력이 느껴지지 않는 외식적인 예배를 경험할 때가 종종 있기 때문입니다. 역사 속에서 발굴된 예배들이 이러한 모습으로 비치게 된 데에는 역사적 자료에 문제가 있다기보다는 이러한 유용한 자료를 현대의 문화에 친숙하게 바꾸는 과정에서 실패했기 때문입니다. 저는 이러한 역사적 자료들이 사문서화되거나 하나의 외식적인 의식문으로 끝나지 않도록 하기 위해서 자료에 담긴 의미를 현대적으로 재해석하고 적용하여 예식문 안에 재배치하고자 하였습니다.

예배를 기획하면서 한 가지 중요하게 생각한 또 다른 부분은 바로 목회적 유용성입니다. 이것은 때로 신학적 타당성 또는 신학적 진정성과 대척점에 설 때가 있습니다. 예를 들어, 임종 직전 혼수상태에서 세례를 요구하는 사람에게 개혁교회의 신학은 어쩌면 세례 자체가 구원을 주는 것이 아니며 세례를 받는 사람의 믿음이 요구되는 것이라고 말하며 거부하도록 가르칠 것이지만, 목회의 현장은 이러한 신학적 관점보다는 목회적 돌봄의 관점에서 접근해야 할 때가 있습니다. 이런 경우에 우리는 신학적인 문제를 가급적 피해 가면서 목회적으로 유용한 예배와 예식을 진행해야 합니다. 본서에 실은 "자살자를 위한 장례 예식문"의 경우가 바로 이러한 목회적인 고려가 담긴 예입니다. 저는 현장을 생각하고 사람들의 필요에 공감하면서 신학적으로 올바른 예배를 만들어 보려고 하였습니다.

마지막으로, 문화적으로 친숙하고 아름다운 예배입니다. 아무리 신학적으로 바르고 성경적이며 목회적인 고려가 담긴 예배 예식이라도 소통이 되지 않으면 의미가 없습니다. 오늘의 현대인들에게, 현대 문화의 옷을 입혀서 예술적으로도 아름다운 예배를 경험하도록 기획할 필요가 있습니다. 오늘날의 사회는 이미지를 통해 소통하며 음악이나 춤 등 다양한 예술적 재료들을 통해 소통하고 있습니다. 더 나아가서 다양하게 개발되는 새로운 테크놀로지는 현대인들의 원활한 소통을 돕고 있습니다. 이런 관점에서 예배를 기획하면서 이러한 현대 문화의 열매들을 적극적으로 활용하였습니다.

사실 이러한 이야기를 하는 것이 조금은 쑥스럽습니다. 왜냐하면 이렇게 큰 꿈을 꾸기는 하였지만, 실제로 만들어 내어놓은 예배 기획안들이 그만큼의 큰 가치를 잘 담아내었는지에 대해서는 저도 의문이 들기 때문입니다. 이번에 책으로 내어놓는 예배 예식들은 제가 지난 십수 년 동안 직접 기획하거나 책임연구자로 기획한 예배 실행모델들입니다. 그들 중 상당한 내용은 이미 『예배와 설교 핸드북』에 발표되었던 것이며, 일부는 2008년에 발간된 『대한예수교장로회 예배·예식서』안에 수록된 것입니다. 또한 지난 십수 년 동안 다양한 필요에 따라서 요청받았던 특별한 예배나 예식에서 기획하여 실제로 실행하였던 내용도 있습니다. 장로회신학대학교 채플에서 학생들과 함께 기획하고 실행하였던 예배들도 일부 들어 있습니다.

지금 돌이켜보면 과거에 만든 예배 기획안 중에서 부끄럽거나 빼고 싶은 것들도 있는 것이 사실입니다. 저는 이러한 예배 기획안들을 저 자신이 다시 꼼꼼히 살펴보면서 비평적으로 예식문들을 수정하여 제시하고 싶은 마음이 많이 있습니다. 그러나 그 이전에 있는 그대로의 예배 예식문들을 우선 묶어서 정리하고 싶다는 생각을 하였습니다. 그것이 바로 오늘 이 『예배의 실제』가 나오게 된 배경입니다. 많이 부족한 내용이지만 다양한 예배 상황 속에서 예배 기획을 고민하는 목회자들에게 조금이나마 도움이 되길 바라는 마음으로 이 책을 내어놓습니다.

2021년 대림절에

김 경 진

1부
특별예배 모델

1장

노회 목사 안수예식 I[1]

I. 예식을 위한 안내

본 목사 안수예식은 지금까지 노회에서 시행되어 온 목사 안수예식을 보다 의미 있고 풍성하게 하려는 의도로 마련되었다. 예식을 간소화하면서도 안수례(Laying on of hands)의 신학적 의미가 잘 드러나도록 하는 데 주안점을 두었다. 현 목사 안수예식의 문제는 안수례 자체보다는 설교와 권면 등과 같은 순서에 집중되어 불필요한 시간 소요가 발생하고 있다는 점이다. 이로 인해 고유한 안수예식의 특징이 드러나지 못하고, 그럼으로써 안수의 의미가 진작되지 못하고 있다. 따라서 안수예식의 시간적 효율성 모색과 더불어 안수례에 집중한 안수의 예전적 의미 회복을 위하여 설교와 권면 등의 순서를 대폭 수정 또는 생략하고, 안수례를 중심으로 하여 안수예식을 보다 예전적으로 세분화하여 다듬었다.

안수례는 성경(행 13:2, 20:28; 딤전 4:14; 딤후 1:6)에서 시작된 예식이다. 기름을 머리에 부음으로 백성의 지도자를 세웠던 구약의 예식(삼상 16:12-13)과 달리, 신약의 사도들은 성령님의 지시하심에 따라 그들의 손을 그리스도의 복음과 교회를 위하여 수고할 자들의

---

1 본 예식은 평양노회에서 2011년부터 2015년까지 조직하여 운용한 예전연구위원회의 연구 결과물의 일부이며, 당시 장로회신학대학교 예배 · 설교학 교수였던 김경진, 유재원, 최진봉 목사가 전문위원으로 참여하였다. 2012년 가을노회에서 여기 소개된 개정안을 처음으로 실행하였다. 본 예식은 정장복 외 저, 『2013년도 교회력에 따른 예배와 설교 핸드북』(서울: 예배와 설교 아카데미, 2012), 76-91쪽에 처음 수록되었다.

머리에 얹고 기도함으로써 하나님께서 그들을 부르셔서 세우셨음을 공식적으로 인정하고
공포했다.

1982년 세계교회협의회(the World Council of Churches)의 신앙과 직제 위원회는 세례
(Baptism)와 성찬(Eucharist), 목회(Ministry)의 제반에 관한 문서(B.E.M.)를 출판하였다. 그
문서의 39-55조항은 안수의 의미와 예식, 안수조건 등 사제나 목사 안수에 관한 내용을
소개하는데, 다음과 같이 안수의 의미를 정의하고 있다.

> "교회는 목회 사역을 위하여 성령님의 임재를 위한 기원과 예수 그리스도의 이름으로 준
> 비된 몇 사람에게 안수를 행하는 것이다(딤전 4:14; 딤후 1:6). 그렇게 함으로써 교회는
> 사도들의 직무를 계승하고, 그들의 가르침을 신실히 따르는 것이다. 교회가 세운 자들
> 에게 행하는 안수예식은 곧 교회가 예수 그리스도와 연합되었음과 사도적 증언을 증명
> 하는 예식이요, 그것은 부활하신 주님께서 친히 안수를 받으셨으며, 그분이 안수를 베
> 푸시는 주인임을 기억하게 하는 것이다."[2]

『예배 · 예식서』는 안수의 의미를 다음과 같이 기술하고 있다.

> "임직의 기본적인 의미는 부름 받은 자에게 거룩한 명령을 수여하는 의식이며, 그가 교
> 회의 사역에 평생 동안 목숨을 다할 존재임을 인정하는 엄숙한 교회예전 중의 하나이다.
> 이러한 임직은 단순한 서약이나 임명의 행위로 끝날 수 없으며, 성경에서 보여준 대로 안
> 수라는 특별한 의식을 가져야 한다."[3]

안수예식이 갖는 신학적 의미는 두 가지의 행위가 만나는 자리로서, 사람을 부르셔서 명
령을 수여하시는 하나님의 행위와 그 명령을 받아들이는 인간의 행위이다. 특별히 목사에
게 수여하시는 하나님의 명령은 자신의 생을 모두 바쳐 말씀을 전파하고 예배와 성례전을

---

2 Robert E. Webber (ed.), *The Complete Library of Christian Worship*, Vol. 6: *The Sacred Actions of Christian Worship* (Peabody: Hendrickson Publishers, 1993), 306.

3 총회 예식서개정위원회 편, 『대한예수교장로회 예배 · 예식서』(서울: 한국장로교출판사, 2008), 252.

집례하면서 교회를 섬기라는 것이며,[4] 안수를 받는 자는 이러한 하나님의 부르심에 순명(順命)해야 한다. 따라서 안수예식은 이러한 의미가 부각될 수 있도록 구성되어야 한다.

이에 따라 이곳에 제안된 예식의 특징은 하나의 통으로 진행된 기존의 안수예식과 다른 구성을 갖는다. 기존의 안수예식은 설교와 권면의 순서가 부각되어 안수예식의 상당량을 차지하는 반면, 안수예식은 약소하게 진행되었다. 그러나 본 예식은 기존의 예식을 두 부분으로 나누어 말씀예전과 안수예식으로 구성한다. 말씀예전의 설교 순서는 말씀낭독(구약, 시편, 신약)으로 한다.[5] 기존에 있던 성경봉독과 설교 사이의 찬양은 생략했다.

안수예식은 크게 안수례와 세족례로 구성된다. 안수위원은 예전적 짜임새와 보다 집중된 안수례를 위하여 다음의 3종류로 제한하여 구성한다. 첫째, 노회장이 추천한 자(추천은 이전 노회장과 현 임원에 준하여 한다), 둘째, 안수후보자가 속한 지교회의 담임목사, 셋째, 안수후보자가 청원한 목사 또는 장로이다. 안수례를 위해서는 그동안 누락되어 왔던 안수례 선언, 곧 안수를 삼위 하나님의 이름으로 행함으로써 안수의 효력이 있음을 알리도록 했다. 또한 안수후보자들의 등단을 1회 또는 2-3회로 나누어 안수례를 행하도록 안내했다. 권면은 노회장과 안수 받은 자 대표 1인이 행하는 세족례로 대신하도록 했다.

현재 일반적인 목사 안수예식과 새로 제안된 예식안을 비교해 보면 다음과 같다.

일반적 목사 안수예식 순서	새로운 목사 안수예식 순서
1. 예배로 부름	A. **말씀의 예전**
2. 찬송	1. 예배로 부름
3. 기도	2. 찬양
4. 성경	3. 기도
5. 찬양	4. 설교(또는 말씀낭독)
6. 설교	
7. 서약	B. **안수예식**
8. 안수기도	5. 안수후보자 소개
9. 악수례	6. 서약
10. 공포	7. 성령 임재를 위한 기도

---

4 위의 책.

5 개혁교회의 전통에 따르면 성경봉독은 설교와 성찬성례전과 더불어 동일한 하나님의 말씀으로 간주되었다. 따라서 상황에 따라 설교 대신 성경봉독으로 말씀을 대신할 수 있다. 본 예식에서는 설교를 포함하는 의미에서 '성경봉독' 대신 '말씀낭독'으로 명칭했다.

11. 안수증 수여(가운, 스톨)	8. 안수후보자 및 안수위원 등단
12. 권면	9. 안수례
13. 광고	10. 감사기도
14. 찬송	11. 선포
15. 축도	12. 수여와 악수례
	13. 감사의 찬양
	14. 권면의 세족례
	15. 결단의 찬송
	16. 축도
	17. 광고

II. 예식의 실제

A. 말씀의 예전

(안수 받을 사람들은 가운을 착복한 상태로 예식에 참여한다.)

1. 예배로 부름 / 집례자

찬양하심으로 대한예수교장로회 ○○노회 제○○○회 목사 안수예식을 시작하겠습니다.

2. 찬양 / 다같이

(찬송가 311장 "내 너를 위하여", 315장 "내 주 되신 주를 참 사랑하고", 321장 "날 대속하신 예수께", 325장 "예수가 함께 계시니", 449장 "예수 따라가며", 455장 "주님의 마음을 본받는 자" 중에서 선택하여 부른다.)

3. 기도 / 맡은 이

4. 설교(또는 말씀낭독) / 맡은 이[6]

1) 구약의 말씀: 출 4:10-12; 민 11:16-17, 24-25; 삼상 3:1-11; 사 6:1-8; 렘 1:4-

---

6 시간과 상황에 따라 설교를 말씀낭독으로 대신할 수 있다. 말씀낭독으로 대신할 경우 낭독자 3인이 각각 구약, 시편, 신약의 말씀을 맡아 낭독한다.

10(택일)

2) 시편의 말씀: 시 4, 15, 16, 19:7-14, 20, 23, 43:3-43, 62:1-7, 115:1, 9-14, 132:8-19

   (택일)

3) 신약의 말씀: 마 9:35-38, 28:16-20; 요 6:35-38, 10:11-18; 벧전 5:1-4; 고후 4:1-

   10; 엡 4:7-13; 빌 4:4-9(택일)

B. 안수예식

('*' 표시가 된 8번과 9번은 안수례 횟수에 따라 반복 가능한 순서이다.)

5. 안수후보자 소개 / 노회서기

대한예수교장로회 ○○노회 제○○○회 노회에서 목사로 안수 받을 이들을 소개합니다.
호명받은 사람은 자리에서 일어서 주시기 바랍니다.

6. 서약[7] / 집례자

이제는 서약하는 시간을 갖도록 하겠습니다.

집례자: 교회의 머리가 되시는 주 예수 그리스도의 이름으로 오늘 ○○○ 씨 외 ○○명
을 목사로 안수하려 합니다. 이 예식은 사도신경의 믿음 위에서 사도들의 가르
침을 이어받은 대한예수교장로회 ○○노회가 주님의 이름으로 시행하는 것입
니다. 그러므로 우리는 그대들이 하나님의 소명에 확실한 결단을 내리고 응답
함을 확인하고, 이제 하나님과 여러 증인 앞에서 다음의 몇 가지를 묻고 서약을
받겠습니다. 서약을 물을 때에는 오른손을 들어 "예, 믿습니다", "예, 서약합니
다", "예, 승낙합니다"로 답하시기 바랍니다.

---

7   다음의 서약과 문답의 내용은 본 교단의 『예배 · 예식서』가 제시하는 3가지 서약 문답의 모범들이다. 집례자는 이들 가운
    데 하나를 사용할 수 있다. 또한 마지막 예문은 대안으로서 『예배 · 예식서』와 미국 장로교회의 *The Book of Order*, 그
    리고 대한기독교감리회의 『예문 2』의 서약 문답을 참조하여 재구성한 서약 문답이다.

〈예문 1〉

1) 문: ○○○ 씨는 예수님을 구세주로 영접한 사람으로서, 지금 이 시간에도 하나님과 주님의 교회를 섬기는 종으로 부름 받았다는 사실을 확신합니까?

답: 예, 확신합니다.

2) 문: 신·구약 성경은 하나님의 말씀이요, 신앙과 행위에 대하여 정확 무오한 유일의 법칙임을 믿습니까?

답: 예, 믿습니다.

3) 문: 본 장로회 교리는 신·구약 성경에서 교훈한 진리를 총괄한 것으로 알고 성실한 마음으로 믿고 따르기로 서약합니까?

답: 예, 서약합니다.

4) 문: 주님 안에서 같은 회원 된 형제자매들과 협력하여 아름다운 주님의 공동체를 이룩하기로 서약합니까?

답: 예, 서약합니다.

5) 문: 목사의 성직에 부름 받음은 하나님을 사랑하는 마음과 그 독생자 예수 그리스도의 복음을 전파하여 하나님의 영광을 나타내고자 하는 순수한 마음에서 응답해야 함을 다짐합니까?

답: 예, 다짐합니다.

6) 문: 주님의 몸 된 교회와 사도적 정통성을 보존하기 위하여 순교의 각오로 성직을 받겠습니까?

답: 예, 받겠습니다.

7) 문: 목사로서 하나님의 말씀을 선포하고 성례전을 집례하는 임무를 성실히 수행하기로 서약합니까?

답: 예, 서약합니다.

〈예문 2〉

1) 문: 신·구약 성경은 하나님의 말씀이요, 신앙과 행위에 대하여 정확 무오한 유일의 법칙임을 믿습니까?

답: 예, 믿습니다.

2) 문: 본 장로회 교리는 신·구약 성경에서 교훈한 도리를 총괄한 것으로 알고 성실한
　　　마음으로 받아 순종하기로 서약합니까?

　답: 예, 서약합니다.

3) 문: 본 장로회 정치와 권징조례와 예배 모범을 정당한 것으로 알고 승낙합니까?

　답: 예, 승낙합니다.

4) 문: 주님 안에서 같은 회원 된 형제들과 협력하기로 서약합니까?

　답: 예, 서약합니다.

5) 문: 목사의 성직을 구한 것이 하나님을 사랑하는 마음과 그 독생자 예수 그리스도의
　　　복음을 전파하여 하나님의 영광을 나타내고자 하는 본심에서 시작한 줄로 인정
　　　합니까?

　답: 예, 인정합니다.

6) 문: 어떠한 핍박이나 반대를 당할지라도 인내하고 충심으로 복음의 진리를 보호하며,
　　　교회의 성결과 화평을 도모하며 성실히 봉사하기로 서약합니까?

　답: 예, 서약합니다.

7) 문: 목사로서 하나님의 말씀을 선포하고 성례전을 집례하는 임무를 성실히 수행하기
　　　로 서약합니까?

　답: 예, 서약합니다.

〈예문 3〉

1) 문: 그대는 하나님의 독생자로서 성육신하신 예수 그리스도를 구주로 영접하였으며,
　　　인류의 구세주이신 그리스도만을 신뢰하기로 서약합니까?

　답: 예, 서약합니다.

2) 문: 신·구약 성경은 하나님의 말씀이요, 신앙과 행위의 규범임을 믿으며, 이 말씀만
　　　을 기본으로 삼아 선포하기로 서약합니까?

　답: 예, 서약합니다.

3) 문: 그대는 목사로서 성례전을 통하여 예수 그리스도를 믿는 자들의 생활 속에 증거
　　　하기로 서약합니까?

　답: 예, 서약합니다.

4) 문: 그대는 본 장로회 교회의 내용을 그대로 받아들이고, 그에 따라 성실히 목회하기로 서약합니까?

    답: 예, 서약합니다.

5) 문: 그대는 이 교회는 물론 모든 하나님의 교회와 화평을 이루며 사랑으로 진리를 전파하고, 그대에게 맡겨진 성도들을 보살피며 참된 양심으로 교회의 권위를 따라 하나님의 교회를 위하여 충실히 목회할 것을 서약합니까?

    답: 예, 서약합니다.

〈대안 예문〉

1) 문: 그대들은 하나님의 독생자로서 성육신하신 예수 그리스도를 구주로 영접하며, 그분이 온 세상의 주요 교회의 머리되심을 믿으며 그분 안에서 성부, 성자, 성령 삼위일체의 하나님을 믿습니까?

    답: 예, 믿습니다.

2) 문: 그대들은 성부, 성자, 성령 하나님께서 목사로 부르셨음을 믿으십니까?

    답: 예, 믿습니다.

3) 문: 그대들은 신 · 구약 성경은 성령님의 감동으로 된 하나님의 말씀이요, 신앙과 삶의 규범임을 믿으며, 성경이 증언하는 진리의 말씀만을 선포하기로 서약합니까?

    답: 예, 서약합니다.

4) 문: 그대들은 개혁교회의 교리와 신조를 따르며, 장로교회의 헌법과 기구, 치리제도를 받들 것을 서약합니까?

    답: 예, 서약합니다.

5) 문: 그대들은 신실하게 말씀을 선포하며, 성례전을 성실하게 집례하고, 예수 그리스도의 사랑과 공의의 복음으로 교회와 성도들을 권면하고 가르칠 것을 서약합니까?

    답: 예, 서약합니다.

6) 문: 그대들은 그대들을 지도하는 이들을 존경하고, 그들의 치리를 기꺼이 따르기로 서약합니까?

    답: 예, 서약합니다.

7) **문**: 그대들은 어떤 핍박이나 시련을 당할지라도 인내와 충성심으로 교회의 덕과 평안, 성결에 힘쓸 것을 서약합니까?

답: 예, 서약합니다.

8) **문**: 그대들은 삼위일체 하나님과 성경의 말씀과 예수 그리스도의 복음에 위배되는 이단과 사이비 교리를 배격하고 교회와 성도를 보호할 것을 서약합니까?

답: 예, 서약합니다.

9) **문**: 그대들은 모든 하나님의 교회와 연합하며, 함께 부름 받은 동역자들과 협력할 것을 서약합니까?

답: 예, 서약합니다.

10) **문**: 그대들은 삶 속에서 예수 그리스도를 본받아 이웃을 사랑하고 세상의 화목을 위하여 노력할 것을 서약합니까?

답: 예, 서약합니다.

집례자[8]: "하나님께서 그대들에게 이 서약들을 잘 성취할 수 있도록 도우시며 힘 주시기를 기원합니다. 그리고 하나님께서 주님의 교회를 통하여 세세토록 영광 받으시기를 기원합니다."[9]

"평화의 하나님께서 친히, 여러분을 완전히 거룩하게 해주시고, 우리 주 예수 그리스도께서 오실 때에 여러분의 영과 혼과 몸을 흠이 없고 완전하게 지켜 주시기를 빕니다. 여러분을 부르시는 분은 신실하시니, 이 일을 또한 이루실 것입니다"(살전 5:23-24, 새번역).

안수후보자[10]: "주여, 우리와 동행하옵소서."

---

8 집례자는 두 가지 기원 중에 하나로 서약에 대한 기원을 한다.

9 총회 예식서개정위원회 편, 『대한예수교장로회 예배 · 예식서』, 265.

10 안수후보자는 집례자의 기원에 제시된 바와 같이 응답한다. 응답 후 착석한다.

7. 성령 임재를 위한 기도[11] / 집례자

이제는 성령 하나님의 임재를 기원하는 기도를 드리겠습니다.

"맨 처음 말씀으로 온 세상을 창조하신 전능하신 하나님, 부활하신 예수께서 큰 숨을 내쉬시며 제자들을 향하여 성령을 받으라 말씀하신 그 명령을 기억하며 주님께 기도합니다.

구하옵나니, 주님께서 교회를 위하여 친히 세우신 주님의 제자들에게 약속하신 성령을 보내어 주시옵소서. 이제 성부와 성자와 성령의 권위로 교회가 주님의 종들을 목사로 안수할 때에 저들의 머리 위에 하나님의 영이 함께하시고, 저들의 삶을 이끌어 주시옵소서. 안수하는 모든 사람의 손을 성결하게 하시고 안수 받는 모든 사람의 마음을 정결하게 하여 주시옵소서. 예수 그리스도의 이름으로 기원합니다. 아멘."

*8. 안수후보자 및 안수위원 등단[12] / 집례자

이제 안수후보자와 안수위원 등단이 있겠습니다. 안수후보자들은 등단해 주시기 바랍니다.[13]

(안수후보자들은 단상 쪽을 향하여 서고, 무릎 좌정 후 집례자가 알린다.)

이제 안수위원들께서 등단해 주시기 바랍니다. 등단하셔서 안수 받을 자의 양 옆과 앞에 서 주시기 바랍니다.[14]

---

11 집례자는 안수후보자와 안수위원들의 등단을 알리기 전 성령 임재를 위한 기도를 한다. 이 기도는 『예배 · 예식서』의 안수기도문을 성령 임재를 위한 기도에 부합되도록 개정하였다.

12 안수후보자 1인당 안수위원 3인으로 한다. 안수위원 3인은 노회장이 추천한 자로서 이전 노회장과 현 임원진에 준한 자들 가운데 1인, 안수후보자가 속한 지교회의 담임목사, 그리고 안수후보자가 청원한 자(목사/장로) 등 총 3인으로 한다. 안수후보자들이 많을 경우 집례자는 후보자들을 7명, 10명, 또는 12명씩 분할해서 등단토록 한다. 이 경우 안수례는 분할 그룹의 수에 따라 2-3회가 될 수 있다. 안수례가 1회로 진행될 경우 이하의 순서를 1회 하면 된다. 그러나 2-3회로 나누어 진행될 경우 9번과 10번 순서를 2-3회 반복한다. 안수후보자와 안수위원들의 등/하단 시 어수선할 수 있는 장내 분위기를 위해 피아노나 오르간 반주를 하거나 잔잔한 성가 CD를 틀어놓는다.

13 집례자가 안수후보자들의 등단을 알리면, 분할된 그룹들 가운데 먼저 안수 받을 후보자들이 등단한다. 등단하여 자신의 위치를 잡고, 단상을 향하여 무릎을 꿇고 앉는다. 집례자는 안수후보자들이 자리를 잡아 무릎을 꿇고 앉은 후에 안수위원의 등단을 알린다.

14 먼저 안수 받을 자들이 무릎 좌정 후. 그들을 안수할 안수위원들(안수후보자×3인)이 등단한다. 안수위원은 본인이 안수할 후보자 앞과 양 옆에 선다. 안수가 끝난 후 안수위원은 안수 받은 자들과 함께 하단한다.

*9. 안수례 / 집례자와 안수위원[15]

1) 집례자 기도

집례자: 제가 먼저 안수례를 위해 기도하겠습니다.

"온 세상을 창조하신 하나님, 하나님께서는 손으로 흙을 취하셔서 아담과 하와를 만드시고 축복하셨나이다. 이제 간구하오니 하나님의 손으로 주님의 종들을 취하시고 새롭게 빚어 주시옵소서. 교회가 삼위일체 하나님의 이름으로 종들의 머리 위에 안수할 때에 하나님의 손이 그들 머리 위에 임하시고 사역에 합당한 은사를 내려주시옵소서. 이제 이 종들을 통하여 하나님의 이름이 높임을 받으시옵소서. 예수 그리스도의 이름으로 기원합니다. 아멘."

2) 안수례

이제 안수례를 거행하도록 하겠습니다. 안수위원들은 오른손을 안수 받을 자의 머리에 얹어 주시기 바랍니다.

집례자: 이제 하나님의 부르심과 명령에 따라 이들을 거룩한 말씀을 선포하고, 성례를 집례하는 목사로 따로 세우노니, 우리가 성부와 성자와 성령의 이름으로 안수하노라.[16]

안수위원: 성부와 성자와 성령의 이름으로 안수하노라.[17]

다같이: 아멘.[18]

10. 감사기도 / 집례자

그리스도를 이 땅에 보내셔서 교회의 머리가 되게 하신 하나님 아버지, 십자가와 부활의 기초 위에 세워진 주님의 몸 된 교회를 위하여 일할 주님의 종들을 구별하여 세우심을

---

15 집례자는 안수례의 시작을 알린다. 안수례 동안은 피아노나 오르간 반주 또는 연주되는 음악을 멈춘다.

16 집례자가 먼저 안수례 선언을 한다.

17 집례자의 안수례 선언이 마치면 모든 안수위원은 삼위 하나님의 이름을 선언한다.

18 아멘은 모든 안수위원과 안수 받은 자들이 함께한다. 안수례가 마친 후 안수를 행한 안수위원들은 안수 받은 자들의 하단 후 하단한다.

감사합니다.

이들이 하나님의 말씀을 선포하고, 성례전을 집례하며, 주님의 백성들을 돌볼 때에 측량할 수 없는 성령의 은사들을 하늘로부터 내려주시고, 강복하시며, 지혜와 권능을 부어주시옵소서. 겸손한 마음으로 주님을 닮아가게 하시며, 주님께서 맡기신 교회를 위해 충성을 다하는 일꾼이 되게 하여 주시옵소서. 모든 임무를 마치고 주님 앞에 서는 날, 예수님께서 하나님께 기도하셨듯이, "주님께서 나에게 하라고 맡기신 일을 내가 이루어 아버지를 영화롭게 하였습니다"라고 고백할 수 있는 주님의 종들이 되게 하여 주시옵소서. 예수 그리스도의 이름으로 기원합니다. 아멘.

11. 선포 / 집례자

안수 받은 목사들은 자리에서 일어나 주시기 바랍니다. 이제 선포하겠습니다.

나는 교회의 머리되신 예수 그리스도의 이름과 대한예수교장로회 ○○노회의 권위로 이제 ○○○, ○○○, ○○○, …이 목사가 된 것을[19] 성부와 성자와 성령의 이름으로 선포하노라. 아멘.

12. 수여와 악수례(스톨, 성경, 헌법, 안수증)[20] / 집례자

이제 수여와 악수례가 있겠습니다. 순서를 맡은 위원들은 등단하여 주시기 바랍니다.

[수여 순서: 스톨 착의-성경 전달-헌법 전달-안수증]

(수여와 악수례가 진행되는 동안 오르간 연주자 또는 독창자는 적절한 곡을 연주한다.)

---

19 안수 받은 자의 이름을 모두 부르도록 한다.
20 a. 집례자의 선포가 끝나면 수여와 악수례위원 10인(수여위원 4인〈안수위원 대표 3인과 노회서기〉과 6인의 악수례위원으로 구성)이 등단하여 회중석을 향하여 오른쪽에서 왼쪽 방향으로 횡렬로 선다.
　　b. 수여위원 4인은 각각 스톨(안수위원 1), 성경(안수위원 2), 헌법(안수위원 3), 안수증(노회서기)을 맡아 안수 받은 목사들과 악수하며 수여한다.
　　c. 안수 받은 목사들은 이어서 6인의 다른 악수례위원과도 악수례를 하고 돌아가 착석한다.
　　d. 수여와 악수례가 진행되는 동안 어수선한 장내 분위기를 감안하여 행진곡 풍이면서도 엄숙한 오르간 연주가 분위기를 조성할 수 있도록 한다. 또는 소명과 부르심, 헌신의 내용을 담은 독창자의 성가로 수여와 악수례의 분위기를 엄숙하면서도 의미 있게 조성할 수 있다.

〈본 순서를 위한 오르간 추천곡〉

① F. Mendelssohn Sonata No.4 F-Dur(1, 2, 4악장)

② F. Mendelssohn Sonata No.1 f-minor(1, 3, 4악장)

③ William Walton "March" from Prelude to Richard

④ 찬송가 편곡, "십자가 군병들아"(박미라 편곡), "부름 받아 나선 이 몸" 등

〈본 순서를 위한 독창 추천곡〉

① "하나님의 은혜"(조은아, 신상우)

② "여호와는 나의 목자시니"(Mary Mcdonald)

③ 찬송가 324장 "예수 나를 오라 하네"(구 360장)

13. 감사의 찬양 / 다같이

(찬송가 20장 "큰 영광 중에 계신 주", 25장 "면류관 벗어서", 28장 "복의 근원 강림하사", 33장 "영광스런 주를 보라", 298장 "속죄하신 구세주를", 301장 "지금까지 지내온 것", 310장 "아 하나님의 은혜로" 중에서 한 곡을 선택하여 온 회중이 함께 감사의 찬양을 드린다.)

14. 권면의 세족례 / 노회장, 안수 받은 최연소 목사 1인[21]

집례자: 목사로 구별되어 부르심을 받은 여러분, 이제 나는 대한예수교장로회 ○○노회의 노회장으로서 우리 주님께서 자신을 온전히 내어주시던 그날에 제자들에게 당부하신 귀한 명령을 여러분에게 상기시켜 드리고자 합니다.

제자들과 마지막 식사를 하시던 그날에 우리 주님께서는 먼저 대야에 물을 가져다가 손수 제자들의 발을 씻어 주시면서 특별한 당부를 하셨습니다.

"내가 너희에게 행한 것을 너희가 아느냐 … 내가 주와 또는 선생이 되어 너희 발을 씻었으니 너희도 서로 발을 씻어 주는 것이 옳으니라 내가 너희에게 행한 것 같이 너희도 행하게 하려 하여 본을 보였노라"(요 13:12, 14-15).

---

21 세족례는 권면을 예전화한 순서이다. 주님께서 몸소 보이신 대로, 노회장이 몸소 새로 안수 받은 자의 발을 씻어 줌으로써 권면한다. 단상 중앙에 물을 담은 작은 대야와 건수용 수건, 그리고 의자를 준비하고, 의자는 집례자 쪽에서 단상 우측을 향하도록 배치하여 세족식이 수행되는 장면을 회중이 볼 수 있도록 한다.

(이때 안수 받은 자 가운데 최연소자가 대표로 등단한다. 미리 양쪽 양말을 벗고 슬리퍼로 갈아 신은 상태로 등단한다. 이어 단상 가운데 준비된 의자에 착석하여 우측을 향하여 앉는다. 노회장 은 의자에 앉아 있는 자의 맞은편에서 회중을 바라보고 선 후에 다음과 같이 말한다.)

노회장: 제자들과 마지막 밤을 보내시면서 분부하신 그 명령을 따라 이제 저는 세족의
예전을 행합니다.

[순서: [22] 양발침수 – 세족 – 건수]

(세족이 끝나면 안수 받은 자들을 향하여 다음과 같이 권면한다.)

노회장: 주님께서 본을 보이신 대로 여러분들도 행하시기를 바랍니다.
안수 받은 자들: 저희도 그와 같이 하겠습니다. 주여, 우리를 도우소서!

(응답 후 노회장은 하단한다.)

15. 결단의 찬송 / 다같이
이제 다같이 일어나 찬송하시겠습니다.

(찬송가 212장 "겸손히 주를 섬길 때", 312장 "너 하나님께 이끌리어", 313장 "내 임금 예수 내 주여", 314장 "내 구주 예수를 더욱 사랑", 320장 "나의 죄를 정케 하사", 323장 "부름 받아 나선 이 몸", 450장 "내 평생 소원 이것뿐", 461장 "십자가를 질 수 있나", 595장 "나 맡은 본분은" 중 에서 한 곡을 선택하여 부른다.)

---

22 세족의 방법은 양발을 모두 씻기는 것으로 한다. 세족은 상징적인 의식이므로 노회장은 길지 않게 약 10초 정도 하도록 한다. 노회장은 안수대표자의 양발을 씻긴 후에 준비된 수건으로 물기를 닦아 준다.

16. 축도 / 맡은 이[23]

17. 광고 / 맡은 이

---

23   축도는 안수 받은 자 가운데 최고 연장자가 하도록 한다.

2장

노회 목사 안수예식 II[1]

I. 예식을 위한 안내

본 안수예식은 여러 노회가 연합으로 안수식을 거행하기 위한 안수예식안으로 2015년 총회 임원회의 요청으로 기존의 노회 목사 안수예식 I을 수정 보완한 것이다. 작은 규모의 노회가 함께 연합으로 목사 안수식을 거행하는 데 목적이 있다. 본 예식의 진행은 본 교단의 총회장과 부총회장(장로), 총회서기, 그리고 A노회와 B노회, C노회의 노회장과 각 노회의 안수위원들이 맡도록 구성되었다. 전체의 순서는 노회 목사 안수예식 I 과 흐름상의 큰 변화는 없으나 약간의 예전문 수정을 통하여 의미가 조금 더 살아나도록 보완하였다.

II. 예식의 실제

---

1   본 예식은 평양노회에서 2011년부터 2015년까지 조직하여 운용한 예전연구위원회의 연구 결과물의 일부이며, 당시 장로회신학대학교 예배·설교학 교수였던 김경진, 유재원, 최진봉 목사가 전문위원으로 참여하였다. 2012년 가을노회에서 여기 소개된 개정안을 처음으로 실행하였다. 본 예식은 정장복 외 저, 『2013년도 교회력에 따른 예배와 설교 핸드북』 (서울: 예배와 설교 아카데미, 2012), 76-91쪽에 처음 수록되었다.

A. 말씀의 예전

1. 예배로 부름 / 집례자(A노회장)

지금부터 대한예수교장로회 A노회와 B노회, 그리고 C노회의 연합 목사 안수예식을 시작하겠습니다.

"내가 또 주의 목소리를 들으니 주께서 이르시되 내가 누구를 보내며 누가 우리를 위하여 갈꼬 하시니 그때에 내가 이르되 내가 여기 있나이다 나를 보내소서"(사 6:8).

떨기나무 아래서 모세를 부르신 하나님! 이 시간 주님의 부르심을 받은 사람들이 주님 손의 능력을 바라며 보내심을 받고자 이 자리에 서 있습니다. 주님의 종들을 주님의 손으로 새롭게 빚으사 주님의 군사들로 세워 주시옵소서. 성령의 임재하심을 간절히 간구하오며 우리 주 예수 그리스도의 이름으로 기원하옵나이다. 아멘.

2. 찬양 / 찬송가 321장 "날 대속하신 예수께" / 다같이

3. 기도 / 맡은 이
〈예문〉

사랑의 하나님 아버지, 이 세상을 지극히 사랑하셔서 외아들 예수 그리스도를 보내 주시고, 그의 이름을 믿는 사람은 누구든지 구원을 얻도록 하신 하나님의 풍성하신 은혜를 찬양합니다. 이 땅에 교회를 세우시고 이 귀한 복음이 세상의 끝날까지 전파되도록 하시니 또한 감사합니다. 이 일을 위하여 하나님께서는 하나님의 뜻에 합한 사람들을 선택하셔서 이 복음이 교회를 통하여 주님께서 다시 오실 그때까지 온 세계에 전파되게 하셨나이다. 이 귀한 하나님의 은혜를 따라 오늘 주님의 몸 된 교회인 대한예수교장로회 통합, A노회와 B노회, 그리고 C노회가 목사로 하나님의 택하심을 입은 사람들을 구별하여 세우고 그들에게 성부, 성자, 성령의 이름으로 안수케 하심을 감사드립니다.

비옵나니, 이 안수예식을 통해 주님께서 기뻐하시는 신실한 목회자들이 세워지게 하옵소서. 선한 주의 청지기들이 세워지게 하옵소서. 오늘의 안수예식을 통해 이 자리에 함께하는 모든 사람이 주님의 충만하신 영광을 보게 하시고, 안수 받는 이들에게는 진실한 믿음의 서약과 더불어 충성된 삶의 결단이 있게 하여 주시옵소서. 오늘 이 예식을 집례하는 총회장님, 노회장님과 안수하는 안수위원들, 그리고 안수를 받는 이들과 가족들 위에 성령께서 충만히 임재하여 주셔서 이 안수예식을 통하여 우리가 하나님의 신비한 은총을 보고 경험케 하여 주시옵소서. 오늘 예식의 모든 순서 순서를 성삼위 하나님께 의탁드리오며 살아 계신 예수 그리스도의 이름으로 기도하옵나이다. 아멘.

4. 성경봉독 / 출 4:10-12; 요 6:35-38 / 부총회장(장로)

5. 설교 / 총회장(시간은 10분 이내)

B. 안수예식

6. 안수후보자 소개 / 총회서기 또는 맡은 이

이제 대한예수교장로회 A노회와 B노회, 그리고 C노회의 연합 목사 안수예식에서 안수받을 이들을 소개합니다.

(총회서기나 맡은 이가 안수 받을 이들을 호명하여 자리에서 일어서게 한다.)

7. 서약 / B노회장

이제는 서약하는 시간을 갖도록 하겠습니다. 안수후보자들은 자리에서 일어서 주시기 바랍니다.

집례자: 교회의 머리가 되시는 주 예수 그리스도의 이름으로 오늘 ○○○ 씨 외 ○○명을 목사로 안수하려 합니다. 이 예식은 사도 신경의 믿음 위에서, 사도들의 가르침을 이어받은 대한예수교장로회 A노회와 B노회, 그리고 C노회가 연합으로 주님의 이름으로 시행하는 것입니다. 그러므로 우리는 이제 하나님과 여러 증인 앞에서 다음의 몇 가지를 묻고 서약을 하고자 합니다. 질문에 대하여 오른손을 들어 "예, 믿습니다", "예, 서약합니다", "예, 다짐합니다"로 답하시기 바랍니다.

1) 문: ○○○ 씨는 예수님을 구세주로 영접한 사람으로서, 지금 이 시간에도 하나님과 주님의 교회를 섬기는 종으로 부름 받았다는 사실을 확신합니까?

　답: 예, 확신합니다.

2) 문: 신 · 구약 성경은 하나님의 말씀이요, 신앙과 행위에 대하여 정확 무오한 유일의 법칙임을 믿습니까?

　답: 예, 믿습니다.

3) 문: 본 장로회 교리는 신 · 구약 성경에서 교훈한 진리를 총괄한 것으로 알고 성실한 마음으로 믿고 따르기로 서약합니까?

　답: 예, 서약합니다.

4) 문: 주님 안에서 같은 회원 된 형제자매들과 협력하여 아름다운 주님의 공동체를 이룩하기로 서약합니까?

　답: 예, 서약합니다.

5) 문: 목사의 성직에 부름 받음은 하나님을 사랑하는 마음과 그 독생자 예수 그리스도의 복음을 전파하여 하나님의 영광을 나타내고자 하는 순수한 마음에서 응답해야 함을 다짐합니까?

　답: 예, 다짐합니다.

6) 문: 주님의 몸 된 교회와 사도적 정통성을 보존하기 위하여 순교의 각오로 성직을 받겠습니까?

　답: 예, 받겠습니다.

7) 문: 목사로서 하나님의 말씀을 선포하고 성례전을 집례하는 임무를 성실히 수행하기로 서약합니까?

　답: 예, 서약합니다.

집례자: 성령께서 여러분이 이 서약들을 잘 지킬 수 있도록 도와주시기를 원합니다. 그리고 하나님께서 여러분의 헌신과 섬김을 통하여 세세무궁토록 영광을 받으시기를 원합니다.

안수후보자: 임마누엘의 하나님, 우리와 함께하시옵소서.

(안수후보자들은 한 목소리로 집례자의 기원에 위의 내용과 같이 응답한다. 응답 후 자리에 앉는다.)

8. 성령 임재를 위한 기도 / C노회장

맨 처음 말씀으로 온 세상을 창조하신 전능하신 하나님, 부활하신 예수님께서 큰 숨을 내쉬시며 제자들을 향하여 성령을 받으라 말씀하신 그 명령을 기억하며 주님께 기도합니다. 구하옵나니, 주님께서 교회를 위하여 친히 세우신 주님의 제자들에게 약속하신 성령을 보내어 주시옵소서. 이제 성부와 성자와 성령의 권위로 교회가 주님의 종들을 목사로 안수할 때에 저들의 머리 위에 하나님의 영이 함께하시고 저들의 삶을 이끌어 주시옵소서. 안수하는 모든 이의 손을 성결하게 하시고 안수 받는 모든 이의 마음을 정결하게 하여 주시옵소서. 예수 그리스도의 이름으로 기원합니다. 아멘.

9. 안수후보자 및 안수위원 등단 / 총회서기 또는 맡은 이

이제 안수후보자와 안수위원 등단이 있겠습니다. 본 안수례는 3회(또는 4회, 5회…)에 나누어 거행하겠습니다. 먼저 안수후보자들은 등단해 주시기 바랍니다.

(* 1차로 안수 받을 조가 순서에 맞춰 차례대로 등단한다. ** 등단 후 안수후보자들은 회중석을 향하여 선 후 무릎 좌정한다. *** 반주자는 안수후보자와 위원의 등/하단 시, 안정된 분위기 조성을 위해 조용한 곡을 연주한다. 그러나 안수례 때는 연주를 멈춘다.)

이제 안수위원들이 등단해 주시기 바랍니다.

(* 안수위원 각 3인은 '노회안수위원-담임목사-추천 받은 자' 순으로 안수후보자의 순번에 맞춰 차례대로 등단한다. ** 반주자는 연주를 이어간다.)

10. 안수식 / 총회장과 안수위원

〈기도〉

총회장: 온 세상을 창조하신 하나님, 하나님께서는 손으로 흙을 취하셔서 아담과 하와

를 만드시고 축복하셨나이다. 이제 간구하오니 하나님의 손으로 주님의 종들을 취하시고 새롭게 빚어 주시옵소서. 교회가 삼위일체 하나님의 이름으로 종들의 머리 위에 안수할 때에 하나님의 손이 그들 머리 위에 임하시고 사역에 합당한 은사를 내려주시옵소서. 이제 이 종들을 통하여 하나님의 이름이 높임을 받으시옵소서. 예수님의 이름으로 기도드립니다. 아멘.

(1차 안수 후 2차 안수를 위한 기도는 아래와 같이 보다 간략하고 다양하게 할 수 있다.)

"교회를 세우신 하나님, 이제 교회가 삼위일체 하나님의 이름으로 종들의 머리 위에 안수할 때에 이들의 목회 사역에 합당한 은사를 내려주시옵소서. 예수님의 이름으로 기도드립니다. 아멘."

(또는)

"교회의 머리되신 하나님, 이제 교회가 세우시는 종들의 머리에 성삼위 하나님의 이름으로 안수하오니, 이들의 사역에 합당한 은사를 내려주시옵소서. 예수님의 이름으로 기도드립니다. 아멘."

〈안수초청〉
총회장: 이제 안수하겠습니다. 안수위원들은 오른손을 안수 받을 자의 머리에 얹어 주시기 바랍니다.

〈안수선언〉
총회장: 이제 하나님의 부르심과 명령에 따라 이들을 거룩한 말씀을 선포하고 성례전을 집례하는 목사로 따로 세우노니, 우리가 성부와 성자와 성령의 이름으로 안수하노라.[2]

---

2 집례자가 먼저 안수례 선언을 한다.

안수위원: 성부와 성자와 성령의 이름으로 안수하노라.

다같이: 아멘.

(* 1차 안수례가 끝나면 안수 받은 자와 안수위원들이 하단한다. ** 이어 2차 안수후보자들과 안수위원들이 순번에 맞춰 등단한다. *** 같은 방식으로 2차 안수례가 끝나면 3차 그룹이 등단한다. **** 안수례 시 멈췄던 반주자의 연주는 안수자와 안수위원들의 등/하단 교체 시 연주를 이어준다.)

11. 감사기도 / 총회장

그리스도를 이 땅에 보내셔서 교회의 머리가 되게 하신 하나님 아버지, 십자가와 부활의 기초 위에 세워진 주님의 몸 된 교회를 위하여 일할 주님의 종들을 구별하여 세우심을 감사합니다. 이들이 하나님의 말씀을 선포하고, 성례전을 집례하며, 주님의 백성들을 돌볼 때에 측량할 수 없는 성령의 은사들을 하늘로부터 내려주시고 강복하시며 지혜와 권능을 부어주시옵소서. 겸손한 마음으로 주님을 닮아가게 하시며, 주님께서 맡기신 교회를 위해 충성을 다하는 일꾼이 되게 하여 주시옵소서. 모든 임무를 마치고 주님 앞에 서는 날, 우리 예수님께서 하나님께 기도하셨듯이 "주님께서 나에게 하라고 맡기신 일을 내가 이루어 아버지를 영화롭게 하였습니다"라고 고백할 수 있는 주님의 종들이 되게 하여 주시옵소서. 예수님의 이름으로 기도합니다. 아멘.

12. 선포 / 총회장

안수 받은 목사들은 자리에서 일어나 주시기 바랍니다. 이제 선포하겠습니다.

"나는 교회의 머리되신 예수 그리스도의 이름과 대한예수교장로회 총회의 권위로 이제 ○○○, ○○○, ○○○, …이[3] 목사가 된 것을 성부와 성자와 성령의 이름으로 선포하노라. 아멘."

13. 수여와 악수례 / 서기

이제 수여와 악수례가 있겠습니다. 순서를 맡은 위원들은 등단하여 주시기 바랍니다.

---

3   안수 받은 자의 이름을 모두 부르도록 한다.

[수여 순서: 안수증 전달 – 스톨 착의 – 성경 전달 – 헌법 전달]

(* 순서를 맡은 위원들은 강단 왼쪽 끝〈회중을 향한 집례자 쪽에서 왼쪽〉에서부터 오른쪽 방향으로 안수증 전달자 – 스톨 착의자 – 성경 전달자 – 헌법 전달자의 순서로 일렬로 도열한다. ** 안수 받은 자들은 한 명씩 차례대로 등단하여 왼쪽〈안수증〉부터 오른쪽 방향으로 진행하면서 '안수증' – '스톨' – '성경' – '헌법'을 전달받고, 이어서 총회임원과 각 노회장 및 안수위원들과 악수례를 하면서 하단한다. 강단이 좁을 경우 악수례를 맡은 안수위원들은 강단 아래에 도열해도 무방하다. *** 수여와 악수례를 마친 안수 받은 자들은 자기 자리로 돌아가 착석한다. **** 수여와 악수례가 진행되는 동안 연주자는 밝고 경쾌한 분위기의 곡을 연주한다.)

14. 감사의 찬양 / 찬송가 323장 "부름 받아 나선 이 몸" / 다같이

15. 권면 및 권면의 세족식 / 세족위원들과 안수 받은 자들

(* 세족식은 총회장과 각 노회장, 그리고 세족위원들의 입장으로 시작한다. 여성 피안수자들의 세족을 위한 여성 세족위원들을 미리 배정한다. 이들의 입장은 안수식장의 상황에 맞게 앞 순서인 '감사의 찬양' 중에, 또는 찬양이 끝나고 시작될 수 있다. 이때 세족위원들은 세족대야와 건수용 수건을 들고 입장한다. ** 총회장과 각 노회장은 강단 위로 올라가고, 세족위원들은 강단 아래에 선다. *** 강단 준비물: 의자 4개, 물 담은 대야 4개, 건수용 수건 4개. **** 총회장, A노회장, B노회장, 그리고 C노회장이 안수 받은 대표자 한 사람씩을 맡도록 한다.)

〈제정사〉

총회장: 목사로 구별되어 부르심을 받은 여러분, 이제 나는 대한예수교장로회 총회장으로서 우리 주님께서 자신을 온전히 내어주시던 그날에 제자들에게 당부하신 귀한 명령을 여러분에게 상기시켜 드리고자 합니다. 주님께서 제자들과 마지막 식사를 하시던 그날에 우리 주님께서는 먼저 대야에 물을 가져다가 손수 제자들의 발을 씻어 주시면서 특별한 당부를 하셨습니다. "내가 너희에게 행한 것을 너희가 아느냐 … 내가 주와 또는 선생이 되어 너희 발을 씻었으니 너희도 서로 발을 씻어 주는 것이 옳으니라 내가 너희에게 행한 것 같이 너희도 행하게 하려 하여 본을 보였노라"(요 13:12, 14-15).

(*총회장의 제정사가 끝나면 안수 받은 대표자들〈최연소자 등의 원칙에 따라〉이 등단한다. 이때 안수 받은 대표자들은 양말을 탈의하고 슬리퍼를 착용한 채로 등단하여 준비된 의자에 앉는다. ** 안수 받은 대표자들의 착석이 끝나면 총회장은 회중을 바라보고 다음과 같이 말한다.)

총회장: 우리 주님께서 제자들과 마지막 밤을 보내시면서 분부하신 그 명령을 따라 이 제 저는 세족의 예전을 행합니다.

(*이때 각 노회장은 각 노회의 대표자에게 같은 방식으로 작은 소리로 말하며 세족식을 거행한다. ** 반주자는 찬송가 311장 "내 너를 위하여"를 연주한다.)

[대표자 세족 순서: 양발침수 – 양발세족 – 건수]

(* 강단 위에서 총회장과 각 노회장의 세족식이 시작되면, 이어서 강단 아래의 세족식이 자연스럽게 시작된다. ** 강단 아래에서 세족위원들은 나머지 안수 받은 자들을 각 1인씩 맡아 세족한다. *** 강단 아래 안수 받은 자들은 미리 양말을 벗을 수 없으므로 세족 시 양말을 탈의하고 세족에 임한다. **** 세족식이 진행될 때 반주자는 계속해서 찬송가 311장 "내 너를 위하여"를 연주한다.)

[전체 세족 순서: 양발침수 – 양발세족 – 건수]

〈권면〉
(모든 세족이 끝나면 안수 받은 자들을 향하여 다음과 같이 권면한다.)

총회장: 주님께서 본을 보이신 대로 여러분들도 행하시기를 바랍니다.
안수 받은 자들: 우리가 그와 같이 하겠습니다. 주여, 우리를 도우소서!

(또는 데살로니가전서 5장 14-22절의 내용을 따라 다음과 같이 권면한다.)

총회장: "형제자매 여러분, 여러분에게 권면합니다. 무질서하게 사는 사람을 훈계하고,

마음이 약한 사람을 격려하고, 힘이 없는 사람을 도와주고, 모든 사람에게 오래 참으십시오. 아무도 악으로 악을 갚지 말고, 도리어 서로에게, 모든 사람에게 항상 좋은 일을 하려고 애쓰십시오. 항상 기뻐하십시오. 끊임없이 기도하십시오. 모든 일에 감사하십시오. 이것이 그리스도 예수 안에서 여러분에게 바라시는 하나님의 뜻입니다. 성령의 불을 끄지 마십시오. 예언을 멸시하지 마십시오. 모든 것을 분간하고, 좋은 것을 굳게 잡으십시오. 여러 가지 모양의 악을 멀리하십시오"(살전 5:14-22, 새번역).

안수 받은 자들: 우리가 그와 같이 하겠습니다. 주여, 우리를 도우소서!

⟨축복⟩

(이어서 노회장은 안수 받은 목사들을 다음과 같이 축복한다.)

총회장: "평화의 하나님께서 친히, 여러분을 완전히 거룩하게 해주시고, 우리 주 예수 그리스도께서 오실 때에 여러분의 영과 혼과 몸을 흠이 없고 완전하게 지켜 주시기를 빕니다. 여러분을 부르시는 분은 신실하시니, 이 일을 또한 이루실 것입니다"(살전 5:23-24, 새번역).

16. 성찬성례전

(성찬성례전의 집례는 목사의 임무이므로 새로 안수 받은 목사가 목사 안수식에 이어서 성찬성례전을 집례하는 것은 큰 의미가 있다. 여건이 허락하는 노회에서는 목사 안수식과 더불어 다음과 같이 성찬성례전을 집례하도록 한다. 또한 목사 안수식 이후에 각 교회에서는 새로 안수 받은 목사가 적절한 시기에 첫 번째 성찬성례전을 집례할 수 있도록 권장한다. 사정상 성찬성례전이 어려운 경우에는 이를 생략하고 바로 17번 결단의 찬송을 하도록 한다.)

1) 성찬찬송 / 찬송가 228장 "오 나의 주님 친히 뵈오니" / 다같이

2) 제정의 말씀 / 집례자

(새로 안수 받은 목사 중 한 사람이 성물을 분할하며 다음과 같이 말한다.)

제가 여러분에게 전하는 것은 주님께 받은 것이니, 곧 주님께서 친히 세우신 교회를 통하여 전파되는 것입니다. 곧 주 예수께서 잡히시던 밤에 떡을 가지사 축사하시고 떼어 이르시되 이것은 너희를 위하는 내 몸이니 이것을 행하여 나를 기념하라 하시고, 식후에 또한 잔을 가지시고 이르시되 이 잔은 내 피로 세운 새 언약이니 이것을 행하여 마실 때마다 나를 기념하라 하셨습니다.

3) 성령 임재를 위한 기도 / 집례자

생명의 근원이 되시는 하나님, 죽을 수밖에 없는 우리를 위하여 베들레헴의 말구유 위에 생명의 떡이신 예수 그리스도를 보내어 주신 하나님을 찬양합니다. 가나의 혼인잔치에서 물로 포도주를 만드시며 공생애를 시작하신 주님께서 그의 마지막 날 밤에 제자들과 함께 떡과 포도주를 나누시며 이것을 행할 때마다 나를 기억하라고 제자들에게 명령하신 것을 기억합니다. 주님의 제자들에게 전하신 그 명령을 따라 주님의 교회는 주님께서 다시 오시는 그날까지 이 예전을 거행하며 주님을 기념합니다. 오늘 이 예전을 거행할 새로운 목사들을 세우시고 그들로 하여금 처음으로 주님의 식탁을 나누게 하시니 감사합니다. 이 시간 성령께서 임재하셔서 우리가 떡과 잔을 받을 때에 주님의 영으로 하나가 되게 하시고 모두가 하늘의 거룩한 잔치에 참여하게 하옵소서. 우리 주 예수 그리스도의 이름으로 기도하옵나이다. 아멘.

4) 성찬참여 / 집례자와 성찬위원

(분병분잔의 경우 성찬성례전이 거행되는 장소에 따라 다양한 방식으로 진행될 수 있으며, 이에 대해서는 『대한예수교장로회 예배·예식서』의 내용을 참고하도록 한다. 이때 성찬위원은 새로 안수를 받은 목사들을 모두 세우는 것을 권장한다.)

5) 감사의 기도 / 집례자

거룩하신 하나님, 하나님께서는 오고 오는 세대 가운데서 주님의 일꾼을 부르시며 그들로 하여금 주님의 복음을 전파하게 하십니다. 오늘 주님의 새로운 일꾼들을 부르시고 안수하시며, 그들로 하여금 보이는 하나님의 말씀인 성찬성례전을 직접 거행하게 하심을 감사드립니다. 이제 새로 세운 목사들을 통하여 주님의 나라가 더욱 확장되게 하시고, 주님의 성찬을 받은 이곳의 모든 이를 통하여 하나님의 나라가 이루어지게 하옵소서. 우리 주 예수 그리스도의 이름으로 기도하옵나이다. 아멘.

17. 결단의 찬송 / 찬송가 450장 "내 평생 소원 이것뿐" / 다같이

18. 축도 / 맡은 이(안수 받은 자 중 최고 연장자)

19. 광고 / 서기

3장

노회 개회예배 [1]

I. 예배를 위한 안내

본 예배는 노회에서 실행할 개회예배의 한 모델이다. 일반적으로 현재 노회에서 행하고 있는 개회예배는 간단하지만, 전체적으로 특별한 신학적 특징을 갖지 못한 것이 사실이다. 성찬성례전을 행하는 경우에도 노회라는 특별한 의미를 잘 드러내지 못한 채 예배가 진행되는 경우가 허다하다.

노회에서의 개회예배는 흩어졌던 교회들이 함께 모여 진정한 하나의 교회를 확인하고 교회의 사명을 새롭게 해야 할 필요가 있다. 즉, 노회 개회예배는 예루살렘 공의회에서 확립되고 초대교회를 통해 지금까지 이어지고 있는 "하나의, 거룩한, 보편적, 사도적" 교회의 표식이 잘 드러나도록 할 필요가 있다.

노회 때마다 여러 가지 논의할 문제들이 많이 있을 것이다. 때로는 그러한 것들이 노회를 분열시키고 어려움을 줄 수도 있을 것이다. 본 예배 순서는 이러한 상황을 인식하면서 개회예배에서 모든 노회 구성원이 하나님께서 주신 본래적 소명을 다시 생각하도록 하는

---

1 본 예배는 2012년 가을에 평양노회에서 시행된 개회예배를 기초로 하여 모든 노회 상황에서 사용할 수 있도록 수정 보완한 예식안이다. 평양노회는 2011년부터 2015년까지 예전연구위원회를 조직 운영하였는데, 당시 장로회신학대학교 예배 · 설교학 교수였던 김경진, 유재원, 최진봉 목사가 전문위원으로 참여하였다. 본 예식은 정장복 외 저, 『2013년도 교회력에 따른 예배와 설교 핸드북』 (서울: 예배와 설교 아카데미, 2012), 92-101쪽에 처음 수록되었다.

데 주안점을 두었다.

이곳에 소개된 성찬예식 또한 노회의 상황을 잘 반영하여 모든 교회가 하나가 되어 먹고 마시는 의미를 잘 드러내도록 하였다.

II. 예배의 실제

A. 예배로 나아감

1. 예배선언 / 집례자
제 ○○회 노회(총회)를 개회하면서 먼저 다함께 마음을 모아 거룩하신 하나님께 예배를 드리겠습니다.

2. 예배로 부름 / 집례자(아래 성경말씀 중에 택일)
1) "새 노래로 여호와께 노래하라 온 땅이여 여호와께 노래할지어다 여호와께 노래하여 그의 이름을 송축하며 그의 구원을 날마다 전파할지어다 그의 영광을 백성들 가운데에, 그의 기이한 행적을 만민 가운데에 선포할지어다"(시 96:1-3).

2) "너는 마음을 다하여 여호와를 신뢰하고 네 명철을 의지하지 말라 너는 범사에 그를 인정하라 그리하며 네 길을 지도하시리라 스스로 지혜롭게 여기지 말지어다 여호와를 경외하며 악을 떠날지어다"(잠 3:5-7).

3) "내가 산을 향하여 눈을 들리라 나의 도움이 어디서 올까 나의 도움은 천지를 지으신 여호와에게서로다 여호와께서 너를 실족하지 아니하게 하시며 너를 지키시는 이가 졸지 아니하시리로다 이스라엘을 지키시는 이는 졸지도 아니하시고 주무시지도 아니하시리로다 여호와는 너를 지키시는 이시라 여호와께서 네 오른쪽에서 네 그늘이 되시나니 낮의 해가 너를 상하게 하지 아니하며 밤의 달도 너를 해치지 아니하리로다 여호와께서 너를 지켜 모든 환난을 면하게 하시며 또 네 영혼을 지키시리로다 여

호와께서 너의 출입을 지금부터 영원까지 지키시리로다"(성전에 올라가는 노래, 시 121:1-8).

3. 응답송 / 찬양대

B. 찬양과 고백

4. 기도 / 맡은 이

○○ ○○년 처음 시작한 ○○노회가 오늘 이렇게 ○○회 노회를 열 수 있도록 허락해 주신 하나님께 감사드립니다. 출애굽의 지도자 모세처럼 노회에 참석하는 우리 모두에게 온유함과 충성스런 마음을 허락해 주시옵소서. 신앙의 선배들이 흘리신 피의 복음을 기억 하게 하시고, 주님이 부르신 소명에 합당한 성품과 믿음으로 노회에 참여하게 하옵소서. 이번 노회에서 의논되는 모든 안건이 하나님의 뜻에 합당하게 잘 처리될 수 있도록 지혜 를 더하여 주시고, 협력하여 선을 이루는 역사가 일어날 수 있게 하옵소서.

교회의 머리되신 예수 그리스도 이름으로 기도합니다. 아멘.

5. 찬양 / "영문 밖의 길"(서쪽하늘 붉은 노을)[2] / 다같이

1절 서쪽하늘 붉은 노을 영문 밖에 비치누나 연약하온 두 어깨에 십자가를 생각하니
　　머리에는 가시관 몸에는 붉은 옷 힘없이 걸어가신 영문 밖의 길이라네

2절 한 발자국 두 발자국 걸어가신 자욱마다 뜨거운 눈물 붉은 피 가득하게 고였구나
　　간악한 유대병정 포악한 로마병정 걸음마다 자욱마다 갖은 포악 지셨구나

3절 아픈 다리 싸매주고 저는 다리 고쳐주사 보지 못한 눈을 열어 영생길을 보여주니
　　칠전팔기 할지라도 제 십자가 바로 지고 골고다의 높은 고개 나도 가게 하옵소서

4절 십자가의 고개턱이 제 아무리 어려워도 주님 가신 길이오니 내가 어찌 못가오리
　　주님 제자 베드로는 거꾸로도 갔사오니 고생이라 못가오며 죽음이라 못가오리

2　본 찬양은 순교자 주기철 목사님이 작사하신 찬양으로, 교회의 지도자들이 가져야 할 마음가짐을 잘 드러내고 있다.

5절 눈물 없이 못가는 길 피 없이 못가는 길 영문 밖에 좁은 길이 골고다의 길이라네
영생복락 얻으려면 이 길만은 걸어야 해 배고파도 올라가고 죽더라도 올라가세

6. 회개와 감사[3] / 다같이

집례자: 한국교회의 역사 속에 붉게 물든 순교의 피를 알고 있음에도 불구하고 때때로
우리는 그 귀한 핏값을 잊고 살 때가 있었음을 고백합니다.

노회원: 용서의 하나님, 지금 이 시간 우리의 참회를 받아주시옵소서.

집례자: 알게 모르게 노회의 하나됨이 방해받을 때가 있음을 고백합니다.

노회원: 우리의 어리석음을 용서하시고 하나됨을 키워나가는 은혜를 허락하여 주시옵
소서.

집례자: 알게 모르게 노회의 거룩함을 방해받을 때가 있음을 고백합니다.

노회원: 우리의 어리석음을 용서하시고 거룩함을 지켜나가는 은혜를 허락하여 주시옵
소서.

집례자: 알게 모르게 노회의 보편성을 방해받을 때가 있음을 고백합니다.

노회원: 우리의 어리석음을 용서하시고 보편성을 세워나가는 은혜를 허락하여 주시옵
소서.

집례자: 알게 모르게 노회의 사도성을 방해받을 때가 있음을 고백합니다.

노회원: 우리의 어리석음을 용서하시고 사도성을 이어나가는 은혜를 허락하여 주시옵
소서.

집례자: 잠시 침묵으로 우리의 죄를 고백하는 시간을 갖겠습니다. (시간이 지난 뒤) 우리
에게 주시는 사죄의 말씀입니다. "그런즉 누구든지 그리스도 안에 있으면 새로
운 피조물이라 이전 것은 지나갔으니 보라 새 것이 되었도다"(고후 5:17).

다함께: 주님의 용서하심에 감사드립니다. 아멘.

---

3 회개의 기도와 사죄의 확신, 그리고 감사의 기도를 교독 형식으로 함께 드리게 하였다.

C. 말씀의 예전

7. 성경봉독 / 맡은 이

8. 찬양 / 찬양대

9. 설교 / 맡은 이[4]

10. 설교 후 기도 / 맡은 이

(말씀에 대한 응답 찬양으로 대신할 수 있다.)

D. 성찬성례전

11. 주님의 성찬으로의 초대 및 제정사 / 집례자[5]

형제자매 여러분, 이것은 하나님 백성의 기쁨의 잔치입니다. 사람들이 동서남북으로부터 와서 하나님 나라 잔치에 참여할 것입니다. 사도 누가에 의하면, 예수님께서 그의 제자들과 함께 식탁에 앉으셨을 때에 떡을 가지사 축사하시고 떼어 제자들에게 주실 때 저희 눈이 밝아져 예수님인 줄 알아보게 되었습니다. 이것은 주님의 식탁입니다. 우리 구세주께서 믿는 자들에게 직접 준비해 놓으신 이 잔치에 참여하도록 초대하십니다.

주님께서 자신을 온전히 내어주시던 밤에 떡과 잔을 가지고 축사하신 다음 제자들에게 이렇게 말씀하셨습니다.

"보라, 이것이 바로 너희를 한 몸으로 부른 나의 몸이다."

(집례자는 빵을 눈높이까지 들어올려 두 개로 잘라 보여주며 말한다.)

---

4 설교자는 해당 노회 주제를 염두에 두는 동시에 노회의 역사성을 일깨우고 화합하여 일치를 만들어 나가야 한다는 주제를 가지고 10분 내외로 설교하는 것이 바람직하다.

5 김소영, 김세광, 안창엽 편역, 『공동예배서』(서울: 한국장로교출판사, 2001), 92.

"보라, 이것이 바로 너희를 한 몸으로 부른 나의 피다."

(집례자는 포도주와 잔을 눈높이까지 들어올려 부은 뒤 들고서 말한 다음 바로 성령 임재를 위한 기도를 드린다.)

12. 성령 임재를 위한 기도 / 집례자

거룩하신 하나님! 이 성찬 예물에 창조주 성령님으로 거룩하게 하셔서서 이것을 받는 우리 모두가 성자 예수 그리스도의 몸과 피에 참여하게 하옵소서.

주님의 거룩한 몸을 받아먹는 하나님의 백성들이 성령님을 통해 하나되게 하시고, 거룩한 보혈을 받아 마시는 하나님의 자녀들이 한마음 되어 주님의 나라를 세워 가게 하옵소서. 우리의 마음을 주님께 높이 올려 드립니다. 우리가 함께 드리는 이 제물과 감사의 제사를 기쁘게 받아 주시옵소서.

그리스도를 통하여, 그리스도와 함께, 그리스도 안에서 이 순간에 충만하게 임하실 성령님과 하나되기를 간절히 원하며, 주 예수 그리스도 이름으로 기도드립니다. 아멘.

13. 성찬찬송[6]

(성찬 찬송은 미리 찬양대가 연습을 하여 찬양대 중심으로 잘 인도하여 부르도록 한다.)

1절 주님의 성찬을 받을 때에 우리는 주의 것임 기억하네
　　 우리와 늘 함께 계시는 주 우리는 주의 것
　　 우리 삶을 받아 주소서 주 사랑합니다 아버지 우리는 주의 것
2절 주 피로 정결함 받은 우리 베푸실 하늘 양식 기다리네
　　 가난한 맘으로 나왔으니 우리는 주의 것
　　 우리 삶을 받아 주소서 주 사랑합니다 아버지 우리는 주의 것

6　이것은 미국장로교 찬송가에 수록된 것으로 성찬의 의미를 잘 드러내고 있다. 미국장로교 한인찬송가위원회 편, 『찬송과 예배』 (Lousville: Geneva Press, 2001), 238장.

14. 성찬참여 / 다함께

(성찬 찬송을 부르는 동안 집례자 → 성찬위원의 순서로 먼저 성찬에 참여한 다음에, 2명씩 한 조로 구성된 성찬위원이 떡과 잔을 받아 지정한 위치에 서 있는다. 노회원들은 앞으로 나와서 성찬성례전에 참여한다.)

15. 성찬 후 공동기도 / 다함께

이제 우리는 주님의 떡과 피를 함께 먹고 마심으로 하나가 되었습니다. 우리를 하나되게 하신 주님의 은혜에 감사드립니다.

주님의 희생을 기억하는 ○○노회, 주님의 방법대로 순종하는 ○○노회가 되게 하옵소서. 주님의 부활을 기억하면서, 지금 이 순간만이 아니라 영원한 그날을 기억하며 서로 부족한 것을 채워나가는 ○○노회가 되게 하옵소서.

주님의 재림을 기대하면서 세상을 향해 담대하게 나아가는 ○○노회가 되게 하옵소서. 그리하여 우리 ○○노회가 한국교회의 심장이 되어 계속해서 뜨겁게 숨쉬며 살아가도록 허락하여 주시옵소서.

우리를 하나로 불러 주신 예수 그리스도 이름으로 간절히 기도드립니다. 아멘.

16. 성찬 후 찬송 / 찬송가 620장 "여기에 모인 우리" / 다같이

1절 여기에 모인 우리 주의 은총 받은 자여라 주께서 이 자리에 함께 계심을 아노라
　　언제나 주님만을 찬양하며 따라가리니 시험을 당할 때도 함께 계심을 믿노라
　　이 믿음 더욱 굳세라 주가 지켜 주신다 어둔 밤에도 주의 밝은 빛 인도하여 주신다
2절 주님이 뜻하신 일 헤아리기 어렵더라도 언제나 주 뜻 안에 내가 있음을 아노라
　　사랑과 말씀들이 나를 더욱 새롭게 하니 때로는 넘어져도 최후 승리를 믿노라
　　이 믿음 더욱 굳세라 주가 지켜 주신다 어둔 밤에도 주의 밝은 빛 인도하여 주신다
3절 여기에 모인 우리 사랑받는 주의 자녀라 주께서 뜻하신 바 우리 통해 펼치신다
　　고통과 슬픔 중에 더욱 주님 의지하오니 어려움 이겨내고 주님 더욱 찬양하라
　　이 믿음 더욱 굳세라 주가 지켜 주신다 어둔 밤에도 주의 밝은 빛 인도하여 주신다

(이 외에도 510장 "하나님의 진리 등대", 600장 "교회의 참된 터는"을 부를 수 있다.)

17. 소명의 확인[7] / 다같이

맡은이: 이제 우리 모두 한국교회를 위한 우리의 소명을 다시 한 번 우리의 마음에 새기고자 합니다.

첫째, 우리는 현재 한국교회의 영적 침체가 교회 지도자들의 책임임을 통감하고 교회 지도자들의 인격과 영성, 가르침과 제자훈련, 그리스도 중심의 개혁정신을 고취하여 한국교회의 영적 회복에 앞장선다.

노회원: 한국교회의 영적 회복에 앞장서겠습니다.

맡은이: 둘째, 우리는 오늘날 정보사회의 도래에 직면하여 교회의 사회에 대한 피상적 인식과 안일한 접근을 반성하고 현대 사회를 제대로 이해하기 위해 노력하며, 교회의 공적 책임과 역할을 제고하여 교회의 대사회적 신뢰를 높이는 데 앞장선다.

노회원: 교회의 대사회적 신뢰를 높이는 데 앞장서겠습니다.

맡은이: 우리는 예배의 다양한 형식과 역사를 수용하면서 장로교 예배신학과 전통에 따라 오직 하나님의 주권과 영광을 경배하는 개혁주의적 예배갱신을 추구함으로 예배의 경건성과 공동체성을 회복하기 위해 노력한다.

노회원: 예배의 경건성과 공동체성을 회복하기 위해 노력하겠습니다.

맡은이: 넷째, 우리는 그동안 차세대에 대해 관심을 기울이기보다는 장년 중심의 목회를 지향해 왔음을 고백하고, 다음세대와 함께 가는 교회가 되기 위해 가정과 교회와 학교가 하나로 연계된 통합적 교육목회를 시행하기 위해 노력한다.

노회원: 통합적 교육목회를 시행하기 위해 노력하겠습니다.

맡은이: 다섯째, 우리는 목회자와 평신도가 기능적, 상호협력적 관계 속에 있음을 직시하고, 여성과 젊은 세대를 포함한 평신도의 지도력 개발과 목회적 참여를 극대화하기 위해 노력한다.

노회원: 평신도의 지도력 개발과 목회적 참여를 극대화하기 위해 노력하겠습니다.

맡은이: 여섯째, 우리는 하나님의 말씀과 우리의 신앙고백에 근거해 개교회 중심적인 교회관을 극복하고, 약자의 기본권을 신장시키는 사회구조를 조성하며, 우리 사회

---

[7] 본 순서는 각 노회가 가지고 있는 비전을 나눌 수 있으면 좋을 것이다. 이곳에서는 대한예수교장로회 평양노회가 마련한 100주년 기념선언문 중에서 실천사항 9가지를 한 예로 제시한다.

의 약자를 위한 타자 중심적 사회봉사에 보다 많은 노력을 기울인다.

노회원: 약자를 위한 타자 중심적 사회봉사에 보다 많은 노력을 기울이겠습니다.

맡은이: 일곱째, 우리는 땅을 경작하고 지키라는 하나님의 문화명령(창 2:15)의 중요성을 인식하면서 시대 문화의 역기능을 최소화하고 생명을 살리는 창조적 변혁의 관점에 기초한 기독교적 대안문화를 창조하고 확산시키는 데 앞장선다.

노회원: 기독교적 대안문화를 창조하고 확산시키는 데 앞장서겠습니다.

맡은이: 여덟째, 우리는 민족분단의 죄된 현실로 고백하며 북녘 땅에서 신앙의 자유가 회복되기를 기도할 뿐만 아니라 한반도의 통일을 위해 적극적으로 노력함으로 남북 간의 형제애와 화해를 성취하고 그리스도 안에서 하나의 민족공동체를 형성하기 위해 노력한다.

노회원: 그리스도 안에서 하나의 민족공동체를 형성하기 위해 노력하겠습니다.

맡은이: 아홉째, 우리는 지구화라는 세계적 환경변화를 직시하면서 신음하는 민족들과 백성들의 영적, 사회적, 육적 필요를 채워 주며 세계 열방에 그리스도의 평화의 복음을 전파하여 하나님 나라를 건설하는 데 적극적으로 동참한다.

노회원: 그리스도의 평화의 복음을 전파하여 하나님 나라를 건설하는 데 적극적으로 동참하겠습니다.

18. 위탁의 말씀 / 설교자

(데살로니가전서 5장 23-24절을 읽어 주는 것으로 대신할 수 있다.)

19. 축도 / 맡은 이

(민수기 6장 24-26절, 고린도후서 13장 13절 중에서 선택한다.)

20. 후주 / 찬양대

21. 예배 후 광고

4장

기독교 학교의 새 학기 개강예배[1]

I. 예배를 위한 안내

본 예배는 기독교 학교 및 신학교의 새 학기 개강예배의 순서이다. 방학을 마치고 돌아온 학생들과 교직원들이 함께 새로운 학기를 맞이하며 새로운 결심을 할 수 있도록 예배의 순서가 배열되어 있다. 우선 시간적으로 여유가 없는 학교의 형편을 고려하여 예배는 죄의 고백과 용서의 확신으로 시작된다. (시편 교독이나 영광송 등의 복잡한 예배 순서가 생략되어 있다.)

말씀의 선포가 있은 후에 성찬성례전이 이어지는데, 이는 학생들에게 새로운 학기를 맞이하면서 새로운 결심을 하도록 하는 데 도움을 줄 수 있다. 학생들이 많은 경우에는 강단 위의 성찬대와 더불어 학생들이 앉아 있는 여러 곳에 성찬상을 마련하여 가능한 많은 학생들이 빠른 시간 안에 성찬에 참여할 수 있도록 배려한다. 이러한 경우에는 각 성찬상마다 교역자 또는 교사가 강단 위에서 이루어지는 성찬 제정과 성체 분할 때에 동시에 빵을 들거나 잔을 들어 가까운 곳에서 학생들이 볼 수 있도록 하는 것이 좋다.

성찬성례전을 집례하는 집례자는 한 강단에 성찬상이 여러 개 있는 것을 부담스럽게 생각하는 학생들을 위해 다음과 같이 말하면서 성찬으로 초대할 수 있다. "그리스도께서 거

---

1 본 예배는 정장복 외 저, 『2007년도 교회력에 따른 예배와 설교 핸드북』 (서울: 예배와 설교 아카데미, 2006), 70-79쪽에 처음 수록되었다.

룩한 식탁을 제정하신 이후로 많은 사람들이 세계의 여러 곳에서, 그리고 다양한 시간에 이 거룩한 예식을 거행하여 왔습니다. 이 세상에는 수많은 성찬의 식탁이 준비되어 있으며, 오늘 여기에도 몇 개의 식탁이 준비되어 있습니다. 이제 우리는 주님께서 우리를 위해 마련해 주신 거룩한 식탁의 예식을 거행합니다."

성찬성례전의 마지막 부분에 새로운 학기를 위한 기도가 들어 있는데, 이는 새로운 학기를 맞이하면서 새로운 시간을 하나님께 의탁하는 의미와 더불어 학생과 교사로 하여금 새로운 결심을 하게 하는 이중적 의미가 있다.

만약에 성찬성례전을 생략하고자 하는 경우에는 말씀의 선포 이후에 새로운 학기를 맞이하는 기도를 하고 파송을 하는 것이 바람직하다. 이러한 경우라면 민족과 국가를 위한 기도, 학우들과 교사를 위한 기도 등 다양한 기도의 시간을 마련하는 것도 좋다.

II. 예배의 실제

A. 말씀의 예전

1. 예배로 부름 / 집례자
우리의 도움은 하늘과 땅을 만드신 주님의 이름에 있도다(시 121:1-2).

너희 모든 나라들아 주님을 찬송하며
너희 모든 백성들아 그를 칭송하여라.
우리에게 향하신
주님의 인자하심이 크고
주님의 진실하심은 영원하도다(시 117편). 아멘.

형제자매 여러분,
여러분 모두는
이제 자신의 죄와 허물을 고백하며

주님 앞으로 나아오십시오.

통회하는 자만이

겸손한 자만이

주님을 만날 수 있습니다.

경건하게 인도자의 기도를

마음으로 따르기 바랍니다.

2. 고백의 기도 / 다같이

하늘 보좌에서 다스리시는 거룩하신 하나님!

우리가 눈을 들어 주님을 우러러봅니다.

상전의 손을 살피는 종의 눈처럼,

여주인의 손을 살피는 몸종의 눈처럼

우리의 눈도, 주님께서 우리에게 자비를 베푸시길 원하여

주 우리 하나님을 우러러봅니다(시 123:1-2).

주님, 우리에게 자비를 베풀어 주시옵소서.

우리를 용서하여 주시옵소서.

우리는 주님의 거룩한 위엄 앞에서 가련한 죄인들입니다.

우리는 죄와 부정 가운데 태어났으며 악한 일에 쉽게 빠졌고

선한 일을 도무지 할 수 없었습니다.

우리는 주님의 계명을 온전히 따르지 못하였고,

그래서 주님의 의로운 심판 앞에서 멸망할 수밖에 없었습니다.

주님께서 우리에게 많은 기회와 시간을 주셨지만,

우리에게는 나뭇잎만 무성한 무화과나무처럼 열매가 없습니다.

지나간 방학을 되돌아보며 우리의 게으름과 나약함을 발견하고

우리의 실존이 슬퍼합니다.

하오나 주님, 이 시간 다시 눈을 들어 주님을 향하나이다.

죄를 뉘우치며 애통하는 마음으로 주님께서 우리를 받아 주시길 원합니다.

절망 가운데 있는 우리를 도우사 주님의 은총을 내려주시옵소서.

긍휼이 넘치는 자비로우신 하나님 아버지의 아들 예수 그리스도의 이름 안에서

우리에게 자비를 베풀어 주시옵소서.

주님께서 우리의 죄악과 오점들을 지워 주시고,

우리를 매일매일 주님의 거룩한 성령의 은총으로 채워 주셔서

우리가 주님을 기쁘시게 하는 의와 순전함의 열매를 맺게 하옵소서.

우리 주 예수 그리스도의 이름으로 기도합니다. 아멘.

3. 용서의 선언 / 집례자

"오너라! 우리가 서로 변론하자.

너희의 죄가 주홍빛과 같다 하여도 눈과 같이 희어질 것이며,

진홍빛과 같이 붉어도 양털과 같이 희어질 것이다"(사 1:18, 새번역).

주님의 이 귀한 말씀을 진심으로 믿고 받아들이는 모든 사람에게

하나님께서 사죄의 은총을 허락하십니다.

성부와 성자와 성령의 이름으로 여러분의 죄가 사하여졌음을 선언합니다. 아멘.

4. 찬송 / 찬송가 14장 "주 우리 하나님" / 다같이

이제 더욱 기쁜 마음으로 하나님께 나아갑시다.

찬송가 14장을 부르시겠습니다.

5. 말씀봉독 / 맡은 이

6. 찬양 / 찬양대

7. 말씀선포 / 설교자

B. 성찬성례전

8. 찬송 / 찬송가 284장 "오랫동안 모든 죄 가운데 빠져" / 다같이

9. 말씀봉독 / 맡은 이
시편 36편 7-9절까지의 말씀을 새번역으로 봉독합니다.

"하나님, 주님의 한결같은 사랑이 어찌 그리 값집니까?
사람들이 주님의 날개 그늘 아래로 피하여 숨습니다.
주님의 집에 있는 기름진 것으로 그들이 배불리 먹고,
주님이 그들에게 주님의 시내에서 단물을 마시게 합니다.
생명의 샘이 주님께 있습니다.
우리는 주님의 빛을 받아 환히 열린 미래를 봅니다."

10. 신앙고백 / 사도신경 / 다같이
성찬으로 나아오는 사람들에게 필요한 것은 우리의 믿음입니다.
이제 다같이 사도신경으로 우리의 신앙을 고백합니다.

"나는 전능하신 아버지 하나님,
천지의 창조주를 믿습니다.
나는 그의 유일하신 아들, 우리 주 예수 그리스도를 믿습니다.
그는 성령으로 잉태되어 동정녀 마리아에게서 나시고,
본디오 빌라도에게 고난을 받아
십자가에 못 박혀 죽으시고,
장사된 지 사흘 만에 죽은 자 가운데서 다시 살아나셨으며,
하늘에 오르시어 전능하신 아버지 하나님 우편에 앉아 계시다가,
거기로부터 살아있는 자와 죽은 자를 심판하러 오십니다.
나는 성령을 믿으며,

거룩한 공교회와 성도의 교제와
죄를 용서받는 것과 몸의 부활과
영생을 믿습니다. 아멘."

11. 주기도 / 다같이
우리는 이제 하나님의 자녀로 고백했기 때문에
은혜로우신 아버지께서 우리의 기도를 들어주시기를 바랍니다.
다함께 주님께서 가르쳐 주신 대로 함께 기도하겠습니다.

"하늘에 계신 우리 아버지,
아버지의 이름을 거룩하게 하시며
아버지의 나라가 오게 하시며,
아버지의 뜻이 하늘에서와 같이
땅에서도 이루어지게 하소서.
오늘 우리에게 일용할 양식을 주시고,
우리가 우리에게 잘못한 사람을
용서하여 준 것같이
우리 죄를 용서하여 주시고,
우리를 시험에 빠지지 않게 하시고
악에서 구하소서.
나라와 권능과 영광이
영원히 아버지의 것입니다. 아멘."

12. 제정의 말씀 / 집례자
내가 오늘 여러분에게 전하는 것은
교회를 통하여 주님으로부터 받은 것입니다.
우리 주 예수 그리스도께서 자신의 몸을 온전히 내어주시던 그 밤에
주님께서는 떡을 드시고 축복의 기도를 드리신 다음

떼어 제자들에게 나누어 주시며 말씀하셨습니다.

"이것은 너희를 위하는 내 몸이다. 이것을 행하여 나를 기억하여라."

또한 이와 같이 잔을 드시고 축복의 기도를 드리신 다음

제자들에게 나누어 주시며 말씀하셨습니다.

"이 잔은 내 피로 세운 새 언약이다.

너희가 마실 때마다 이것을 행하여 나를 기억하여라."

그러므로 우리는 이 떡을 먹으며 이 잔을 마실 때마다

주님의 죽으심을 그의 오실 때까지 전합니다(고전 11:23-26).

13. 성찬기도 / 집례자

은혜로우신 하나님!

이제 감히 주님께서 마련하신 주님의 식탁에 앉습니다.

우리의 마음을 깨끗하게 하시고

우리의 눈을 열어 주시고

성령께서 임재하여 주셔서

살아 계신 주님을 뵈옵는 귀한 은총을 허락하여 주시옵소서.

예수님의 이름으로 기도합니다. 아멘.

14. 분병분잔 / 성찬위원

〈분병〉

우리가 나누는 빵은 그리스도 몸과의 교제입니다. 그리스도께서 자신의 몸을 여러분을 위해 주셨습니다. 이제 주님의 몸을 받겠습니다.

〈분잔〉

우리가 나누는 이 잔은 그리스도 피로 맺는 새로운 언약입니다. 그리스도께서 자신의 피를 여러분을 위해 주셨습니다. 이제 주님의 피를 받겠습니다.

15. 찬송 / 찬송가 285장 "주의 말씀 받은 그 날" / 다같이

C. 새로운 학기를 위한 기도

16. 새 학기를 위한 기도 / 맡은 이
말씀으로 처음에
빛을 창조하신 하나님,
새 날과 새 밤을 만드신 권능으로
우리에게도 새 날과 새 학기를 주시니 감사합니다.

어두움이 빛을 이기지 못하며
낡은 것이 새 것을 앞설 수 없으며
슬픔이 기쁨을 억누르지 못하며
비극이 승리 앞에 무릎 꿇듯이
이제 혼란의 소용돌이가
밝은 빛 아래서 질서를 찾게 하옵소서.

새 학기에는 더욱 강복하여 주시옵소서.
마음이 가난한 자가 누리는 복
슬픈 자가 가지는 복
온유한 사람이 가지는 복
정의에 불타고 정의에 목마른 사람들이 누리는 복
자비를 베풀고 마음이 깨끗한 사람이 차지하는 복
평화를 위하여 일하는 사람이 가지는 복
하늘나라의 많은 복을 내려주시옵소서.
배움과 학문의 길에 서 있는 젊은이들에게
시간을 아낄 수 있는 지혜를 주시옵소서.

절제할 수 있는 마음을 주시옵소서.
훈련에 견딜 수 있는 인내를 주시옵소서.

사랑이 많으신 주님, 이 젊은이들이
큰 꿈을 가지게 하시옵소서.
이 세상을 향하여,
주님의 영광을 위하여
멋진 꿈을 꾸게 하시옵소서.
그리고 이 꿈이 주님과 함께, 주님의 도우심으로
이루어질 수 있다는 믿음을 갖게 하여 주시옵소서.

세상이 주목하지 않은 나라
그곳에서도 작은 동네 베들레헴에서 나신 주님,
주님께서는 그러나 온 인류를 위하여
오고 오는 모든 세상 사람에게
희망과 기쁨을 전하여 주셨습니다.

우리는 비록 거대한 지구의 아주 작은 학교에서 공부하오나
지구를 떠받드는 마음을 주시고
온 인류를 생각하는 넓은 생각을 주시며
그들을 위해 고민하며 준비하는
주님의 사랑과 열정을 주시옵소서.
새 학기에 강의하는 교사(교수)들을 강복하옵소서.
그들의 건강을 지켜 주시고
그들이 전하는 지식과 생각과 고백이
주님의 뜻에 부합하게 하시고
이 젊은이들에게 희망을 전하는 도구가 되게 하시옵소서.

학교를 위하여 돕는 이사들과

그리고 수고하는 직원들을 돌아보아 주시옵소서.

그들이 지혜롭게 학교를 관리하고 돌볼 수 있도록

주님께서 함께하여 주시옵소서.

이제 새로운 학기를 시작합니다.

주님의 손에 맡깁니다.

주님, 함께하여 주시옵소서.

우리를 구원하신 우리 주 예수 그리스도를 통하여 기도하옵나이다. 아멘.

D. 파송

17. 파송 선언 / 집례자

"평화의 하나님께서 친히, 여러분을 완전히 거룩하게 해주시고

우리 주 예수 그리스도께서 오실 때에

여러분의 영과 혼과 몸을 흠이 없이 완전하게 지켜 주시기를 빕니다.

여러분을 부르시는 분은 신실하시니

이 일을 또한 이루실 것입니다"(살전 5:23-24, 새번역).

18. 축도 / 맡은 이

"주 예수 그리스도의 은혜와 하나님의 사랑과 성령의 교통하심이

너희와 함께 있을지어다"(고후 13:13). 아멘.

5장

기독교 기관 또는 교회 기공예식[1]

I. 예식을 위한 안내

본 예식은 기독교 기관 또는 예배당의 기공예식으로 첫 삽 뜨기와 테이프 끊기 등의 일반적 사회 예식을 기독교 예배에 선택적으로 변형하여 반영한 예식이다. 예식의 정숙함과 진지함을 유지할 수 있도록 사회자는 쓸데없는 말을 피하고 본 순서에서 제시하는 대로 정확하고 진지하게 예식을 인도하는 것이 좋을 것이다.

기공예식은 종종 무속적인 요소가 반영되어서 복을 빌거나 안전을 기원하는 내용이 반영되기 쉬우므로 신학적으로 건전한 기공예식이 될 수 있도록 각별히 유의할 필요가 있다.

또한 본 예식은 야외에서 진행되는 경우가 많으므로 우천 시의 대비와 음향시설 등을 점검할 필요가 있다. 본 예식은 경과보고의 순서가 예배 순서 안에 포함되어 있는 경우이므로 일상적인 경과보고가 되기보다는 하나님께 감사하는 형식으로 경과를 보고하는 것이 보다 좋을 것이다.

---

1 본 예식은 정장복 외 저, 『2007년도 교회력에 따른 예배와 설교 핸드북』(서울: 예배와 설교 아카데미, 2006), 65-69쪽에 처음 수록되었다.

II. 예식의 실제

1. 예식사 / 사회자

이곳에 모이신 교우, 그리고 내빈 여러분, 일찍이 경건하고 거룩한 사람들은 하나님의 사업을 위하여 건물을 짓고, 저속한 모든 일로부터 자신을 지키고, 큰 헌신과 봉사로 사람들의 마음을 감동시키며 하나님께 영광을 돌려왔습니다. 오늘 우리는 이 땅을 파는 기공식이 이러한 아름다운 전통과 연결되어 있다고 확신합니다. 이제 다함께 경건한 마음으로 ○○○ 기공예식을 시작하겠습니다.

2. 기원 / 사회자

"여호와는 위대하시니 우리 하나님의 성, 거룩한 산에서 극진히 찬양 받으시리로다"(시 48:1). 아멘.

영원하신 하나님!
수천 년, 수만 년 동안 자연으로 남아 있던 이 땅에
감히 주님의 뜻을 실행하기 위하여
나무를 모으고 돌을 모아 귀한 건물을 짓게 하시니 감사합니다.
창조의 은총 안에만 머물러 있던 이 땅이
구속의 은총의 도구로 더욱 값지게 사용되게 하심을 감사드립니다.
창조의 주님, 이 땅을 더욱 성별하여 주시고
이 땅에 지어지는 건물을 통하여 하나님의 뜻이 더욱 공고히 되고
하나님의 이름이 더욱 영화롭게 되도록 역사하여 주시옵소서.
이제 땅을 파며 드리는 이 예배가 야곱이 자신의 돌베개를 놓고 드렸던 예배와 같이
큰 꿈을 꾸며 하나님의 함께하심을 확신하는 귀한 예배가 되게 하여 주시옵소서.
우리 주 예수 그리스도의 이름으로 기도하옵나이다. 아멘.

3. 신앙고백 / 사도신경 / 다같이

우리가 하는 모든 일의 기초는 우리의 신앙입니다. 이제 사도신경으로 우리의 신앙을 고

백합니다.

"나는 전능하신 아버지 하나님, 천지의 창조주를 믿습니다.
나는 그의 유일하신 아들, 우리 주 예수 그리스도를 믿습니다.
그는 성령으로 잉태되어 동정녀 마리아에게서 나시고,
본디오 빌라도에게 고난을 받아 십자가에 못 박혀 죽으시고,
장사된 지 사흘 만에 죽은 자 가운데서 다시 살아나셨으며,
하늘에 오르시어 전능하신 아버지 하나님 우편에 앉아 계시다가,
거기로부터 살아있는 자와 죽은 자를 심판하러 오십니다.
나는 성령을 믿으며, 거룩한 공교회와 성도의 교제와
죄를 용서받는 것과 몸의 부활과 영생을 믿습니다. 아멘."

4. 찬송 / 찬송가 6장 "목소리 높여서" / 다같이

5. 말씀봉독 / 맡은 이
(다음의 성경본문 중 선택하여 봉독한다.)

교회 기공의 경우 / 왕상 8:22-30; 마 16:13-20; 시 48편
기관 기공의 경우 / 시 84편; 고전 3:9-17; 벧전 2:1-9

6. 설교 / 맡은 이
(생략할 수 있다.)

7. 경과보고 / 건축위원장
(건축의 경과를 보고하고 설계자, 시공자, 공헌자 등을 소개한다.)

8. 기공을 위한 기도 / 맡은 이
우리를 위해 세상을 창조하셨고 지금도 세상을 새롭게 하고 계시는 하나님!

여기 주님의 도구로 사용될 이 자리를 강복하여 주시옵소서.

이 땅을 성별하여 주시고 이 자리에 세워질 거룩한 ○○○○ 위에

주님의 은총을 주시옵소서.

이제 주님과 함께 이곳에 새로운 창조를 시작하오니

주님의 영광이 이곳에 영원히 거하시옵소서.

우리 주 예수 그리스도의 이름으로 기도하옵나이다. 아멘.

9. 테이프 끊기와 기공 선언 / 내빈과 사회자

이제 테이프를 끊으며 기공을 선언하겠습니다.

내빈 여러분께서는 테이프 앞으로 나오시기 바랍니다.

기공을 선언한 후에 "하나, 둘, 셋!" 하면 함께 테이프를 끊어 주시기 바랍니다.

"여호와께서 집을 세우지 아니하시면 집을 세우는 자의 수고가 헛되며 여호와께서 성을 지키지 아니하시면 파수꾼의 깨어 있음이 헛되도다"(시 127:1).

이제 나는 하나님의 영광을 위하여 이 회중 앞에서 ○○○○의 건축을 위한 기공을 선언합니다. 우리를 부르시는 분은 신실하시니 이 일을 또한 이루실 것입니다.

이제 테이프를 끊습니다. 하나, 둘, 셋!

다같이 박수로 하나님께 영광을 돌리겠습니다.

10. 첫삽 뜨기(개토) / 내빈과 대표

이제 마지막으로 땅을 파는 첫삽 뜨기의 순서입니다.

내빈 여러분과 대표께서는 개토를 위하여 앞으로 나아오시기 바랍니다.

제가 "우리가 오늘 이 땅을 팝니다!"라고 말하면

"아멘"이라고 화답하시면서 개토하시면 되겠습니다.

사회자: 거룩하신 하나님, 주님을 사랑하는 사람들이 주님의 이름으로 훈련받고 예배하

며 기도하는 건물을 세우기 위하여 우리가 오늘 이 땅을 팝니다.

회 중: 아멘.

사회자: 수고하고 무거운 짐 진 자들이 세상에서 얻을 수 없는 내적 평안을 전달할 건물을 세우기 위해 우리가 오늘 이 땅을 팝니다.

회 중: 아멘.

사회자: 우리를 인도하시고 도우시는 주님께 모든 과정을 의탁하며 우리가 오늘 이 땅을 팝니다.

회 중: 아멘.

(교회를 기공하는 경우에는 다음과 같은 내용으로 바꾸어 할 수 있다.)

사회자: 하나님의 말씀이 선포되고 거룩한 성례전이 행하여지는 주님의 교회를 세우기 위하여 우리가 오늘 이 땅을 팝니다.

회 중: 아멘.

사회자: 사람들이 안식을 얻고 고통에서 벗어나며 속박으로부터 해방되며 죄로부터 구원을 얻게 될 교회를 이곳에 세우기 위하여 우리가 오늘 이 땅을 팝니다.

회 중: 아멘.

사회자: 믿음과 소망, 사랑을 가지고 영생을 향한 순례의 길을 가며 주님의 백성들이 주님을 만나고 새 힘을 얻을 교회를 이곳에 세우기 위하여 우리가 오늘 이 땅을 팝니다.

회 중: 아멘.

11. 찬송 / 찬송가 204장 "주의 말씀 듣고서" / 다같이

12. 축도

6장

교회 창립기념주일 예배

I. 예배를 위한 안내

교회 창립기념주일은 그리스도 중심의 교회력에는 포함되지 않는 주일이지만 교회에서 흔히 지키고 있는 특별한 주일이다. 이날은 그동안 그 교회와 함께하여 주신 하나님께 감사를 드리며 교회의 사명과 책임을 다시 한 번 다짐하고 전능하신 하나님께 교회의 미래를 위해 청원하는 의미 있는 날이다. 종종 일부 교회에서는 이날에 그동안 일한 목회자나 일꾼들에게 감사패를 전달하는 등의 순서를 넣어 예배를 드리는 경우가 있는데 이것은 하나님께로 향하여야 할 예배에서는 적당하지 않은 순서다. 따라서 오늘의 예배 순서는 철저히 교회의 감사가 하나님만을 향할 수 있도록 준비되었다.

오늘의 예배를 준비하는 데 있어서 우리는 "교회란 하나님의 말씀이 선포되고 성례전이 집행되는 곳에 있다"라고 가르쳐 준 종교개혁자들의 가르침에서 출발하려고 한다. 말씀의 선포와 더불어 성례전의 집행은 교회 창립기념주일에 가장 적절한 예배 내용이다. 특별히 세례성례전의 경우에 "세례란 하나님의 백성이 되는 의식인 동시에 하나님의 공동체, 즉 교회의 일원이 되는 의식"이기 때문이다. 교회의 창립기념주일에 교회의 일원을 받아들이는 예식이 포함되는 것은 너무나 당연하다. 따라서 교회 창립기념주일은 주님의 수세주일

---

1 본 예배는 정장복 외 저, 『2003년도 교회력에 따른 예배와 설교 핸드북』(서울: 예배와 설교 아카데미, 2002), 99-113쪽에 처음 수록되었다.

과 성령강림주일, 그리고 부활주일과 더불어 교회가 세례성례전을 베풀 수 있는 가장 적절한 날이 된다.

오늘의 예배에서는 소개하지 않았지만 안수식과 직원 임직식 등도 창립기념주일에 알맞는 예배 내용이다. 하지만 이러한 예식은 언제나 하나님의 주도권이 강조되어야 하며 안수를 받는 사람이나 임직하는 사람 등이 주체가 되지 않도록 주의해서 예식을 진행할 필요가 있다. 만약에 안수식이나 임직식을 오늘의 예배 순서 가운데 삽입한다면 세례성례전후가 적당할 것이다.

예배가 시작되기 전에 미리 준비한 비디오를 통해서 그동안 교회의 여러 사역을 교우들이 볼 수 있도록 하는 것도 창립기념주일 예배를 드리는 좋은 방법이 될 것이다. 그러한 내용의 영상물은 예배자들이 하나님께 감사한 마음으로 예배하는 데 큰 도움이 될 것이다.

II. 예배의 실제

A. 예배로 나아감

1. 예배의 말씀 / 집례자
"하늘과 땅의 모든 권세를 내게 주셨으니 그러므로 너희는 가서 모든 민족을 제자로 삼아 아버지와 아들과 성령의 이름으로 세례를 베풀고 내가 너희에게 분부한 모든 것을 가르쳐 지키게 하라 볼지어다 내가 세상 끝날까지 너희와 항상 함께 있으리라"(마 28:18-20).

2. 오늘의 기도[2] / 집례자
전능하신 하나님,
이곳에 세우신 교회에 복 주시기를 기도합니다.
이곳에서 믿음의 사람들이 구원을 받을 뿐 아니라,
믿음이 부족한 사람들이 깨우침을 얻도록 하소서.

---

2 오늘의 기도(the prayer of the day)란 특별한 기념일이나 절기의 성격을 전형적으로 표현함으로써 그날의 예배 초점이 보다 확고하게 세워지도록 하는 것이다. 개회기도를 대신하여 오늘의 기도를 드릴 수 있다.

또한 이곳에서 의심이 많은 사람들이 믿음을 얻고

불안해하는 사람들이 용기를 얻게 하소서.

그리고 이곳에서 시험 가운데 있는 사람들이 쉼을 얻고,

교만한 사람들이 새로워지게 하소서.

그리고 노인들이 위안을 얻으며,

젊은 사람들이 영광을 얻게 하소서.

예수 그리스도의 이름으로 기도드립니다. 아멘.[3]

3. 찬송 / 찬송가 35장 "큰 영화로신 주" / 다같이

4. 죄의 고백

집례자: 성경은 말합니다. "하나님을 알되 하나님을 영화롭게도 아니하며 감사하지도
아니하고 오히려 그 생각이 허망하여지며 미련한 마음이 어두워졌나니 스스로
지혜 있다 하나 어리석게 되어 썩어지지 아니하는 하나님의 영광을 썩어질 사
람과 새와 짐승과 기어다니는 동물 모양의 우상으로 바꾸었느니라"(롬 1:21-23).
오늘도 우리는 이러한 주님의 책망에 자유로울 수 없는 존재들입니다. 주님 앞
에 설 때 우리는 우리의 허물을 보게 됩니다. 이 시간 우리 주님께 우리의 마음
을 열고 우리의 더러운 허물과 냄새나는 상처를 열어 드리려고 합니다. 다 함께
주의 자비하심을 의지하여 고백의 기도를 드리겠습니다.

회 중: 우리를 지으신 하나님!

은혜가 충만하신 사랑으로 세례를 주시고

우리를 주님의 자녀로 삼아주신 하나님!

그러나 저희는 여전히 불순종하여

아버지의 자녀 된 도리로 살지 못하였음을 고백합니다.

우리보다 세상적으로 행운을 누리는 듯한 사람들을 질투하였고

우리보다 못해 보이는 사람들을 멸시하였습니다.

---

3 김소영, 김세광, 안창엽 편역, 『공동 예배서』 (서울: 한국장로교출판사, 2001), 29.

우리와 잘 맞지 않는 사람들에게는

주님 안에서 한 형제라 말만 하고 거리를 두고 지냈으며

우리의 편협함을 지적하는 사람들 또한 멀리하였습니다.

하나님의 의를 찾고자 함이 오직 입술에만 머물렀음을 고백합니다.

아버지, 우리 속에 있는 모든 더러운 의도와 욕심을 물리쳐 주시고

주님께서 지으신 모든 이에게 사랑을 베풀 수 있는

우리가 되도록 도와주소서.

예수님의 이름으로 기도드립니다. 아멘.

5. 사죄 선언 / 집례자

복음을 믿으라. 너희가 전에는 백성이 아니더니 이제는 하나님의 백성이요, 전에는 긍휼을 얻지 못하였더니 이제는 긍휼을 얻은 자니라. 그리스도 안에서 너희는 죄사함을 받았으니 이는 너희를 어두운 데서 불러내어 그의 기이한 빛에 들어가게 하신 자의 아름다운 덕을 선전하게 하려 하심이라.[4]

6. 영광송 / 4장 "성부 성자와 성령" / 다같이

B. 말씀의 예전

7. 설교 전 기도 / 설교자

8. 구약성경 봉독 / 설교자

9. 찬양 / 김두완 곡, "하나님의 교회"[5] / 찬양대

---

4   베드로전서 2:9-10 참조.

5   김두완 곡, 김용진 작사, "하나님의 교회", 『교회력에 의한 교회 예배 합창 제 2집』 (서울: 호산나 음악사, 1994), 220-229.

10. 신약성경 봉독 / 설교자

11. 말씀의 선포 / 설교자

12. 찬송 / 찬송가 600장 "교회의 참된 터는" / 다같이

13. 교회를 위한 연도 / 집례자와 회중

집례자: 기도와 찬양으로 하나님을 예배하기 위하여

        말씀을 선포하기 위하여

        성례전을 베풀기 위하여

회　중: 이 교회를 들어 써 주시니 감사합니다.

집례자: 슬퍼하는 이들을 위로하기 위하여

        어려움을 겪고 있는 이들을 돕기 위하여

        도움을 필요로 하는 이들을 돕기 위하여

회　중: 이 교회를 들어 써 주시니 감사합니다.

집례자: 가족들을 후원하고 하나님의 자녀답게 양육하기 위하여

        아이들을 이끌기 위하여

        젊은이들이 하나님 앞에서 섬기는 삶을 살도록 부르기 위하여

회　중: 이 교회를 들어 써 주시니 감사합니다.

집례자: 악한 세력의 침투를 막고

        신실한 생활을 장려하며

        온 땅에 평화와 정의를 촉진하기 위하여

회　중: 이 교회를 들어 써 주시니 감사합니다.

집례자: 하나님의 진리에 대해 우리 마음을 열기 위하여

        궁핍한 이들을 돕기 위하여

        희망과 용기를 주기 위하여

회　중: 이 교회를 들어 써 주시니 감사합니다.

집례자: 그리스도를 믿는 이 모두가 하나 되게 하기 위하여

온 세상에 복음을 전하기 위하여

온 백성의 일치를 촉진하기 위하여

회 중: 이 교회를 들어 써 주시니 감사합니다.

집례자: 우리보다 앞서간 이들을 감사함으로 기념하고

이 교회 안에서 함께 우리의 삶을 감사하면서

삶과 섬김을 성별하기 위하여

회 중: 우리가 이 교회의 과거를 돌아보며

감사를 드립니다.

또한 하나님께서 끊임없이 복 내려 주시고

이끌어 주시기를 빕니다. 아멘.[6]

14. 찬송 / 찬송가 208장 "내 주의 나라와" / 다같이

C. 세례성례전

15. 세례자 소개 / 대표 장로

(먼저, 장로 중 대표자〈당회 서기 등〉가 세례 받을 사람의 이름을 호명한다. 유아세례의 경우 부모의 이름, 성인세례 시에는 성인의 이름을 부른다. 세례후보자는 앞좌석에 앉아 있다가 이름이 불리면 대답하고 일어난다.)

16. 영접 / 집례자와 회중

집례자: 한 공동체로서 우리는 큰 기쁨으로 여러분을 환영하면서 여러분이 청원한 세례를 거행하려고 합니다. 여러분에게 주어질 물과 성령의 세례는 창조자 성부 하나님의 언약에 기초하며, 죄 용서를 통해서 새롭게 되는 것이며, 그리스도께서 우리를 그분의 죽으심과 부활에 함께 통과하게 하심으로써 새 생명으로 태어나

---

6 박근원 엮음, 『믿음예식서』 (서울: 도서출판 진흥, 1994), 322-324.

는 것이며, 우리에게 임하신 성령님의 인도하심으로 우리가 교회의 몸 안으로 들어가게 되는 것입니다.

회　중: 하나님 아버지께서 여러분을 미리 아시고 성령으로 거룩하게 해 주셔서 여러분 은 순종하게 되고, 예수 그리스도의 피 뿌림을 받게 되었습니다. 여러분에게 은혜와 평화가 더욱 가득 차기를 빕니다(벧전 1:2).[7]

17. 감사기도 / 집례자와 회중[8]

(집례자는 세례반이 있는 물 가까이에 서서 다음과 같이 기도한다.)

집례자: 주님께서 여러분과 함께

회　중: 또한 목사님께도

집례자: 마음을 드높이

회　중: 우리의 마음을 들어올립니다.

집례자: 주 우리 하나님께 감사합시다.

회　중: 그분께 감사와 찬양을 드리는 것이 마땅합니다.

집례자: 우리에게 물을 주사 그 물로 생명을 주시고 깨끗함을 주시고 해갈하게 하시는 전능하신 창조자이신 하나님, 주님께 영광과 감사를 드리는 것이 옳고 합당하 나이다.

회　중: 오 하나님, 주님을 송축하나이다.

집례자: 오 하나님, 주님의 보이지 않는 능력으로 주님은 성례전 안에서 경이한 일을 이 루시고, 구원의 역사 속에서 주님이 만드신 물을 사용하셔서 우리에게 세례의 은총을 알게 하시나이다.

회　중: 오 하나님, 주님을 송축하나이다.

7　베드로전서 1장 2절의 인사를 인용하였다. 베드로서는 특별히 세례와 밀접한 연결을 가지고 있는데 여기에 소개된 인사 는 새로 세례를 받는 사람들을 향한 것이다. 회중이 이 말씀으로 인사를 할 때 집례자는 세례후보자들을 돌려세워 회중이 세례후보자들을 볼 수 있도록 하는 것도 좋다.

8　이 부분은 Max Thurian and Geoffrey Wainwright가 저술한 *Baptism and Eucharist: Ecumenical Convergence in Celebration* (Grand Rapids. Wm. B. Eerdmans, 1983), 94-96에 제시된 Ecumenical Baptismal Liturgy에서 인 용하였다.

집례자: 태초에 하나님의 영이 수면 위에 운행하셨고, 창조의 역사를 예비하셨고, 생명의 씨앗을 심으셨나이다.

회 중: 오 하나님, 주님을 송축하나이다.

집례자: 강에서 흐르는 물에서 주님은 죄에 대한 죽음과 새 생명으로 태어남을 선언하셨나이다.

회 중: 오 하나님, 주님을 송축하나이다.

집례자: 주님은 아브라함의 자손들이 홍해의 물을 지나도록 인도하시고, 그 백성들을 종에서 해방시키시고, 약속의 땅으로 인도하셨나이다.

회 중: 오 하나님, 주님을 송축하나이다.

집례자: 하나님의 사랑하는 성자께서 요단강 물에서 세례 요한에게 세례를 받으시고, 성령으로 기름 부음을 받으셨으며, 선지자와 제사장과 왕으로 세워졌나이다.

회 중: 오 하나님, 주님을 송축하나이다.

집례자: 십자가 위에 달리신 하나님의 아들은 고난의 세례 속에 잠기셨고, 그분은 심령에 불을 붙이시고, 모든 백성을 자신에게로 이끌기 위하여 이 땅에 불을 던졌나이다.

회 중: 오 하나님, 주님을 송축하나이다.

집례자: 부활하신 주님은 제자들에게 말씀하셨습니다. "하늘과 땅의 모든 권세를 내게 주셨으니 그러므로 너희는 가서 모든 민족을 제자로 삼아 아버지와 아들과 성령의 이름으로 세례를 베풀고 내가 너희에게 분부한 모든 것을 가르쳐 지키게 하라 볼지어다 내가 세상 끝날까지 너희와 항상 함께 있으리라 하시니라"(마 28:18b-20).

회 중: 오 하나님, 주님을 송축하나이다.

집례자: 오 하나님, 이제 주님의 사랑하시는 교회에 오시사 주님의 성령에 의해서 세례의 샘물이 우리에게서 솟아나게 하소서. 성부 하나님이시여, 주님의 형상으로 지음 받은 주님의 종을 모든 허물에서 깨끗케 하소서. 오늘 세례를 받는 이들이 그리스도와 함께 죽음 가운데 장사되고, 그리스도와 함께 생명으로 부활하게 하소서. 이들이 성령을 받아 교회의 복음을 세상에 증거하게 하소서.

회 중: 오 하나님, 주님을 송축하나이다.

18. 권면 / 집례자

〈유아세례를 위하여〉

사랑하는 부모와 후견인 여러분, 여러분이 세례를 위해서 참석케 한 이 아이는 이제 세례를 받게 됩니다. 하나님께서는 그분이 사랑 안에서 이 아이에게 새 생명을 주실 것입니다. 이 아이는 물과 성령으로 거듭날 것입니다. 새로운 생명이 죄와 무관심으로 인해서 약해지지 않고 날마다 강건하게 자라도록 하기 위해서 이 아이를 신앙 안에서 도와주시기 바랍니다. 이 책임에 대한 준비와 표시로 나는 여러분이 자신의 세례를 상기하기를 바라며, 예수 그리스도 안에서 모든 그리스도인이 세례를 받은 보편적인 교회의 신앙을 전하기를 바랍니다.

〈성인세례를 위하여〉

○○○이여! 당신은 이제 세례를 받습니다. 하나님께서는 그분의 사랑 안에서 당신에게 새 생명을 주실 것입니다. 당신은 물과 성령으로 거듭날 것입니다. 새로운 생명이 죄와 무관심으로 인해서 약해지지 않고 날마다 강건하게 자라도록 하기 위해서 신앙 안에서 노력하시기 바랍니다. 당신은 이미 신앙 안에서 그리스도와 그분의 교회를 섬기기로 작정한 표로서, 나는 당신이 악마의 세력에 대항하여 싸우도록 권하며, 예수 그리스도 안에서 모든 그리스도인이 세례를 받은 그 보편적인 교회의 신앙을 전하기를 바랍니다.

19. 부인의식[9] / 집례자와 세례후보자

집례자: 하나님의 아들과 딸의 자유함 속에서 살기 위하여, 예수 그리스도의 신실한 제자가 되기 위하여, 그리고 성령의 열매를 맺기 위하여 당신은 이 세상의 욕망과 자만의 덫과 돈을 사랑하는 것과 폭력에 의해서 지배당하는 것을 부정하겠습니까?

세례후보자: 예, 나는 그것들을 부정합니다.

20. 신앙고백 / 집례자와 세례후보자

---

9   구마식이라고도 하는 이 의식은 초대교회에서는 서쪽을 향하여 행하였다.

집례자: 당신은 천지의 창조주이신 성부 하나님을 믿습니까?

세례후보자: 예, 나는 그분을 믿습니다.

집례자: 당신은 성령의 능력으로 잉태되어 동정녀 마리아에게서 나시고, 본디오 빌라도에게 고난을 받아 십자가에 못 박혀 죽으시고 장사된 지 사흘 만에 다시 살아나셔서 하늘에 오르사 하나님 우편에 앉아 계시다가 살아있는 자와 죽은 자를 심판하러 오실 독생자 우리 주 예수 그리스도를 믿습니까?

세례후보자: 예, 나는 그분을 믿습니다.

집례자: 당신은 성령과 거룩한 공교회와 성도의 교제와 죄를 용서 받는 것과 몸의 부활과 영생을 믿습니까?

세례후보자: 예, 나는 믿습니다.

21. 문답 / 집례자와 세례후보자

(유아세례의 경우 부모나 후견인에게 묻는다.)

집례자: 여러분은 우리가 선언한 교회의 신앙 안에서 ○○○이 세례 받기를 바라십니까?

부모나 후견인: 예, 우리는 바랍니다.

(성인세례의 경우 후보자에게 묻는다.)

집례자: 당신은 우리가 선언한 교회의 신앙 안에서 세례 받기를 바라십니까?

세례후보자: 예, 나는 바랍니다.

22. 세례 / 집례자

(세례를 받는 사람은 한 사람씩 세례반이 있는 앞으로 나오고, 집례자는 세례 받는 이의 이름을 부르며 다음과 같이 세례를 준다.)

집례자: 하나님의 사람 ○○○에게 나는 성부와 성자와 성령의 이름으로 세례를 주노라.

다같이: 아멘.

23. 기도[10] / 집례자

집례자: 전능하신 하나님!

세례를 통하여 그리스도의 교회 안에서 주님의 지체로 있게 하소서.

저들이 은혜 아래 성장하고 사랑 안에 거하며 옳은 열매를 맺게 하소서.

회 중: 주의 영을 허락하소서.

집례자: 무관심과 소홀함으로부터 천국의 새 시민이 되게 하소서.

앞으로 불복종과 반항에 대해 끈기 있게 대처하게 하시고,

주의 큰 자비로 신앙을 잃지 않게 하소서.

회 중: 주의 영을 허락하소서.

집례자: 세례식을 통해 새로운 사람의 영원한 증거를 가지고 믿음으로 살아가게 하소서.

의심의 깊은 번민이 없게 하소서.

주님의 영원하신 사랑 안에서 다른 사람을 향한 성스러운 삶이 가득하게 하소서.

회 중: 주의 영을 허락하소서.

집례자: 우리가 믿음 안에서 늘 동행하게 하심을 감사드립니다.

기쁨과 믿음 안에서 주님을 섬기며 함께 살아가도록 우리를 도우소서.

교회 안에서 창조주 하나님과 교회의 머리되신 그리스도를 시인하며그 몸과 세례에 하나 되게 하소서.

회 중: 예수 그리스도의 이름으로 주의 영을 허락하소서. 아멘.

24. 선포 / 집례자

집례자: 이 분들은 오늘 거룩한 세례를 받아 ○○교회의 ○○번째 창립기념주일에 세례 교인이 된 것을 성부와 성자와 성령의 이름으로 선포하노라.[11]

다같이: 아멘.

---

10 Laurence Hull Stookey, *Baptism: Christ's Act in the Church* (Nashville: Abingdon Press, 1982), 170-171.

11 선포의 내용을 교회 창립기념주일과 연결하였다.

D. 성찬성례전

25. 신앙고백 / 사도신경 / 다같이

집례자: 우리 주님이 제정하신 귀한 성찬성례전에 참여하기 전에 우리는 이제 새롭게 우리 교회의 일원이 된 교우들과 한목소리로 한 분의 하나님, 한 분의 예수 그리스도, 한 분의 성령님을 우리가 모두 믿고 그 역사와 말씀을 모두 함께 따른다는 사실을 사도신경을 통하여 고백합시다.

다같이: (사도신경을 고백한다.)

26. 찬송 / 찬송가 210장 "시온성과 같은 교회" / 다같이

27. 제정의 말씀 / 집례자

내가 오늘 여러분에게 전하는 것은 교회를 통하여 주님께로부터 받은 것입니다.

"우리 주 예수 그리스도께서는 잡히시던 밤에 떡을 가지사 축사하시고 떼어 가라사대 이것은 너희를 위하는 내 몸이니 이것을 행하여 나를 기념하라 하시고, 식후에 또한 이와 같이 잔을 가지시고 이 잔은 내 피로 세운 새 언약이니 이것을 행하여 마실 때마다 나를 기념하라 하셨으니, 너희가 이 떡을 먹으며 이 잔을 마실 때마다 주의 죽으심을 오실 때까지 전하는 것이라."

28. 성찬기도[12] / 집례자

은혜로우신 하나님, 지극히 자비하셔서 독생 성자를 보내시어 사람의 몸을 입게 하시고, 예수님께서 우리 죄를 대신하여 십자가에 죽으심으로 우리를 구원하여 주심을 감사하나이다. 주께서 단번에 자기 몸을 드리사 온 세상의 죄를 속량하시고 완전하고 거룩하신 희생의 제물이 되사 우리의 고통을 대신하여 죽으심을 기념하는 성례를 세우시고, 다시 오실 때까지 이 예식을 행하라고 분부하셨나이다. 자비하신 하나님, 비옵나니 우리의 기도를 들으시고 성령님으로 이 떡과 잔에 은혜를 베푸시사 거룩하게 하시고, 주님이 세우신

---

12   대한예수교장로회 총회, 『표준 예식서』 (서울: 한국장로교출판사, 1997), 54.

성례대로 이루게 하여 주시옵소서. 부족한 저희들이 주님의 고난 당하심과 보배로운 피를 흘려 죽으심과 큰 권세로 부활하여 영화롭게 승천하심을 기념하고, 영생의 떡과 구원의 잔을 받고자 하오니, 생명과 은총을 주시는 성령님의 도우심이 주님의 베푸신 상에 같이하시기를 예수님의 이름으로 기도합니다. 아멘.

29. 성찬선언 / 집례자와 회중

집례자: (빵을 들어 보이며)

　　　우리가 쪼갠 빵은 그리스도의 몸과의 교제입니다. 그리스도의 몸을 여러분을 위해 주셨습니다.

회　중: 아멘.

집례자:(잔을 들어 보이며)

　　　우리가 축복한 잔은 그리스도의 피와의 교제입니다. 그리스도의 피를 여러분을 위해 주셨습니다.

회　중: 아멘.

30. 초대 / 성찬위원

집례자: 모든 것이 준비되었습니다. 신앙을 가지고 나오셔서 주님의 몸과 피를 받으십시오.

(분병위원과 분잔위원들이 나와서 떡과 잔을 들고 서고 회중이 앞으로 나와 떡과 잔을 받고 자리로 돌아가도록 한다. 이때 위원은 성물을 나누어 주면서 다음과 같이 말한다.)

분병위원: 그리스도의 몸입니다.

분잔위원: 그리스도의 피입니다.

31. 성찬 후 기도 / 다같이

(오르간이 연주되고 회중은 침묵 가운데 각자 감사의 기도를 드린다.)

E. 파송

32. 감사찬송 / 복음성가 "우리에게 향하신" / 다같이
우리에게 향하신 여호와의 인자하심이
크고 크도다 크시도다 크고 크도다 크시도다

33. 봉헌[13] / 다같이
(감사의 찬송을 부르며 헌금을 봉헌한다.)

34. 교회를 위한 기도[14] / 다같이
영원하신 하나님,
하나님께서는 우리로 복음을 선포하고
하나님의 자비를 나타내도록 우리를 특별한 백성으로 부르셨나이다.
우리가 이 교회에 함께 모일 때 성령께서 함께하심으로
우리가 모든 일에 하나님의 뜻을 이루게 하옵소서.
우리가 실족하거나 우리의 욕심에 따라 행하지 않도록 인도하여 주옵소서.
우리로 하여금 세상에서 화해의 역할을 하며
교회를 세우게 하셔서 우리 주 예수 그리스도께 더욱 큰 영광을 돌리게 하옵소서.
예수 그리스도의 이름으로 기도드립니다. 아멘.

35. 강복선언 / 집례자
은혜가 풍성하신 하나님,
그리스도 안에 있는 너희 모든 이에게 평강이 있을지어다.
하나님의 지배하심이 영원하리로다.

---

13 성찬성례전이 있는 경우에 대부분 봉헌은 성물의 봉헌과 함께 이루어진다. 하지만 이 예배에서는 성찬성례전이 끝난
후 파송의 순서에 봉헌을 하도록 하였다. 이것은 하나님의 은혜를 입은 성도들이 감사의 예물을 가지고 세상으로 나아
가 가난한 사람들을 위해 사용할 것을 암시적으로 보여주고자 한 것이다. 따라서 이 순서에서는 봉헌기도를 빼고 교회
의 임무를 다시 생각하게 하는 교회를 위한 기도를 포함시켰다.

14 김소영, 김세광, 안창엽 편역, 『공동예배서』, 627.

주 예수 그리스도의 은혜와 하나님의 사랑과 성령의 교통하심이

너희와 함께 있을지어다. 아멘.[15]

36. 후주 / 반주자

37. 폐회

---

15 베드로전서 5장 14절과 고린도후서 13장 13절의 말씀을 연결하였다. 이러한 강복 선언에 대해서는 L. H. Stooky,
   Baptism: Christ's Act in the Church, 171을 참고하라.

7장
환자 방문 성찬예식 [1]

I. 예식을 위한 안내

본 예식은 병원이나 집 또는 요양원 등에서 치료를 받고 있어서 교회의 주일예배에 정상적으로 참여할 수 없는 성도들이 성찬성례전을 받을 수 있도록 마련된 예배이다. 이것은 주일예배 때에 교회에서 성찬성례전에 참여한 교우들과 목회자가 환자를 방문하여 성찬을 함께 나누는 것으로, 이러한 전통은 초대교회로까지 거슬러 올라간다. 초대교회의 교인들은 여러 가지 이유로 성찬에 참여하지 못하는 사람들을 찾아가 빵과 포도주를 함께 나눔으로써 그들이 한 공동체임을 확인하곤 하였는데, 후에 중세교회는 환자들을 찾아가 사제가 성별한 성찬을 나누어 주는 개인 성찬으로 발전하기도 하였다. 고대교회에서는 병자들을 찾아가 기름을 바르는 예식을 거행하기도 하였는데, 이러한 치유를 위한 예식은 세례, 성찬과 더불어 또 다른 성례의 하나로 받아들여지기도 하였다.

본 예식은 심방을 하는 교우들과 목회자가 환자와 함께 거행하는 것으로 매우 드물고 의미가 있는 예배이다. 성찬은 교회의 행위이며 공동체가 반드시 있어야 한다. 따라서 병자를 위한 성찬례가 있는 경우에는 교회를 대표하는 성도들 몇 명이 함께 참여하여 교회의 공동체성을 유지할 필요가 있다. 한국교회에서는 병자 심방을 많이 하지만, 병자들에게 성

---

1   본 예식은 정장복 외 저, 『2008년도 교회력에 따른 예배와 설교 핸드북』 (서울: 예배와 설교 아카데미, 2007), 108-114 쪽에 처음 수록되었다.

찬을 나누어 주는 예식은 아직 소개되고 있지 않다. 비록 간단한 예배이지만 매우 귀중한 예배자료가 될 수 있으리라 확신한다.

II. 예식의 실제

1. 인사 / 집례자와 회중
집례자: 주님께서 내려주시는 평화가 ○○○ 성도님께 있으시길 빕니다.
회　중: 주님께서 내려주시는 평화를 빕니다.

2. 기원 / 마 11:28-29 / 집례자
"수고하고 무거운 짐 진 자들아 다 내게로 오라 내가 너희를 쉬게 하리라 나는 마음이 온유하고 겸손하니 나의 멍에를 메고 내게 배우라 그리하면 너희 마음이 쉼을 얻으리니 이는 내 멍에는 쉽고 내 짐은 가벼움이라."

3. 치유를 위한 고백 / 다같이
제가 아플 때 하나님은 나의 약이 되십니다.
제가 도움이 필요할 때 하나님은 나의 힘이십니다.
제가 죽음의 두려움 가운데 있을 때 하나님은 바로 제 생명이 되십니다.
하나님은 제가 하늘을 향해 순례 길을 갈 때에 길이 되십니다.
모든 것이 어려울 때 하나님은 빛이십니다.
제가 새로워져야 할 필요가 있을 때에 하나님은 영적 양식이 되십니다.
(Ambrose of Milan, 340-397)[2]

4. 치유를 위한 기도 / 시 57:1-2 / 환자
"하나님이여 내게 은혜를 베푸소서 내게 은혜를 베푸소서 내 영혼이 주께로 피하되 주

2　*The Book of Common Worship*, PCUSA, 김소영, 김세광, 안창엽 편역, 『공동예배서』(서울: 한국장로교출판사, 2001), 654-655.

의 날개 그늘 아래에서 이 재앙들이 지나기까지 피하리이다 내가 지존하신 하나님께 부르짖음이여 곧 나를 위하여 모든 것을 이루시는 하나님께로다"

5. 치유를 위한 찬송 / 찬송가 382장 "너 근심 걱정 말아라" / 다같이

6. 치유의 말씀 / 시 103편 / 집례자와 회중

집례자: 내 영혼아 여호와를 송축하라(1절).

그가 네 모든 죄악을 사하시며 네 모든 병을 고치시며

네 생명을 파멸에서 속량하시고 인자와 긍휼로 관을 씌우시며

좋은 것으로 네 소원을 만족하게 하사

네 청춘을 독수리같이 새롭게 하시는도다(3-5절).

아버지가 자식을 긍휼히 여김같이

여호와께서는 자기를 경외하는 자를 긍휼히 여기시나니

이는 그가 우리의 체질을 아시며

우리가 단지 먼지뿐임을 기억하심이로다(13-14절).

여호와의 지으심을 받고 그가 다스리시는 모든 곳에 있는 너희여

여호와를 송축하라 내 영혼아 여호와를 송축하라(22절).

회　중: 아멘.

7. 성찬찬송 / 찬송가 376장 "나그네와 같은 내가" / 다같이

8. 초대의 말씀 / 집례자와 회중

집례자: 우리 주님은 생명의 떡입니다. 지친 영혼을 위한 하늘의 양식입니다. 또한 우리 주님은 영원토록 솟아나는 생수입니다. 목마름으로 갈한 영혼의 안식처입니다. 그 주님께서 ○○○ 성도를 위해 오늘 친히 주님의 식탁을 마련하여 주셨습니다.

회　중: 하나님께 감사드립니다.

9. 제정의 말씀[3] / 요 6:47-57 / 집례자

"진실로 진실로 너희에게 이르노니 믿는 자는 영생을 가졌나니 내가 곧 생명의 떡이니라"(47-48절). "나는 하늘에서 내려온 살아있는 떡이니 사람이 이 떡을 먹으면 영생하리라 내가 줄 떡은 곧 세상의 생명을 위한 내 살이니라"(51절). "내가 진실로 진실로 너희에게 이르노니 인자의 살을 먹지 아니하고 인자의 피를 마시지 아니하면 너희 속에 생명이 없느니라 내 살을 먹고 내 피를 마시는 자는 영생을 가졌고 마지막 날에 내가 그를 다시 살리리니 내 살은 참된 양식이요 내 피는 참된 음료로다 내 살을 먹고 내 피를 마시는 자는 내 안에 거하고 나도 그의 안에 거하나니 살아계신 아버지께서 나를 보내시매 내가 아버지로 말미암아 사는 것 같이 나를 먹는 그 사람도 나로 말미암아 살리라 이것은 하늘에서 내려온 떡이니 조상들이 먹고도 죽은 그것과 같지 아니하여 이 떡을 먹는 자는 영원히 살리라"(53-58절).

(집례자는 이어서 다음과 같이 말한다. 단, 집례자가 목회자가 아닌 경우라면 아래의 말씀을 생략하고 바로 성령 임재를 위한 기도를 한다.)

예수님께서 잡히시던 날 밤, 떡을 가지사 축사하시고 떼어 주시면서 "이것은 나의 몸이라. 너희를 위하여 준 것이니 이것을 행하여 나를 기념하라"고 하셨습니다.

또한 주님께서는 이후에 잔을 드시고 축사하신 후 "이 잔은 나의 피로 세운 새 언약이니 이것을 행하여 마실 때마다 나를 기념하라"고 하셨습니다.[4]

10. 성령 임재를 위한 기도 / 집례자

은혜로우신 하나님, 우리에게 거룩한 주님의 식탁을 마련하여 주시니 참으로 감사합니다. 이 시간 이 성찬 위에 주님의 거룩한 성령을 부으셔서 우리가 떼는 이 떡과 나누는 이 잔이 그리스도의 몸과 피와의 교통이 되게 하여 주시옵소서. 주님의 몸과 보혈을 받을 때에 우리의 몸과 마음이 새로워지게 하시고, 우리의 모든 것이 교정되고 바로잡히게 하시

---

3 간단히 하려면 요한복음 6장 35절의 말씀인 "나는 생명의 떡이니 내게 오는 자는 결코 주리지 아니할 터이요 나를 믿는 자는 영원히 목마르지 아니하리라"를 대신 읽을 수 있다.

4 이때 집례자는 떡과 잔을 들어 환자가 볼 수 있도록 한다.

옵소서. 병든 사람들, 고통당하는 사람들, 연약한 사람들에게 주님의 평화를 내려주시옵소서. 특별히 이 시간 ○○○ 성도에게 하나님의 은총을 내려주시옵소서. 십자가 위에서 고통을 당하시고 부활하신 예수 그리스도의 이름으로 기도하옵나이다. 아멘.

11. 떡과 잔을 나눔 / 집례자와 환자, 그리고 회중

(집례자는 미리 준비한 떡과 잔을 제일 먼저 환자에게 나누어 주고 이어서 환자의 가족과 회중에게 나누어 준다. 그리고 마지막에 집례자가 받는다. 이러한 순서는 가장 힘들고 어려운 사람들을 먼저 배려하는 의미가 있다. 만약에 환자가 도저히 떡과 잔을 받을 수 없는 경우라면 집례자가 떡을 포도주에 적신 후에 환자의 입에 대어 주도록 한다. 떡과 잔을 나누어 주면서 집례자는 다음과 같이 말한다.)

집례자: 주님의 몸입니다.
회 중: 아멘.
집례자: 그리스도의 보혈입니다.
회 중: 아멘.

12. 치유를 위한 안수기도 / 교역자나 치유 은사자[5]

(성찬을 나눈 후에 집례자는 환자를 위해 다음의 말을 하며 안수기도를 한다. 이때 기름을 이마에 바르며 기도할 수도 있다.)

"강하고 담대하라 두려워하지 말며 놀라지 말라 네가 어디로 가든지 네 하나님 여호와가 너와 함께하느니라"(수 1:9). "너는 가만히 있어 내가 하나님 됨을 알지어다"(시 46:10).

(또는)

"평안을 너희에게 끼치노니 곧 나의 평안을 너희에게 주노라 내가 너희에게 주는 것은

---

5   교역자인 경우 안수기도를 하고, 그렇지 않은 경우라면 교회(당회)가 인정하는 신유 은사자나 장로가 안수할 수 있다. 일반 성도들만이 함께하는 경우라면 안수 없이 기도를 하는 것이 바람직하다.

세상이 주는 것과 같지 아니하니라 너희는 마음에 근심하지도 말고 두려워하지도 말라"(요 14: 27).

13. 찬송 / 찬송가 384장 "나의 갈 길 다가도록" / 다같이

14. 파송의 말씀 / 살전 5:16-18, 23-24 / 집례자
"항상 기뻐하라
쉬지 말고 기도하라
범사에 감사하라 이것이 그리스도 예수 안에서 너희를 향하신 하나님의 뜻이니라
평강의 하나님이 친히 너희를 온전히 거룩하게 하시고
또 너희의 온 영과 혼과 몸이
우리 주 예수 그리스도께서 강림하실 때에 흠 없게 보전되기를 원하노라
너희를 부르시는 이는 미쁘시니 그가 또한 이루시리라"

15. 축도 / 민 6:24-26 / 집례자
하나님의 사람 ○○○ 성도! 그리고 이곳에 모인 주님의 백성들![6]

"여호와는 네게 복을 주시고 너를 지키시기를 원하며
여호와는 그의 얼굴을 네게 비추사 은혜 베푸시기를 원하며
여호와는 그 얼굴을 네게로 향하여 드사 평강 주시기를 원하노라"

---

6 아론의 축복기도로 병자 심방의 독특성을 감안하여 이름을 부르며 축도를 하도록 하였다.

8장

유아 백일 세례예식 [1]

I. 예식을 위한 안내

한국의 전통적인 예식 중에 아이가 태어난 지 석 달 열흘 만에 갖는 백일잔치가 있다. 한국인들은 전통적으로 100이라는 숫자를 큰 수 또는 완전한 숫자로 생각하는 경향이 있었는데, 이러한 전통으로부터 백일잔치가 유래한 것으로 보인다.[2] 옛날에는 어린아이들의 사망률이 높았기 때문에 백일잔치는 어려운 고비를 무사히 넘기고 살 수 있는 환경에 잘 적응했다는 의미가 담겨 있는 것으로 보인다. 따라서 전통적으로 백일잔치는 100일이라는 긴 시간의 여러 고비를 잘 넘기고 견디어 낸 아이를 축하하고, 앞으로 살아갈 미래를 축복하는 의미를 담고 있다.

한편, 산모의 입장에서는 100일은 아이를 낳고 산후조리를 하여 정상적인 몸으로 돌아오는 시기이기도 하다. 이런 관점에서 백일잔치는 산모의 그간의 수고를 축하하고, 산모의 건강을 점검하는 의미를 담을 필요가 있다.

교회사적 관점과 연결하여서 백일잔치의 의미를 찾는다면, 백일잔치는 아마도 유아세례와 연결시킬 수 있을 것이다. 백일이 동양적 의미의 완전수라면, 기독교는 전통적으로 7

---

1 본 예식은 정장복 외 저, 『2008년도 교회력에 따른 예배와 설교 핸드북』 (서울: 예배와 설교 아카데미, 2007), 101-107쪽에 "백일 감사예식"으로 처음 수록되었다.

2 이러한 경향은 백년대개, 백일치성, 백년가약, 백년해로 등의 예에서 확인할 수 있다.

일을 보낸 다음날인 8일째에 유아세례를 주곤 하였기 때문이다. 따라서 백일 감사예식과 더불어 교회가 유아세례를 베풀게 된다면 보다 의미 있는 예전이 될 수 있을 것이라 생각된다.

II. 예식의 실제

A. 감사예식

1. 시작하는 말씀 / 가장 또는 집례자

사랑하는 가족, 형제자매, 친지, 그리고 성도 여러분!

오늘은 ○○○이 이 세상에 태어난 지 100일째가 되는 날입니다.

100일 동안 ○○○은 이 세상에서 적응하기 위해 많은 고생을 하였고, 여러 가지 위협과 싸워야 했습니다. 또한 산모인 ○○○은 아이를 돌봄과 동시에 산후에 일어날 수 있는 여러 가지 건강의 위협을 이겨내야 했습니다.

이제 사랑하는 아이 ○○○과 산모 ○○○이 건강한 몸과 정신으로 일상의 생활을 할 수 있게 된 것을 감사하면서 하나님께 정성껏 예배를 드리려고 합니다.

하나님께서 오늘 이 자리에 함께하시고 온 가족에게 은혜를 베풀어 주시길 바랍니다.

2. 예배 말씀 / 창 21: 8 / 집례자

"아이가 자라매 젖을 떼고 이삭이 젖을 떼는 날에 아브라함이 큰 잔치를 베풀었더라"

3. 찬송 / 찬송가 563장 1절, 3-4절 "예수 사랑하심을" / 다같이

1절 예수 사랑하심을 성경에서 배웠네

　　　우리들은 약하나 예수 권세 많도다

3절 내가 연약할수록 더욱 귀히 여기사

　　　높은 보좌 위에서 낮은 나를 보시네

4절 세상 사는 동안에 나와 함께하시고

세상 떠나가는 날 천국 가게 하소서
후렴 날 사랑하심 날 사랑하심 날 사랑하심 성경에 쓰였네

4. 성경봉독 / 요삼 2절 / 집례자
"사랑하는 자여 네 영혼이 잘됨같이 네가 범사에 잘되고 강건하기를 내가 간구하노라"

5. 말씀선포 / 맡은 이

6. 감사의 기도 / 아이의 아버지
생명의 근원이 되시는 하나님!
백일 전에 우리의 가정에 귀여운 아기 ○○○을 주심을 감사합니다.
우리 가족에게 ○○○은 하나님께서 주신 큰 위로이며 기쁨입니다.
언제나 어디에나 계시는 하나님,
또한 지난 100일 동안 사랑하는 아이 ○○○을 불꽃과 같은 주님의 눈으로 살펴주시고
돌보아 주심을 감사합니다.
긴 호흡을 할 수 있는 힘을 주시고, 먹고 마실 수 있는 능력을 주시며,
병마를 물리칠 수 있는 건강을 주심을 감사합니다.
그리고
지난 백일 동안 아이의 엄마인 ○○○에게 힘이 되어 주신 하나님께 감사를 드립니다.
몸도 예전의 모습을 되찾게 하시고,
마음의 건강도 회복하게 하신 하나님께 감사를 드립니다.
우리 온 가족이 한 마음으로 하나님께 드리는 우리의 감사를 받아 주시옵소서!
우리 가족을 구속하시고 은혜를 베푸시는 예수 그리스도의 이름으로 기도합니다. 아멘.

7. 간구의 기도 / 다같이
그동안 ○○○이 주님의 은혜 가운데 무럭무럭 자라게 하신 하나님,
하나님께서 주신 이 귀한 생명을 지켜 주시고,
이 아이가 평생토록 하나님만을 섬기게 하여 주시옵소서.

이 아이가 날마다 건강하게 하시고

지혜롭게 하시며

하나님의 성품을 닮아가게 하여 주시옵소서.

아이의 부모에게 한없는 은총을 내려주셔서

믿음의 본을 보이며 기도를 쉬지 않는

복된 부모가 되게 하여 주시옵소서.

어린아이를 축복하신 우리 주 예수 그리스도의 이름으로 기도합니다. 아멘.

B. 세례예식[3]

8. 세례를 위한 찬송 / 찬송가 225장 1-2절, 4절 "실로암 샘물가에 핀" / 다같이

1절 실로암 샘물가에 핀 한 송이 흰 백합

　　 한 떨기 향기 풍기는 샤론의 장미꽃

2절 평화의 길을 따르는 순진한 어린이

　　 주님을 믿는 그 마음 거룩한 꽃이라

4절 주님의 길을 따르는 하나님 자녀는

　　 그 사랑 안에 영원히 빛나게 살리라 아멘

9. 세례를 위한 문답 / 부모와 집례자

10. 세례식 / 집례자

"내가 성부와 성자와 성령의 이름으로 ○○○에게 세례를 주노라."

---

3 유아세례식은 본래 교회의 예식으로 교회에서 공예배 중에 거행되는 것이 바람직하다. 하지만 초대교회의 경우 개인적인 가족예배 중에 유아세례식을 거행한 경우도 많이 있었다. 교회의 교인들 또는 교인들의 대표가 함께 백일잔치에 참여한 경우 교회 밖에서 거행되는 예식이지만 교회의 예식으로 인정될 수 있는 부분이 있으므로 목회자와 당회원이 함께한 경우 세례식을 거행할 수 있을 것이다. 이러한 경우 목회자는 다음 주일에 교우들 앞에서 ○○○이 유아세례 받았음을 공적으로 선포할 필요가 있다.

11. 선포 / 집례자

이제 ○○○은 하나님과 예수 그리스도, 그리고 성령의 이름으로 세례를 받았습니다.

하늘의 생명책에 ○○○의 이름이 영원히 새겨져 있음을 우리는 믿습니다.

이제 저는 우리가 믿는 교회의 신앙 안에서 ○○○이 세례 받았음을 성부와 성자와 성령의 이름으로 선포합니다.

C. 축복예식

12. 찬송 / 찬송가 569장 1절, 4절 "선한 목자 되신 우리 주" / 다같이

1절 선한 목자 되신 우리 주 항상 인도하시고

　　　푸른 풀밭 좋은 곳에서 우리 먹여 주소서

4절 일찍 주의 뜻을 따라서 살아가게 하시고

　　　주의 크신 사랑 베푸사 따라가게 하소서

후렴 선한 목자 구세주여 항상 인도하소서

　　　선한 목자 구세주여 항상 인도하소서 아멘

13. 축도 / 집례자

사랑하는 주님의 아이 ○○○,

그리고 엄마 ○○○, 아빠 ○○○,

하나님께서 여러분에게 복을 주시고 지켜 주시며

하나님께서 여러분을 밝은 얼굴로 대하시고 은혜를 베푸시며

하나님께서 여러분을 고이 보셔서 평화 주시기를 빕니다(민 6:24-26).[4]

(예식을 마친 후 감사의 말씀과 덕담, 그리고 식사를 가질 수 있다.)

4　새번역을 본문으로 하여 작성하였다.

9장

세례언약 재확인 예식[1]

I. 예식을 위한 안내

타 교단에서 들어온 사람들을 어떤 방식으로 받아들여야 할까?

군대에서 세례 받은 사람이 다시 세례 받고 싶다고 할 때 교회는 어떻게 해야 할까?

교회에서 치리를 받았거나 범죄자가 되었던 사람이 교회로 돌아왔을 때 교회는 어떤 방식으로 받아들일 수 있을까?

이러한 문제들은 신학적으로는 간단한 문제일 수 있지만, 목회적으로는 도리어 쉬운 문제가 아니다. 실제로 일선의 목회자들은 이러한 요청에 대하여 적절한 예전적 방법을 찾지 못하고 있는 것이 사실이다.

특별히 세례의 경우는 재세례에 대한 교회사적 대립이 있어 왔기 때문에 쉽게 재세례를 논할 수도 없는 처지이다. 그렇다고 다시 "세례 받을 필요가 없다"고 돌려보내기에는 "요청하는 사람들의 실망감"도 부담스러운 것이 사실이다. 이미 몇몇 교단에서는 이러한 경우에 입교식에 준하여 예식을 집행할 수 있도록 허락을 하고 있지만, 이러한 경우도 몇몇 교단의 이야기이다. 이러한 상황 속에서 세례언약 재확인 예식은 목회적으로 매우 유용한 예

1 　본 예식은 저자의 창작 예식으로 총회 예식서개정위원회 편, 『대한예수교장로회 예배·예식서』 (서울: 한국장로교출판사, 2008), 부록에 처음 수록되었으며, 정장복 외 저, 『2009년도 교회력에 따른 예배와 설교 핸드북』 (서울: 예배와 설교 아카데미, 2008), 91-96쪽에도 게재되었다.

식이 아닐 수 없다.

세례언약 재확인 예식은 초대교회의 전통으로 거슬러 올라가는데, 특히 부활절 전야 예배 시에 세례식이 끝난 후 회중을 향하여 세례수를 뿌리며, "여러분이 받은 세례를 기억하시오"라고 선언하는 데서 유래한 것이다. 이러한 세례언약 재확인 예식은 루터교와 성공회 등 개혁교단에서도 지켜지고 있는데, 최근에는 미국장로교와 미국감리교에서도 이러한 세례언약 재확인 예식을 예식서에 넣어 지키고 있는 실정이다.

2008년에 대한예수교장로회(통합)에서 발간한 『대한예수교장로회 예배 · 예식서』는 이러한 세례언약 재확인 예식을 개신교단으로는 처음으로 한국교회에 소개하고 있다는 데 그 의미가 크다고 할 수 있겠다. 따라서 여기에서는 최근 발간된 예식서가 다루고 있는 내용을 독자들을 위해 소개하고자 한다. 대한예수교장로회(통합)의 예식서는 세례언약 재확인 예식에 대하여 다음과 같이 그 용도를 설명하고 있다. "이 예식은 세례언약의 재확인을 위한 예식으로서 주일 오전 예배에 포함된다. 본 세례언약 재확인 예식은 타 교단에서 세례 받은 사람을 받아들이거나, 세례 후 범죄로 인해 새로운 결단을 필요로 하는 사람, 목회 상담을 받은 후 새로운 결단을 원하는 사람 등을 위하여 특별히 베풀 수 있으며, 또는 모든 교우가 함께 세례를 재확인하는 의미로 베풀 수 있다. 초대교회에서는 이 예식을 부활절 전야 예배 시에 포함시켜 거행하곤 하였다."[2]

앞의 설명이 말하는 것과 같이 본 예배는 말씀의 예전이 끝난 후에 거행되는 것을 기본으로 하였다. 물론 성찬성례전이 있는 경우라면 성찬성례전이 거행되기 전, 말씀의 예전이 끝난 후가 적절할 것이다. 세례식이 있는 경우라면 세례식이 끝난 후 이어서 세례언약 재확인 예식을 거행하고 성찬성례전으로 들어가는 것이 적절하다.

II. 예식의 실제

1. 예식선언[3] / 집례자

---

2   총회 예식서개정위원회 편, 『대한예수교장로회 예배 · 예식서』, 578–582.

3   본 예식은 주일 예배 중에 말씀의 예전이 끝난 후에 집례하도록 준비되었다.

(설교가 끝난 뒤 목사는 다음 성경구절 중에서 하나를 봉독한다.)

"몸은 하나인데 많은 지체가 있고 몸의 지체가 많으나 한 몸임과 같이 그리스도도 그러하니라 우리가 유대인이나 헬라인이나 종이나 자유인이나 다 한 성령으로 세례를 받아 한 몸이 되었고 또 다 한 성령을 마시게 하셨느니라 너희는 그리스도의 몸이요 지체의 각 부분이라"(고전 12:12-13, 27).

"그런즉 너는 알라. 오직 네 하나님 여호와는 하나님이시요 신실하신 하나님이시라. 그를 사랑하고 그 계명을 지키는 자에게는 천대까지 그 언약을 이행하시며 인애를 베푸시느니라"(신 7:9).

2. 신앙고백 / 다같이
(성도들은 모두 자리에서 일어선다.)

집례자: 그리스도 안에서 형제와 자매된 이들이여, 세례는 우리가 죄로부터 씻김을 받는 표이며, 그리스도께 접붙임 되는 표입니다. 그리스도의 탄생과 사심과 죽으심과 부활하심으로 죄의 권세는 꺾이고, 하나님의 나라가 우리 세상에 들어왔습니다. 우리는 세례를 받음으로 하나님 나라의 시민이 되었고, 죄의 멍에로부터 구원함을 얻었습니다. 우리가 세례 받을 때에 하나님께서 주신 약속을 새롭게 함으로 그 자유와 그 구속을 기념합시다. 여러분들에게 권하노니 다시 한 번 죄를 버리고, 그리스도 예수 안에서 신앙을 고백하며, 우리에게 세례를 베푼 이 교회의 신앙을 고백하십시오.

〈포기의 서약〉

◆ 예문 1

집례자: 여러분은 하나님의 자비로우신 은혜를 의지하여 죄의 길에서 돌이키고, 세상의 악과 그 권세를 버리겠습니까?

회 중: 예, 버리겠습니다.

집례자: 여러분은 예수 그리스도께로 돌아와 그를 주님과 구주로 모시고, 그의 은혜와

사랑을 의지하겠습니까?

회　중: 예, 의지하겠습니다.

집례자: 여러분은 그리스도의 신실한 제자가 되어 그의 말씀에 순종하며 그의 사랑을 나타내겠습니까?

회　중: 예, 나타내겠습니다.

◆ 예문 2

집례자: 여러분은 하나님의 은혜로우신 자비를 의지하여 죄의 길에서 돌이키고, 세상의 악과 그 권세를 버리겠습니까?

회　중: 예, 버리겠습니다.

집례자: 누가 여러분의 주님이며 구주이십니까?

회　중: 예수 그리스도가 나의 주님이며 구주이십니다.

집례자: 여러분은 그리스도의 신실한 제자가 되어 그의 말씀에 순종하며 그의 사랑을 나타내겠습니까?

회　중: 예, 하나님의 도우심으로 제가 그리하겠습니다.

〈신앙고백〉

집례자: 사도신경으로 우리의 신앙을 고백합니다.

다같이: 나는 전능하신 아버지 하나님,

천지의 창조주를 믿습니다.

나는 그의 유일하신 아들, 우리 주 예수 그리스도를 믿습니다.

그는 성령으로 잉태되어 동정녀 마리아에게서 나시고,

본디오 빌라도에게 고난을 받아 십자가에 못 박혀 죽으시고,

장사된 지 사흘 만에 죽은 자 가운데서 다시 살아나셨으며,

하늘에 오르시어 전능하신 아버지 하나님 우편에 앉아 계시다가,

거기로부터 살아있는 자와 죽은 자를 심판하러 오십니다.

나는 성령을 믿으며,

거룩한 공교회와 성도의 교제와

죄를 용서받는 것과 몸의 부활과

영생을 믿습니다. 아멘.

3. 세례에 대한 감사기도 / 집례자

집례자: 주님께서 여러분과 함께하시길 원합니다.

회 중: 목사님과도 함께하시기를 원합니다.

집례자: 우리 주 하나님께 감사드립시다.

〈기도 예문 1〉

오! 하나님, 세례 받았음을 인하여 감사합니다. 우리가 그 물에 잠김으로 죽으신 예수 그리스도와 함께 묻혔고, 그 물로부터 일으키심을 받아 그의 부활에 동참했으며, 그 물로 말미암아 성령의 능력으로 다시 태어났습니다. 그러므로 우리가 성자 예수님께 기쁨으로 순종하여 믿음 안에서 그와 사귐을 기념합니다. 기도하오니 세례를 받은 모든 성도가 영원토록 우리 구주 예수 그리스도의 부활의 삶을 살게 하옵소서. 삼위일체되신 성부, 성자, 성령께 모든 존귀와 영광을 드립니다. 예수 그리스도 이름으로 기도합니다. 아멘.

〈기도 예문 2〉

예수 그리스도께서 우리를 위해 요단강에서 세례를 받으시고, 성령으로 말미암아 그리스도로서 기름 부음 받으시니 주님을 찬양합니다. 그의 죽음과 부활의 세례로 인하여 주께서 우리를 죄와 사망의 멍에에서 구원하시고, 우리에게 정결함과 부활함을 허락하셨습니다. 또한 세례를 통하여 우리에게 성령을 보내셔서 모든 진리로 우리를 가르치며 인도하게 하시고, 온갖 은사로 우리를 충만케 하심으로 우리로 온 민족에게 복음을 선포하게 하시며, 주님을 섬기게 하시니 주님을 찬양합니다.

하나님께서 세례로 말미암아 우리를 주장하시고, 은혜로 우리를 거듭나게 하시니 기뻐합니다. 성령으로 우리를 새롭게 하셔서 주님의 뜻을 행할 능력을 가지게 하시고, 영원토록 그리스도의 부활의 삶을 살게 하옵소서. 삼위일체되신 성부, 성자, 성령께 모든 존귀와 영광을 드립니다. 예수 그리스도 이름으로 기도합니다. 아멘.

집례자: (양 손을 펼치며, 또는 세례반에 종려나무 가지를 담아 세례언약 재확인 예식에 참여
한 사람들을 향하여 뿌리며)

성부와 성자와 성령의 이름으로 여러분의 세례를 기억하고 감사하십시오. 아멘.

4. 안수기도 / 집례자

(여기서 원하는 성도들에게 안수기도를 할 수 있다. 안수 받기를 원하는 성도들은 앞으로 나와
무릎을 꿇는다. 집례자는 각 사람의 머리에 손을 얹고 기도한다.)

〈안수 기도문 1〉

오! 주님, ○○○을 성령으로 이끌어 주십시오. 매일 매일 그(그녀)에게 주님의 은혜와
은사를 더하여 주십시오. 지혜와 명철의 영, 분별과 능력의 영, 지식과 주님 경외하는 영,
주님 앞에서 기뻐하는 영을 이제로부터 영원까지 내려주십시오. 아멘.

〈안수 기도문 2〉

오! 주님, 하늘의 은혜로 주님의 자녀 ○○○을 인도하여 주십시오. 그리하여 그(그녀)가
주님의 영원한 나라에 이르기까지 영원토록 주님의 소유가 되게 하시고, 성령을 날마다 더
하여 주십시오. 아멘.

5. 평화의 인사 / 다함께

집례자: 그리스도의 평화가 여러분과 함께하시길….

회 중: 목사님과도 함께하시길….

(서로 옆에 있는 성도들과 이미 받은 세례를 다시금 확인하며 인사를 나눈다.)

* 이 예식 후에 성찬성례전을 행하면 세례 받음을 재확인하는 큰 은혜의 시간이 된다.

10장

유아, 어린이 또는 스스로 신앙을 고백할 수 없는 사람을 위한 세례예식[1]

I. 예식을 위한 안내

본 예식은 유아세례를 받지 못하고 시기를 놓쳤거나 아직 성인세례를 받기에는 나이가 어린 유아와 어린이를 위한 세례예식이다. 일반적으로 한국교회는 교단별로 약간의 차이는 있지만 유아세례와 성인세례 사이의 기간, 즉 만 3세에서 14세까지의 나이에는 어떠한 형태로든 세례를 받을 수 없도록 되어 있다. 한 사람의 일생에서 세례를 받을 수 없는 나이가 있다는 것은 상식적으로 납득하기가 어려운 것이 사실이다. 자칫하면 나이에 대한 차별(Age-discrimination)이 될 수도 있다.

이러한 이유로 최근 서구교회에서는 많은 교회들이 나이의 제한을 없애고 자유롭게 어느 나이든지 세례를 받을 수 있도록 배려하고 있다. 세계적 추세에 맞추어서 한국에서도 몇몇 교단에서 나이 제한을 받는 어린이를 위한 세례예식을 예식에 포함시켜 발행한 바 있다. 2008년에 발행된 대한예수교장로회(통합)의 『예식서』는 이러한 어린이를 위한 세례예식을 실험적으로 부록에 포함하고 있다.[2]

---

1   본 예식은 저자의 창작 예식으로 총회 예식서개정위원회 편, 『대한예수교장로회 예배 · 예식서』 (서울: 한국장로교출판사, 2008), 부록에 처음 수록되었으며, 정장복 외 저, 『2009년도 교회력에 따른 예배와 설교 핸드북』 (서울: 예배와 설교 아카데미, 2008), 97-105쪽에도 게재되었다.

2   총회 예식서개정위원회 편, 『대한예수교장로회 예배 · 예식서』, 574-577.

저자는 이러한 한국교회의 예전적 상황을 고려하여 유아와 어린이에게 세례를 줄 수 있는 예식을 이곳에 수록하게 되었다. 특히 본 예식은 유아와 어린이뿐만 아니라, 스스로 자신의 신앙을 고백할 수 없는 장애자나 혼수상태에 있는 사람을 위해서도 사용이 가능한 예식이다. 본 예식의 특징은 세례를 받는 사람이 스스로 자신의 신앙을 고백하거나, 부모 또는 보호자가 그들의 신앙을 고백함으로 세례가 가능하도록 하였다는 점이다. 물론 두 가지를 다 할 수 있으면 좋겠으나 나이나 형편에 따라 불가능하다면, 둘 중의 한 가지를 택하여 세례의 문답으로 대신할 수 있다.

이곳에는 두 개의 세례예식이 소개되고 있는데, 첫 번째의 것은 길고 정교한 예식으로 좀 더 초대교회적인 전통을 많이 채용한 것이고, 두 번째의 것은 이번에 대한예수교장로회(통합)에서 제시한 간단한 예식이다. 두 가지 예식을 비교하면서 목회적 아이디어를 얻으려 한다면, 현장의 목회자들에게는 많은 도움이 될 것이다.

II. 예식의 실제

A. 길고 정교한 예식

1. 예식선언 / 집례자

사랑하는 성도 여러분, 우리는 주님께서 친히 세우신 세례성례전을 통하여 그리스도와 한 몸이 되었고, 거룩한 교회의 성도가 되었습니다. 물과 성령을 통하여 우리는 새 생명을 얻었으며, 하나님의 위대한 구원의 역사에 포함되었습니다. 이것은 모두 하나님의 은혜이며, 값없이 주신 하나님의 선물입니다. 이제 예수 그리스도의 명령에 따라 우리는 거룩한 은총의 세례성례전을 거행합니다.

2. 수세후보자 호명[3] / 집례자

집례자: 여러분, 여러분은 이곳에 무엇을 찾으러 나오셨습니까?

---

3   집례자가 수세후보자의 이름을 부르면 부모 또는 보호자는 후보자와 함께 앞으로 나온다.

부모 또는 보호자: 하나님의 은총입니다.

우리는 하나님의 은총을 의지하여 ○○○이

부모(보호자)인 우리의 믿음과 교회의 신앙 안에서

성부와 성자와 성령의 이름으로 세례 받기를 원합니다.

3. 서약 / 집례자와 부모 또는 보호자

〈수세자의 부모 또는 보호자를 향하여〉(공통)

집례자: 거룩한 하나님의 교회를 대신하여 여러분에게 묻습니다.

1) 문: 여러분은 ○○○이 세례 받기를 원하는 이 자리에서 악한 사탄의 권세와 사악한 영적 세력을 물리치며 그에게 대항할 것을 약속하겠습니까?

답: 예, 약속하겠습니다.

2) 문: 여러분은 ○○○이 하나님의 자녀로 살게 하기 위하여, 예수 그리스도의 신실한 제자가 되게 하기 위하여, 그리고 성령의 열매를 맺게 하기 위하여 여러분의 욕망과 자만의 덫과 돈을 사랑하는 것과 권력과 폭력에 지배당하는 것을 거절하겠습니까?

답: 예, 거절하겠습니다.

3) 문: 여러분은 ○○○이 세례 받기를 원하는 이 자리에서 예수 그리스도를 여러분의 구주로 고백하며 그분만을 신뢰하고 전심으로 그분을 섬길 것을 약속하겠습니까?

답: 예, 약속하겠습니다.

4) 문: 여러분은 ○○○을 그리스도 안에서 믿음으로 양육하고 ○○○에게 신앙의 모범을 보이며 이들이 참다운 하나님의 자녀로 성장하도록 도울 것을 약속하겠습니까?

답: 예, 약속하겠습니다.

〈어린이를 향하여〉

(유아세례가 아닌 어린이세례의 경우에 다음의 문답을 추가한다.)

1) 문: ○○○ 어린이는 하나님과 예수님, 그리고 성령님을 믿습니까?

답: 예, 믿습니다.

2) 문: ○○○ 어린이는 이제부터 교회에 언제나 출석하여 예배하고, 하나님의 말씀을
열심히 배워 믿음이 커지도록 노력하겠습니까?

답: 예, 노력하겠습니다.

3) 문: ○○○ 어린이는 항상 기도하고 하나님을 의지하며 하나님의 말씀을 따라 살기
로 약속합니까?

답: 예, 약속합니다.

〈교회 성도들을 향하여〉(공통)

1) 문: 그리스도의 몸 된 교회인 성도 여러분, 죄를 물리치고 그리스도께 헌신하기로 한
여러분의 결단이 지금도 여전함을 다시 확증합니까?

답: 예, 확증합니다.

2) 문: 여러분은 건전한 믿음과 삶 속에서 서로를 돌아보며 오늘 세례 받는 ○○○을 여
러분의 신앙적 돌봄에 포함시켜 ○○○의 신앙적 성장을 위해 노력할 것을 약속
합니까?

답: 예, 약속합니다.

(유아 또는 어린이세례의 경우에 다음의 질문을 추가한다.)

3) 문: 여러분은 이 아이가 스스로 하나님께서 주시는 구원의 은혜를 받아들이고, 입교
를 통하여 믿음 안에서 거룩한 교회의 책임 있는 교인이 될 때까지 교회의 가르
침과 훈련을 받을 수 있도록 노력하겠습니까?

답: 예, 노력하겠습니다.

4. 신앙고백 / 사도신경 / 다같이

이제 온 교회와 함께 우리의 신앙을 고백합시다.

5. 세례수를 위한 감사기도 / 집례자

천지를 창조하시고, 지금도 만물을 새롭게 하시는 하나님!

하나님께서는 물을 통하여 모든 생물을 양육하시고 보존하십니다.

아무것도 존재하지 않고 오직 혼돈만 있었을 때 혼돈의 물결을 가르시고 빛을 내신 영원하신 하나님, 노아의 때에는 물 가운데서 방주로 사람들을 구원하셨고, 홍수 후에는 구름 가운데 무지개를 보여주셨습니다. 또한 애굽에서 노예로 살던 당신의 백성들을 홍해바다를 건너게 하사 자유케 하셨고, 그들의 자녀들이 요단강을 통해 약속의 땅에 이르게 하심으로 모두 광야에서 세례를 받게 하셨습니다.

이제 하나님께서 이곳에 허락하신 세례수를 감사하며 주님께 기도하오니, 하나님의 영을 이곳에 보내셔서 이 수면 위로 운행하게 하옵소서. 그리하여 이 세례수가 구원과 부활의 샘이 되게 하옵소서. 이 세례수로 씻김을 받는 모든 사람의 죄를 사하여 주시고, 그들을 새 생명으로 일으키시며, 또한 그리스도의 몸에 연합시켜 주시옵소서.

6. 세례 / 집례자

(영유아를 제외하고 수세자는 무릎을 꿇는다. 집례자인 목사는 수세자의 이름을 부르며 그 머리에 물을 세 번 뿌리거나 붓는다.)

하나님의 자녀 ○○○, 내가 성부와 성자와 성령의 이름으로 세례를 주노라. 아멘.

7. 안수기도 / 집례자

(집례자는 세례가 끝난 후 바로 이어서 다음의 기도를 하며 안수할 수 있다.)

거룩하신 하나님, 이 시간 세례 받은 ○○○에게 성령을 부어 주셔서 이제부터 주님의 뜻을 이해하고 행할 능력을 갖게 하시며, 영원토록 부활하신 그리스도의 삶 속에 거하게 하옵소서. 삼위일체 되시는 성부, 성자, 성령께 모든 찬양과 존귀와 영광을 돌립니다. 아멘.

8. 환영의 인사 / 집례자

(집례자는 이어서 다음의 말로 세례 받는 사람들을 소개하며 환영한다.)

○○○은 오늘 우리의 신앙 안에서 세례 받음으로 거룩한 교회의 일원이 되었습니다.

하나님께서 이들을 주님의 몸으로 대속하심으로, 우리와 함께 그리스도의 거룩한 직분에 동참하게 하셨습니다. 새로 세례 받은 이들을 환영합시다.

(이때 적절한 찬양 등을 부르며 새로운 수세자를 환영한다.)

B. 간단한 예식[4]

1. 어린이세례 받을 후보자 호명 / 집례자
(이때 어린이와 함께 부모 또는 보호자는 앞으로 나와 선다.)

2. 성경봉독 / 막 10:13-16 / 집례자
"사람들이 예수께서 만져 주심을 바라고 어린 아이들을 데리고 오매 제자들이 꾸짖거늘 예수께서 보시고 노하시어 이르시되 어린 아이들이 내게 오는 것을 용납하고 금하지 말라 하나님의 나라가 이런 자의 것이니라 내가 진실로 너희에게 이르노니 누구든지 하나님의 나라를 어린 아이와 같이 받들지 않는 자는 결단코 그곳에 들어가지 못하리라 하시고 그 어린 아이들을 안고 그들 위에 안수하시고 축복하시니라"

3. 권면 / 집례자
주 예수 그리스도께서 만국 백성에게 명하사 세례를 받으라 하셨고, 아이들을 축복하사 천국의 백성은 이와 같아야 한다고 하셨습니다. 어린이를 사랑하시는 주님께서는 어린이들도 하늘나라의 백성이 될 수 있음을 말씀하셨습니다. 복음의 허락은 성도와 그 집안에 미친다 하셨고, 사도들도 이와 같이 집안 세례를 베풀었습니다. 우리의 성품은 죄로 더럽게 되었기에 그리스도의 피로 씻으며, 성령님의 도우심으로 깨끗함을 얻어야 할 것입니다.

---

4 본 세례예식은 2008년 출판된 대한예수교장로회(통합)의 예식서인 『대한예수교장로회 예배·예식서』에서 부록으로 제시되었다. 예식서는 이 예식을 소개하면서 다음과 같이 예식의 의미를 설명하고 있다. "이 세례예식은 만 3세부터 만 14세까지의 어린이들이 세례를 받을 때 사용할 수 있다. 이 어린이세례는 본 교단에는 없는 것이기에 한 예로서 제시하고자 한다." 총회 예식서개정위원회 편, 『대한예수교장로회 예배·예식서』, 574-577.

4. 부모서약 / 집례자와 부모 또는 보호자

1) 문: 여러분은 이 아이들이 예수 그리스도의 피로 씻음과 성령님의 새롭게 하는 은혜
　　　를 받아야 할 것을 믿습니까?

　답: 예, 믿습니다.

2) 문: 여러분은 지금 완전히 이 아이들을 하나님께 바치고 겸손한 마음으로 하나님의
　　　은혜를 의지하며, 친히 경건한 본을 보이기를 힘쓰며, 그리스도 안에서 믿음으로
　　　양육하기를 서약합니까?

　답: 예, 서약합니다.

5. 어린이서약 / 집례자와 세례 받을 어린이

(자리에서 일어선다.)

집례자: 교회를 대표하여 어린이(들)에게 묻습니다. 성삼위 되시는 하나님과 여러 성도
　　　들 앞에서 진실 되게 답하기를 바랍니다.

1) 문: ○○○ 어린이는 예수님께서 하나님의 아들이며, 우리 주님이심을 믿습니까?
　답: 예, 믿습니다.

2) 문: ○○○ 어린이는 항상 교회에 출석하며 하나님의 말씀을 열심히 배우겠습니까?
　답: 예, 배우겠습니다.

3) 문: ○○○ 어린이는 하나님의 말씀인 성경을 열심히 읽으며, 또한 기도하겠습니까?
　답: 예, 기도하겠습니다.

6. 세례 / 집례자

주 예수를 믿는 어린이 ○○○, 내가 성부와 성자와 성령의 이름으로 세례를 주노라. 아
멘.

7. 기도 / 집례자

거룩하신 하나님, 감사와 영광을 받으옵소서. 오늘 세례를 받은 어린이 위에 하나님의

축복과 보호하심이 항상 같이하셔서 모든 위험과 시험에 빠지지 않게 하시고, 하나님과 사람 앞에서 사랑을 받는 어린이가 되게 하여 주옵소서. 이 어린이에게 지혜와 명철의 영, 주님을 경외하는 영을 내려주옵소서. 예수님의 이름으로 기도드립니다. 아멘.

8. 선포 / 집례자

(세례 받은 어린이의 이름을 부른 뒤에)

오늘 세례 받은 어린이는 본 ○○교회 세례교인이 되었음을 성부와 성자와 성령의 이름으로 선포하노라. 아멘.

9. 회중과의 서약 / 집례자와 회중

집례자: 주님의 명령을 따라 행한 세례성례전에 참여한 성도 여러분! 여기에 있는 어린이는 이제 주님의 교회공동체에 속하는 지체가 되었습니다. 여러분은 이 어린이가 주님 안에서 성령님의 인도하심에 따라 믿음이 장성한 분량에 이르도록 기도로 돕고 사랑으로 돌보아 주시겠습니까?

회　중: 예, 기도로 돕고 사랑으로 돌보겠습니다.

10. 기도 / 집례자

하나님! 이제 주님 앞에 나온 어린이에게 세례를 베풀어 죄에서 거듭나게 하시니 감사합니다. 세례를 받은 하나님의 백성들이 더 이상 세상에 속하지 않고 주님에게 속하게 하여 주옵소서. 또한 이 어린이가 주님 안에서 살아갈 수 있도록 지혜와 힘을 주시길 원합니다. 하나님의 사랑과 은혜를 늘 마음에 품고 살아가도록 하여 주옵소서. 성령님의 도우심으로 기쁨을 가지고 주님의 귀한 복음을 전하며 살아가게 하여 주옵소서. 예수 그리스도의 이름으로 기도드립니다. 아멘.

11장

총회 임원 선출예식

I. 예식을 위한 안내

　지난 2010년 대한예수교장로회 총회(통합)에서 부총회장 선출을 위한 새로운 제안이 나와서 화제가 되었다. 그것은 맛디아식 선거방식으로 부총회장 후보자를 선거를 통해 두 명으로 압축한 후에, 두 명의 후보자를 놓고 성경에 나오는 제비뽑기 방식을 따라 부총회장을 선출하자는 제안이었다. 선거의 과열을 막고 정의롭고 하나님의 뜻에 부합한 총회를 만들어 가자는 고민이 담긴 제안이었다. 이 제안은 현재 1년간 유안되어 그 타당성 여부를 심의 중에 있다. 본 예식은 이러한 맛디아식 선거방식을 단순한 하나의 제비뽑기가 아니라 하나님의 뜻을 찾아가는 한 공동체의 의미 있는 예전으로 승화시키고자 하는 의도로 기획되었다. 지금까지의 예배와 예식의 자료 중에는 이러한 자료가 전무한 것이 사실이다. 따라서 본 예식은 교회나 총회에서 맛디아식 선거방식으로 어떤 사람을 선출할 경우를 대비하여 하나의 제안으로 아래의 예식을 정리하여 보았다. 본 예식은 예식으로서의 의미뿐만 아니라 하나의 선거로서의 의미가 있는 만큼, 예식의 내용 속에서 가능한 대로 공정성과 투명성을 보여줄 수 있도록 구성하였다. 간단한 제비뽑기가 자칫하면 로또나 행운권을 추첨하는 것과 같은 행사로 전락하지 않도록 예전적인 배려를 하였다.

1　본 예식은 정장복 외 저, 『2011년도 교회력에 따른 예배와 설교 핸드북』 (서울: 예배와 설교 아카데미, 2010), 123-129쪽에 수록되었다.

Ⅱ. 예식의 실제

1. 예식사 / 총회장

총회 회원 여러분,

이 시간, 우리는 제○○○회 총회를 이끌어 갈 본 교단의 (부)총회장을 선출하고자 이 자리에 모였습니다. 하나님께서는 전지전능하시고 누구의 도움도 필요치 않으신 분이지만, 언제나 사람들을 택하시고 부르셔서 주님의 뜻을 전하게 하시고, 또한 그 뜻을 성취하십니다.

아브라함을 부르셔서 믿음의 조상이 되게 하셨고, 모세를 부르셔서 억압받는 민족을 애굽에서 이끌어 내도록 하셨습니다. 여호수아를 부르셔서 주님의 백성들을 약속의 땅으로 이끌고 들어가게 하셨으며, 다윗을 부르셔서 이스라엘의 백성들을 다스리게 하셨습니다.

예수님께서도 이 땅에 오셔서 제자들을 부르시고 그들을 세상으로 보내셨으며, 또한 베드로를 부르셔서 그의 고백 위에 교회를 세우셨으며, 사도 바울을 부르셔서 모든 이방 백성에게 주님의 복음이 전파되게 하셨습니다.

가난하고 척박하며 주님을 알지 못하던 동방의 작은 나라에, 하나님께서는 언더우드와 아펜젤러, 그리고 마펫 선교사 등을 선택하여 보내셨으며, 그들의 수고와 기도를 통하여 오늘날 한국교회가 이 땅 위에서 주님의 복음을 전파하며, 주님의 사역을 감당하도록 하셨습니다.

수많은 순교자들과 주님의 부르심을 받은 종들의 피와 땀과 희생은 한국교회의 역사 속에 아름답게 아로새겨져 있습니다.

이제 우리는 주님의 교회인 제○○○회 총회를 이끌어 갈 새로운 지도자를 주님의 뜻에 따라 선출하고자 합니다. 하나님께서 이 시간 성령님을 통하여 주님의 뜻에 합한 일꾼을 우리의 지도자로 세워 주시기를 바랍니다.

2. 찬송 / 331장 "영광을 받으신 만유의 주여" / 다같이

1절 영광을 받으신 만유의 주여 우리가 명령을 따르리다
　　　베푸신 은혜를 감사히 알고 진실한 맘으로 섬기겠네

2절 구주를 높이고 잘 공경하여 온유한 맘으로 섬기리다

주 예수 안에서 즐거워하며 충성을 다하여 섬기겠네

3절 예수를 믿고서 늘 사랑하여 참 기쁜 맘으로 섬기리다

온맘을 드리고 늘 순종하며 구주를 영원히 섬기겠네

후렴 구주의 은혜 주시는 대로 영원히 받들어 섬기겠네

찬송하겠네 찬송하겠네 생명을 주시는 구주로다

3. 기도 / 직전 총회장 또는 총회의 가장 연장자

말씀하시는 하나님, 부르심이 없을진대 어찌 대답할 수 있으며, 찾으심이 없을진대 어찌 나아갈 수 있겠습니까? 우리를 부르시고 찾으셔서 우리를 구원하신 주님의 은혜를 찬양하고 송축하나이다. 이곳에 모인 한 사람 한 사람을 주님의 일꾼으로 부르시고 주님의 교회를 맡기시고 목사로, 장로로 섬기게 하신 하나님께 감사와 찬송을 드립니다. 이 시간, 우리는 앞으로 한 해를 책임지고 주님의 몸 된 교단을 이끌어 갈 (부)총회장을 선출하려고 이 자리에 모였습니다. 헛된 탐욕과 이기적인 생각이 우리를 지배하지 못하게 하시고, 오직 겸손하고 간절한 마음으로 주님의 뜻을 바라며 기리게 하여 주시옵소서. 오늘 우리는 우리가 생각하기에 적합한 두 사람을 우리의 마음을 모아 주님 앞에 내어놓고 주님의 뜻을 구하고자 합니다. 초대교회의 주님의 사도들이 제비를 뽑았을 때, 하나님께서 맛디아를 주님의 열두 번째 사도로 세우셨듯이, 우리가 주님의 은총을 구하며 제비를 뽑을 때에 성령께서 역사하여 주시고, 주님의 뜻을 밝히 보여주시옵소서. 우리 주 예수 그리스도의 이름으로 기도하옵나이다. 아멘.

4. 선출예식 / 총회장과 각 노회장

(투명하게 비치는 상자〈선거함〉를 하나 준비하고, 후보자의 이름이 적힌 명패를 노회의 숫자만큼 준비한다. 명패에는 위에 구멍을 뚫어 둔다. 강단에 명패를 붙일 수 있는 못이 박혀 있는 큰 명판〈칠판 정도의 크기〉을 준비한다.)

5. 선출예식선언 /총회장

이제, 제○○○회 총회 (부)총회장을 선출할 준비를 합시다.

6. 선출준비 / 총회 임원들

(준비된 명판과 선거함을 앞으로 가져온다. 그리고 사무총장은 다음과 같이 말한다.)

이제, 제○○○회 총회 (부)총회장을 선출할 준비가 되었습니다.

7. (부)총회장 후보자 등단 / 후보자 두 사람

(후보자 두 사람은 각각 상대방의 이름이 적힌 명패를 노회의 숫자만큼 가지고 나온다. 그리고 다음과 같이 말하면서 명패를 선거함에 넣는다.)

제1후보자: 부족한 사람이 이 자리에 서게 하심을 감사합니다.
            주님의 뜻을 이루소서.
제2후보자: 부족한 사람이 이 자리에 서게 하심을 감사합니다.
            주님의 뜻을 이루소서.

8. 찬송 / 찬송가 425장 1절 "주님의 뜻을 이루소서" / 다같이

1절 주님의 뜻을 이루소서 고요한 중에 기다리니
    진흙과 같은 날 빚으사 주님의 형상 만드소서

(찬송을 하는 동안 사무총장은 사람들이 보는 가운데 선거함에 명패가 잘 섞이도록 한다.)

9. 선출선언 / 총회장

이제, 제○○○회 (부)총회장을 선출하기 위하여 각 노회장은 등단하시기 바랍니다.

(이때 노회장은 4개 조로 나누어 한 번에 약 12명씩 단상에 등단한다. 이때 각 노회장은 노회장의 가운과 스톨을 착용한다.)

〈제1조 12개 노회장이 등단한 후〉
총회장: 주님의 부르심은 신비입니다. 다윗은 어린 시절 하나님의 부르심을 받아 거인

골리앗을 물맷돌로 물리쳤으며, 스데반의 죽음을 마땅하게 여기던 사울은 하나님의 부르심을 받아 도리어 주님의 복음을 전하는 일꾼이 되었습니다. 이제 신비하신 주님의 뜻을 따라 각 노회장은 명패를 뽑아 주시기 바랍니다.

노회장: (각자 한 사람씩 명패를 선거함에서 뽑으며) 주님의 뜻을 이루어 주시옵소서. 아멘.

(노회장은 명패를 뽑아 명판에 걸고 들어간다.)

〈제2조 12개 노회장이 등단한 후〉

총회장: 여호와께서 사무엘에게 이르시기를 "그의 용모와 키를 보지 말라. 내가 보는 것은 사람이 보는 것과 같지 아니하니, 사람은 외모를 보거니와 나 여호와는 중심을 보느니라" 하셨습니다(삼상 16:7). 중심을 보시는 하나님을 의지하여 각 노회장은 명패를 뽑아 주시기 바랍니다.

노회장: (각자 한 사람씩 명패를 선거함에서 뽑으며) 주님의 뜻을 이루어 주시옵소서. 아멘.

(노회장은 명패를 뽑아 명판에 걸고 들어간다.)

〈제3조 12개 노회장이 등단한 후〉

총회장: 하나님께서 우리에게 주신 은혜를 따라 우리는 저마다 다른 신령한 선물을 가지고 있습니다. 가령 그것이 예언이면 믿음의 정도에 맞게 할 것이요, 섬기는 일이면 섬기는 일에 힘써야 합니다. 또 가르치는 사람이면 가르치는 일에, 권면하는 사람이면 권면하는 일에 힘쓸 것이요, 나누어 주는 사람은 순수한 마음으로, 지도하는 사람은 열성으로, 자선을 베푸는 사람은 기쁜 마음으로 해야 합니다. 우리 각자 모두에게 저마다 다른 신령한 선물과 과제를 주시는 하나님께 의지하여 각 노회장은 명패를 뽑아 주시기 바랍니다.

노회장: (각자 한 사람씩 명패를 선거함에서 뽑으며) 주님의 뜻을 이루어 주시옵소서. 아멘.

(노회장은 명패를 뽑아 명판에 걸고 들어간다.)

〈제4조 나머지 노회장이 등단한 후〉

총회장: 큰 집에는 금그릇과 은그릇만 있는 것이 아니라 나무그릇과 질그릇도 있어서 어떤 것은 귀하게 쓰이고, 어떤 것은 천하게 쓰입니다. 그러므로 누구든지 이러한 것들로부터 자신을 깨끗하게 하면 그는 주인이 온갖 좋은 일에 요긴하게 쓰는 성별된 귀한 그릇이 될 것입니다(딤후 2:20-21). 다양한 그릇을 사용하셔서 큰 잔치를 여시고 많은 심령을 먹이시는 하나님의 은혜를 생각하면서 각 노회장은 명패를 뽑아 주시기 바랍니다.

노회장: (각자 한 사람씩 명패를 선거함에서 뽑으며) 주님의 뜻을 이루어 주시옵소서. 아멘.

(*노회장은 명패를 뽑아 명판에 걸고 들어간다. ** 명판에 걸린 명패의 수를 따라서 〈부〉총회장이 결정이 되며, 그것은 그곳에 모인 모든 총대에게 공개된다.)

10. (부)총회장 피택선언 / 총회장

여러분이 목도하신 바와 같이 우리는 하나님의 선하신 뜻을 구하는 선거를 통하여 ○○○ 씨가 제○○○회 총회의 (부)총회장으로 피택되었음을 성부와 성자와 성령의 이름으로 확인하고 선포합니다.

11. 기도 / 피택된 (부)총회장

(피택된 〈부〉총회장은 단상 앞으로 나와 십자가를 향하여 무릎을 꿇고 다음과 같이 기도한다.)

만유의 주님, 저를 주님께 바칩니다. 제 노동뿐만 아니라 애정과 감정도 바칩니다. 제 감각들을 기꺼이 무시하며, 주님의 은혜와 호의에 힘입어 오직 주님만을 섬길 것을 간절히 바라나이다. 주님의 무한하신 신성과 천군과 천사들과 모든 성도 앞에서 저의 이 봉헌을 드리나이다. 주님을 섬기고 기리기 위하여 물심양면의 궁핍을 참아내고, 온갖 상해와 모욕을 견디는 일에 당신을 닮고자 원합니다. 당신을 섬기되 당신께서 받아 마땅한 방법으로 섬기고, 남에게 주되 되받을 계산을 하지 않고, 싸우되 상처를 개의치 않고, 힘써 일하되 편히 쉬기를 도모하지 않고, 수고하되 보상을 바라지 않게 하옵소서. 이제 비옵나니 저의 모든 것을 받아 주시고, 성령으로 저를 감싸 주시옵소서. 예수 그리스도의 이름으로 기도하옵나이다. 아멘.

12. 찬송 / 찬송가 447장 "이 세상 끝날까지" / 다같이

1절 이 세상 끝날까지 주 섬겨 살리니 내 친구 되신 주여 늘 함께하소서
　　　주 나와 함께하면 전쟁도 겁 없고 주 나를 인도하면 늘 안심하리라

2절 나 주를 따를 때에 주 약속하신 것 그 영광 중에 모두 이루어 주소서
　　　나 주의 뒤를 따라 섬기며 살리니 그 크신 은혜 속에 날 인도하소서

3절 이 세상 온갖 시험 내 맘을 흔들고 저 악한 원수들이 안팎에 있으나
　　　주 나를 돌보시사 내 방패 되시고 내 옆에 계신 것을 늘 알게 하소서

4절 저 영광 빛난 곳을 주 허락했으니 그 허락하신 곳을 늘 사모합니다
　　　끝까지 쉬지 않고 주 따라가리니 주 넓은 사랑으로 늘 인도하소서 아멘

13. 결단의 고백 / 롬 8:31b-39(새번역) / 다같이

"하나님이 우리 편이시면, 누가 우리를 대적하겠습니까? 자기 아들을 아끼지 않으시고, 우리 모두를 위하여 내주신 분이, 어찌 그 아들과 함께 모든 것을 우리에게 선물로 거저 주지 않으시겠습니까? 하나님께서 택하신 사람들을, 누가 감히 고발하겠습니까? 의롭다 하시는 분이 하나님이신데, 누가 감히 그들을 정죄하겠습니까? 그리스도 예수는 죽으셨지만 오히려 살아나셔서 하나님의 오른쪽에 계시며, 우리를 위하여 대신 간구하여 주십니다. 누가 우리를 그리스도의 사랑에서 끊을 수 있겠습니까? 환난입니까, 곤고입니까, 박해입니까, 굶주림입니까, 헐벗음입니까, 위협입니까, 또는 칼입니까? … 나는 확신합니다. 죽음도, 삶도, 천사들도, 권세자들도, 현재 일도, 장래 일도, 능력도, 높음도, 깊음도, 그밖에 어떤 피조물도, 우리를 우리 주 예수 그리스도 안에 있는 하나님의 사랑에서 끊을 수 없습니다." 아멘.

14. 축도 / 총회장

(결단의 고백 전에 자연스럽게 〈부〉총회장 취임예식으로 이어지도록 할 수도 있다.)

12장
자살자 장례예식[1]

I. 예식을 위한 안내

오늘의 한국사회는 집단적 우울증에 빠져 있는 듯하다. 이를 반영하듯 현재 우리나라의 자살률은 OECD 국가 중에서 1위를 줄곧 유지해 오고 있다. 대한민국의 자살률[2]은 현재 28.1명으로, 2위인 일본(24.4명), 그리고 3위인 헝가리(21.5명)보다도 확연히 높은 수치를 기록하고 있다.

2012년에 대한민국에서 자살로 죽은 사람이 14,160명이었다고 한다. 이 숫자를 일단위로 환산하면 하루 39명이 자살로 죽었다는 것을 의미한다. 이렇게 숫자로만 나열하면 사람들이 잘 실감하지 못하는 경향이 있다. 요즈음 대형교회의 교인수가 1만 5천 명이 넘는 교회가 흔치 않다. 그런데 이런 큰 교회가 1년에 하나씩 없어지는 셈이다. 3천 명 정도 모이는 대형교회로 환산하면 일 년에 5개 교회의 교인 수만큼이 자살로 사라지는 셈이다.

상황이 이러하다 보니, 자살로 죽는 사람들을 교회의 목회 상황에서도 자주 만나게 된다. 신자가 자살하는 경우도 있고, 불신자가 자살하는 경우도 있다. 이러한 상황을 만날 때

---

1   본 예식문은 제99회 대한예수교장로회(통합) 총회에서 총회 정책문서로 통과된 『자살에 대한 목회지침서』에 수록된 저자의 창작예식문이다. 정장복 외 저, 『2015년 교회력에 따른 예배와 설교 핸드북』(서울: 예배와 설교아카데미, 2014), 66-96쪽에 처음 수록되었다.

2   인구 10만 명당 자살로 인해 죽는 사람의 숫자를 말한다.

마다 목회자는 매우 난처한 입장에 놓이곤 한다. 교회가 자살을 죄로 생각하고 금지하기 때문에 자살자를 위한 장례식을 거행할 것인지, 아니면 거부할 것인지, 더 나아가서 혹시 장례식을 거행한다면 어떻게 하는 것이 적절한 것인지 판단하기가 쉽지 않기 때문이다.

이러한 목회적 상황 속에서 제99회 대한예수교장로회(통합) 총회가 『자살에 대한 목회지침서』를 만들어 사용하기로 한 것은 매우 기쁜 일이라 할 수 있다.

아래의 예식문은 대한예수교장로회 총회 사회봉사부를 통해 초안되었고, 제99회기 대한예수교장로회(통합) 총회에서 총회정책문서로 통과된 『자살에 대한 목회지침서』 안에 수록된 "자살자의 장례를 위한 예배문"들이다. 장로회신학대학교 예배학 교수인 김경진 목사에 의해 제안된 것으로 자살자의 경우는 (1) 자살 사실이 사람들에게 알려진 경우와 (2) 자살 사실이 알려지지 않은 경우를 분리하였으며, (3) 불신자인 경우, 그리고 (4) 장례 예식을 마친 후 자살자의 유가족을 위로하는 예식문, (5) 장례예식에 사용할 수 있는 성경 본문과 주제로 이루어져 있다. 이 예식문이 자살자의 장례예식을 고민하는 많은 목회자들에게 좋은 도움이 되기를 바란다.

II. 예식의 실제

A. 자살자의 장례를 위한 예배문 1 – 신자의 자살로 그 사실이 알려진 경우

1. 예식사 / 집례자

우리는 지금 조금은 당황스러운 마음으로 이 자리에 있습니다. 고 ○○○ 성도(직분)의 갑작스런 죽음 앞에서 가족과 교우들 모두는 황망한 마음입니다. 그를 위기 상황에서 구해 내지 못한 죄책감과 그를 생전에 제대로 보살피지 못한 안타까움이 우리의 마음속에 있습니다. 조금 일찍 그의 아픔을 이해할 수 있었더라면 어찌되었을까요? 그가 우리를 앞에 두고 먼저 갈 수밖에 없었던 그 삶의 무게는 얼마나 무거웠으며, 생의 마지막을 맞이할 때의 슬픔은 얼마나 컸을까요? 가난한 자, 병든 자, 고아와 과부를 돌아보는 것이 나에게 한 것이라고 말씀하신 예수님의 말씀을 듣고 오늘 우리는 그가 병들어 괴로워할 때, 그가 인생길에서 힘들어하며 고아처럼 두려워하고 과부처럼 외로워할 때 그에게 다가가지 못한 죄인임을 통감하고 있습니다. 그러므로 우리 모두는 이제 오늘 고 ○○○ 성도(직분)의 장례예식을 시작하면서 하나님 앞에 우리의 죄악을 고백하고자 합니다. 다함께 침묵 가운데 우리 하나님께 우리의 죄를 고백합시다.

2. 죄의 고백 / 다같이

(침묵 가운데 각자 자신의 죄를 고백한다.)

3. 사죄의 확인 / 집례자와 회중

집례자: "우리가 아직 죄인 되었을 때에 그리스도께서 우리를 위하여 죽으심으로
하나님께서 우리에 대한 자기의 사랑을 확증하셨느니라"(롬 5:8).
이 말씀을 통하여 성령님께서 우리 모두에게 참된 위로를 주시길 빕니다.

회 중: 아멘.

4. 찬송 / 찬송가 485장 "세월이 흘러가는데" / 다같이

1절 세월이 흘러가는데 이 나그네 된 나는 괴로운 세월 가는 것 막을 길 아주 없네

2절 저 뵈는 하늘 집에서 날 오라 하실 때에 등 예비하라 하신 말 나 항상 순종하네

3절 어두운 그날 닥쳐도 찬송을 쉬지 마세 금 거문고를 타면서 나 주를 찬양하리

4절 큰 풍파 일어나는 것 세상 줄 끊음일세 주께서 오라 하시면 내 본향 찾아가리

후렴 저 요단강가 섰는데 내 친구 건너가네 저 건너편에 빛난 곳 내 눈에 환하도다

5. 기도 / 맡은 이

(이 기도의 순서는 앞에서 죄의 고백을 하였으므로 생략할 수 있다. 기도를 하는 경우에는 예식에 참여한 목회자나 장로가 기도를 드리게 하며, 기도문은 먼저 작성하도록 하는 것이 좋다.)

6. 성경봉독 / 요 8:1-11 / 집례자

"예수는 감람산으로 가시니라 아침에 다시 성전으로 들어오시니 백성이 다 나아오는지라 앉으사 그들을 가르치시더니 서기관들과 바리새인들이 음행 중에 잡힌 여자를 끌고 와서 가운데 세우고 예수께 말하되 선생이여 이 여자가 간음하다가 현장에서 잡혔나이다 모

세는 율법에 이러한 여자를 돌로 치라 명하였거니와 선생은 어떻게 말하겠나이까 그들이 이렇게 말함은 고발할 조건을 얻고자 하여 예수를 시험함이러라 예수께서 몸을 굽히사 손가락으로 땅에 쓰시니 그들이 묻기를 마지 아니하는지라 이에 일어나 이르시되 너희 중에 죄 없는 자가 먼저 돌로 치라 하시고 다시 몸을 굽혀 손가락으로 땅에 쓰시니 그들이 이 말씀을 듣고 양심에 가책을 느껴 어른으로 시작하여 젊은이까지 하나씩 하나씩 나가고 오직 예수와 그 가운데 섰는 여자만 남았더라 예수께서 일어나사 여자 외에 아무도 없는 것을 보시고 이르시되 여자여 너를 고발하던 그들이 어디 있느냐 너를 정죄한 자가 없느냐 대답하되 주여 없나이다 예수께서 이르시되 나도 너를 정죄하지 아니하노니 가서 다시는 죄를 범하지 말라 하시니라"

7. 설교 / "나도 너를 정죄하지 아니하노니" / 설교자

오늘 우리는 기독교인으로서 매우 난감하고 불편한 자리에 서 있습니다. 물론 이러한 불편한 마음보다 더 큰 것은 사랑하는 사람을 잃은 슬픔과 죄책감입니다만, 기독교 신앙이 스스로 자신의 목숨을 끊는 것을 죄악으로 간주하여 왔기에, 우리는 그를 잃은 슬픔과 더불어 그의 구원을 걱정하는 처지가 되었습니다. 무엇보다도 예수 그리스도를 구주로 고백하며, 신앙생활을 해왔던 고 ○○○ 성도(직분)이기에 우리의 충격은 더욱 클 수밖에 없습니다. "과연 그는 구원을 받을 수 있습니까?" 우리는 종종 이러한 일이 있을 때마다 이와 같은 질문을 던지곤 합니다. 기독교 신앙은 처음부터 자살을 금기시해 왔으며, 하나님의 율법을 어기는 행위로 간주해 왔습니다. 살인하지 말라는 하나님의 계명을 스스로 어긴 것으로 이해하였기 때문입니다. 물론 고 ○○○ 성도(직분)는 자신에게 주신 하나님의 귀중한 생명을 스스로 마감함으로써 안타깝게도 하나님의 계명을 어기고 말았습니다. 이것은 엄중한 죄악이며 우리 모두는 이 점을 매우 애통하게 생각하고 있습니다.

하지만 이것으로 우리는 "그가 하나님의 구원을 받지 못했다"고 단언할 수는 없습니다. 그 이유는 "유한한 인간은 결코 무한하신 하나님을 이해할 수 없다"는 고대로부터 내려오는 기독교의 확신 때문입니다. 하나님은 결코 우리의 생각과 판단 안에 갇혀 계시는 분이 아니시기 때문입니다.

이러한 하나님의 모습을 우리 예수님께서 이 땅에서 친히 보여주셨습니다. 오늘의 본문을 보면 율법을 어기고 사람들에게 끌려온 여인의 이야기가 나옵니다. 그 여인은 간음을 하다가 발각되어 사람들에게 잡혀왔습니다. 율법대로라면 그 여인은 그 자리에서 돌에 맞아 죽어야 했습니다. 그런데 예수님께서는 그 여인을 위해 몸을 굽혀 손가락으로 땅에 글씨를 쓰셨습니다. 그리고 사람들에게 "너희 중에 죄 없는 자가 먼저 돌로 치라" 하셨고, 그 주변의 사람들은 한 사람씩 한 사람씩 자리를 떠났습니다. 모든 사람이 사라진 후에 예수님께서는 이렇게 말씀하셨습니다. "나도 너를 정죄하지 아니하노라." 예수님께서는 율법을 어기고 간음한 여인을 향하여 한이 없으신 긍휼하심으로 그를 용서하여 주셨습니다. 율법을 넘어서는 하나님의 긍휼히 여기심을 보여주신 것입니다.

오늘 우리는 고 〇〇〇 성도(직분)의 죽음 앞에서 그가 그러한 선택을 할 수밖에 없었던 여러 가지 정황들을 생각해 봅니다. 그가 두려움과 외로움, 그리고 숨 막히는 고통 속에서 신음하고 있을 때 우리는 그를 외면하였고 돕지 못하였습니다. 이것이 오늘 우리가 더 깊이 생각하고 반성해야 하는 부분입니다. 그런 면에서 우리 모두는 "그가 과연 구원받았을까?"를 염려할 자격이 없는 사람들입니다.

구원은 하나님의 신비의 영역입니다. 우리는 그의 마지막 모습을 아쉬워하지만, 그럼에도 불구하고 그가 평소에 우리와 함께 나누었던 삶을 또렷이 기억하고 있습니다. 하나님을 향한 사랑과 이웃을 향한 봉사, 가족과 함께했던 선한 삶을 우리는 기억합니다. 그러므로 우리는 오늘 이렇게 기도할 수 있습니다. 예수님께서 율법을 어기고 간음하다 잡힌 여인을 용서하시며 "나도 너를 정죄하지 아니하노라"고 말씀하신 것처럼, 오늘 율법을 어기고 자신의 삶을 마친 고 〇〇〇 성도(직분)를 향하여서도 "수고하고 무거운 짐 진 자여, 나에게 오라"고 말씀하여 주시길 말입니다. 하나님의 넓고 크신 긍휼과 사랑에 의지하여 우리는 감히 고 〇〇〇 성도(직분)를 우리 주님의 품에 올려 드릴 수 있을 것입니다.

8. 기도 / 설교자

"나는 부활이요 생명이니 나를 믿는 자는 죽어도 살겠고 무릇 살아서 나를 믿는 자는 영원히 죽지 아니하리라" 말씀하신 주님! 주님의 말씀을 의지하면서 하나님의 품으로 돌아간 〇〇〇 성도(직분)를 긍휼히 여겨 주시옵소서. 무한하신 하나님의 사랑과 긍휼히 여기심으로 그를 품에 안아 주시고 그를 위로하여 주시옵소서. 그가 이 땅에서 잘못된 결정을 하였고, 그것이 하나님의 뜻에 어긋나는 중대한 죄악이었으나, 그를 넓으신 사랑의 손으로 붙잡아 주시기를 주님께 간구합니다. 이 땅에 남아 그를 사랑하며 그를 위해 기도하는 모든 이의 기도와 마음을 받으시사, 그를 용서하시고 그에게 긍휼을 베풀어 주시옵소서.
갑자기 사랑하는 사람을 잃은 슬픔으로 애통하는 유족들을 위로하여 주시고, 하늘의 소망
을 다시 발견하고 참 평안을 얻을 수 있도록 성령께서 함께하여 주시옵소서. 우리를 구원
하시기 위해 이 땅에 오시고, 우리를 위해 십자가에 달리신 우리 주 예수 그리스도의 이름
으로 기도하옵나이다. 아멘.

9. 찬송 / 291장 "외롭게 사는 이 그 누군가" / 다같이

1절 외롭게 사는 이 그 누군가 맘 아파 헤매는 그대로다
　　　십자가 형틀에 너 위해 상하신 하나님 독생자 왜 잊었나

2절 외로워 우는 이 그 누군가 친구를 잃은 이 그대로다
　　　모두 널 버려도 네 죄를 속하신 주 예수 참 친구 왜 잊었나

3절 사망을 이기신 능력의 주 네 곁에 늘 계심 왜 모르나
　　　주 말씀 따라서 사는 이 누구나 외롭지 않으며 즐거우리

후렴 오직 주 예수님 널 돌보신다 오직 주 예수님 널 사랑해
　　　손잡아 네 길 인도하시는 사랑의 주 예수 오 하나님

10. 고인 약력소개 / 맡은 이

(세상에서의 삶과 더불어 신앙생활과 교회에서의 섬김에 대해 낭독 또는 영상으로 소개한다.)

11. 조사 / 맡은 이

(먼저, 맡은 이가 고인에 대한 기억을 정리하여 전달한다. 상황에 따라서 자유롭게 한 사람씩 고
인에 대한 의미 있는 기억을 회상하며 나눌 수 있다.)

12. 찬송 / 608장 "후일에 생명 그칠 때" / 다같이

1절 후일에 생명 그칠 때 여전히 찬송 못하나 성부의 집에 깰 때에 내 기쁨 한량 없겠네

2절 후일에 장막 같은 몸 무너질 때는 모르나 정녕히 내가 알기는 주 예비하신 집 있네

3절 후일에 석양 가까워 서산에 해가 질 때에 주께서 쉬라 하리니 영원한 안식 얻겠네

4절 그날을 예비하면서 내 등불 밝게 켰다가 주께서 문을 여실 때 이 영혼 들어가겠네

후렴 내 주 예수 뵈올 때에 그 은혜 찬송하겠네 내 주 예수 뵈올 때에 그 은혜 찬송하겠네

13. 축도 / 설교자

14. 인사 / 맡은 이
(호상 또는 유족대표가 나와 감사의 인사를 하고, 남은 절차에 대해 광고한다.)

B. 자살자의 장례를 위한 예배문 2 – 신자의 자살로 그 사실이 알려지지 않은 경우

1. 예식사 / 집례자
지금부터 고 ○○○ 성도(직분)의 장례예식을 거행하겠습니다. 엄숙한 마음으로 이 예식에 다함께 참여하여 주시기 바랍니다.

2. 기원 / 벧전 1:3-5 / 집례자
"우리 주 예수 그리스도의 아버지 하나님을 찬송하리로다 그의 많으신 긍휼대로 예수 그리스도를 죽은 자 가운데서 부활하게 하심으로 말미암아 우리를 거듭나게 하사 산 소망이 있게 하시며 썩지 않고 더럽지 않고 쇠하지 아니하는 유업을 잇게 하시나니 곧 너희를 위하여 하늘에 간직하신 것이라 너희는 말세에 나타내기로 예비하신 구원을 얻기 위하여 믿음으로 말미암아 하나님의 능력으로 보호하심을 받았느니라"

온 세상을 창조하시고 모든 생명을 주관하시는 하나님! 오늘 하나님께서 이 땅에 보내셨던 고 ○○○ 성도(직분)를 하나님의 품으로 돌려보내는 장례예식을 거행합니다. 온 세상을 운행하시는 하나님의 성령께서 이곳에 함께하시고 이 예식이 거룩하고 은혜로운 예식이 되게 하여 주시옵소서. 우리 주 예수 그리스도의 이름으로 기원하옵나이다. 아멘.

3. 찬송 / 찬송가 607장 "내 본향 가는 길" / 다같이
1절 내 본향 가는 길 보이도다 인생의 갈 길을 다 달리고

땅 위의 수고를 그치라 하시니 내 앞에 남은 일 오직 저 길

2절 주 예수 예비한 저 새 집은 영원히 영원히 빛나는 집

거기서 성도들 즐거운 노래로 사랑의 구주를 길이 찬송

3절 평생에 행한 일 돌아보니 못다한 일 많아 부끄럽네

아버지 사랑이 날 용납하시고 생명의 면류관 주시리라 아멘

4. 기도 / 맡은 이

우리의 피난처가 되시며 힘이 되시는 하나님! 오늘 갑작스런 고 ○○○ 성도(직분)의 죽음 앞에서 황망해 하는 유족들과 이곳에 모인 교우들을 위로하여 주시옵소서. 뜻하지 않은 죽음 앞에서 오열하고 안타까운 마음으로 하나님께 도우심을 간구하는 유족들의 마음과 기도를 받아 주시길 기도합니다. 헤어짐이 이렇게 가까이 있을 줄 알지 못하였기에, 안타까움과 죄책감이 너무나 큽니다. 좀 더 그(녀)를 위해 함께하지 못하였던 시간이 아쉽습니다. 그(녀)의 아픔과 고통과 외로움과 두려움의 시간에 그(녀)와 함께하지 못하였던 죄책감이 우리에게 있습니다. 더 깊은 사랑, 더 깊은 만남을 나누고 갖지 못한 안타까움이 우리에게 있습니다. 주님, 우리를 용서하여 주시옵소서.

이제 아쉬움 가운데 그(녀)를 하나님의 품으로 보내야 할 시간이 되었습니다. 이별의 시간이 이렇게 가까이 있음을 알지 못하여 급작스런 죽음 앞에서 황망하지만, 이제 하나님의 크신 뜻이 이루어질 것을 믿는 믿음으로 이 예식을 거행합니다. 하늘의 문을 여시어 크신 위로와 은혜를 내려주시고, 하늘의 신비한 비밀을 밝히 볼 수 있는 눈을 열어 주시옵소서. 모든 장례의 절차 가운데 어려움이 없게 하시고, 장례의 모든 예식 가운데 성령께서 임재하시고 인도하여 주시옵소서. 우리 주 예수 그리스도의 이름으로 기도하옵나이다. 아멘.

5. 성경봉독 / 시 103:8-18 / 집례자

"여호와는 긍휼이 많으시고 은혜로우시며 노하기를 더디 하시고 인자하심이 풍부하시도다 자주 경책하지 아니하시며 노를 영원히 품지 아니하시리로다 우리의 죄를 따라 우리를 처벌하지는 아니하시며 우리의 죄악을 따라 우리에게 그대로 갚지는 아니하셨으니 이는 하늘이 땅에서 높음 같이 그를 경외하는 자에게 그의 인자하심이 크심이로다 동이 서에서 먼 것 같이 우리의 죄과를 우리에게서 멀리 옮기셨으며 아버지가 자식을 긍휼히 여

김 같이 여호와께서는 자기를 경외하는 자를 긍휼히 여기시나니 이는 그가 우리의 체질을 아시며 우리가 단지 먼지뿐임을 기억하심이로다 인생은 그날이 풀과 같으며 그 영화가 들의 꽃과 같도다 그것은 바람이 지나가면 없어지나니 그 있던 자리도 다시 알지 못하거니와 여호와의 인자하심은 자기를 경외하는 자에게 영원부터 영원까지 이르며 그의 의는 자손의 자손에게 이르리니 곧 그의 언약을 지키고 그의 법도를 기억하여 행하는 자에게로다"

6. 위로와 권면 / "긍휼을 베풀어 주소서" / 설교자

오늘 우리는 뜻하지 않았던 죽음 앞에서 황망한 마음으로 고 ○○○ 성도(직분)의 장례예식을 거행하고 있습니다. 죽음이 이렇게 가까이에 있는지를 우리는 늘 잊고 살지만, 오늘과 같은 상황 속에서 우리는 비로소 죽음의 위력을 실감하게 됩니다. 기독교는 죽음을 모든 것의 마지막이라고 말하지 않습니다. 죽음 이후에는 하나님 앞에 서는 순간이 있습니다. 심판의 시간이 있음을 말합니다. 이것이 사실 우리가 죽음을 두려워하는 원초적인 이유입니다.

선지자 이사야는 하나님을 만난 후에 이렇게 말합니다. "화로다 나여 망하게 되었도다 나는 입술이 부정한 사람이요 나는 입술이 부정한 백성 중에 거주하면서 만군의 여호와이신 왕을 뵈었음이로다"(사 6:5).

우리 중 어느 누가 감히 하나님 앞에 당당히 설 수 있겠습니까? 시편 51편에서 다윗은 자신의 죄를 고백하면서 "주의 많은 긍휼을 따라 내 죄악을 지워 주소서"라고 기도하고 있습니다. 그렇습니다. 하나님 앞에 서는 순간, 우리는 하나님의 자비를 구할 수밖에 없습니다. 어느 누구도 당당하게 그분 앞에 설 수 없기 때문입니다.

오늘 우리는 사랑하는 고 ○○○ 성도(직분)의 죽음 앞에서 그의 아름다웠던 삶과 열매들을 기억합니다. 그의 삶을 축하합니다. 그리고 그가 가지고 있었던 부활의 소망을 함께합니다. 하지만 우리는 그가 살아오면서 느꼈던 슬픔과 고통과 좌절, 그리고 때로 있었던 불신앙과 회의에 대해서는 알 수가 없습니다. 그가 혹시 갑작스런 죽음을 맞이할 수밖에 없었던 이유가 있었는지도 우리는 온전히 알 수 없습니다. 하지만 우리는 이렇게 기도할 수 있습니다. "하나님, 사랑하는 고 ○○○ 성도(직분)를 긍휼히 여겨 주시옵소서. 그의 모든 죄악을 그리스도의 보혈로 용서하시고 그의 작은 믿음을 보시어 하나님의 나라로 이끌어 주시옵소서"라고 말입니다.

그러므로 오늘의 본문 시편 103편 8~14절은 이렇게 선언합니다. "여호와는 긍휼이 많으시고 은혜로우시며 노하기를 더디 하시고 인자하심이 풍부하시도다 자주 경책하지 아니하시며 노를 영원히 품지 아니하시리로다 우리의 죄를 따라 우리를 처벌하지는 아니하시며 우리의 죄악을 따라 우리에게 그대로 갚지는 아니하셨으니 이는 하늘이 땅에서 높음 같이 그를 경외하는 자에게 그의 인자하심이 크심이로다 동이 서에서 먼 것 같이 우리의 죄과를 우리에게서 멀리 옮기셨으며 아버지가 자식을 긍휼히 여김 같이 여호와께서는 자기를 경외하는 자를 긍휼히 여기시나니 이는 그가 우리의 체질을 아시며 우리가 단지 먼지뿐임을 기억하심이로다." 바로 이것이 우리가 가지는 소망입니다.

오늘 우리는 그가 우리와 함께 있지는 못하지만 모든 슬픔과 고통이 없는 곳에서 편히 쉬며 하늘의 위로를 받게 되길 기도합니다. 하나님의 크신 긍휼과 사랑이 이러한 기적을 만들어 낼 것을 믿습니다.

7. 찬송 / 고인이 즐겨 부르던 찬송 / 다같이

8. 고인약력 / 맡은 이

9. 조사 / 맡은 이

10. 찬송 / 491장 "저 높은 곳을 향하여" / 다같이
1절 저 높은 곳을 향하여 날마다 나아갑니다 내 뜻과 정성 모아서 날마다 기도합니다
2절 괴롬과 죄만 있는 곳 나 비록 여기 살아도 빛나고 높은 저곳을 날마다 바라봅니다
3절 의심의 안개 걷히고 근심의 구름 없는 곳 기쁘고 참된 평화가 거기만 있사옵니다
4절 험하고 높은 이 길을 싸우며 나아갑니다 다시금 기도하오니 내 주여 인도하소서
5절 내 주를 따라 올라가 저 높은 곳에 우뚝 서 영원한 복락 누리며 즐거운 노래 부르리
후렴 내 주여 내 맘 붙드사 그곳에 있게 하소서 그곳은 빛과 사랑이 언제나 넘치옵니다

11. 축도 / 맡은 이

12. 인사와 광고 / 맡은 이

C. 자살자의 장례를 위한 예배문 3 - 불신자 자살의 경우

1. 예식사 / 집례자

지금부터 고 ○○○ 씨의 장례예식을 거행하겠습니다. 여러분께서는 기독교 예식으로 거행되는 예식에 조금 불편하실 수 있겠지만, 유족을 배려하는 마음으로 정중한 조의를 갖추어 예식에 참여해 주시길 바랍니다.

2. 기원 / 마 11:28-30; 요 14:27 / 집례자

"수고하고 무거운 짐 진 자들아 다 내게로 오라 내가 너희를 쉬게 하리라 나는 마음이 온유하고 겸손하니 나의 멍에를 메고 내게 배우라 그리하면 너희 마음이 쉼을 얻으리니 이는 내 멍에는 쉽고 내 짐은 가벼움이라 하시니라"

"평안을 너희에게 끼치노니 곧 나의 평안을 너희에게 주노라 내가 너희에게 주는 것은 세상이 주는 것과 같지 아니하니라 너희는 마음에 근심하지도 말고 두려워하지도 말라"

영원하신 하나님! 너는 흙에서 왔으니 흙으로 돌아가리라 말씀하신 그 말씀대로 주님의 품으로 돌아가는 고 ○○○ 씨를 환송하며 주님께 예배를 드립니다. 모든 것을 할 수 있을 것 같고 무엇이든 이룰 것 같던 시간이 지나고, 이제 저녁노을을 맞아 집으로 돌아가는 아이들처럼 주님의 품으로 돌아갑니다. 지친 모습으로 하나님의 품으로 돌아가는 고 ○○○ 씨에게 하나님의 긍휼을 베풀어 주시고 영원한 쉼을 허락하여 주시옵소서. 애통해하는 유족들을 위로하여 주시고 모든 장례의 절차가 원만하게 잘 이루어질 수 있도록 인도하여 주시옵소서. 우리 주 예수 그리스도의 이름으로 기도하옵나이다. 아멘.

3. 찬송 / 찬송가 487장 "어두움 후에 빛이 오며" / 다같이

1절 어두움 후에 빛이 오며 바람 분 후에 잔잔하고
　　소나기 후에 햇빛 나며 수고한 후에 쉼이 있네

2절   연약함 후에 강건하며 애통한 후에 위로 받고
      눈물 난 후에 웃음 있고 씨 뿌린 후에 추수하네
3절   괴로움 후에 평안 있고 슬퍼한 후에 기쁨 있고
      멀어진 후에 가까우며 고독함 후에 친구 있네
4절   고생한 후에 기쁨 있고 십자가 후에 영광 있고
      죽음 온 후에 영생하니 이러한 도가 진리로다

4. 기도 / 맡은 이

생명을 주관하시는 하나님! 모든 것이 주님으로부터 나와서 주님 곁으로 돌아갑니다. 온 땅과 하늘이 하나님의 살아 계심을 증거하고 우리의 양심이 하나님의 마음을 향하게 하지만, 우리는 하나님을 알지 못하고 하나님께로 나아가지 못하는 참으로 연약한 인생입니다. 우리의 부족함을 용서하여 주시고 우리의 약함을 긍휼히 여겨 주시옵소서. 갑작스런 죽음이 올 것을 예상한 사람은 없겠지만, 오늘 우리는 너무나 허망하게 자신의 삶을 마친 고 ○○○ 씨의 죽음 앞에서 황망한 마음으로 주님의 이름을 부릅니다.

그가 주님의 이름을 미처 알지 못하였다면, 주님! 그것은 우리의 죄이오니 우리에게 그 죄과를 돌리시고 그를 불쌍히 여겨 주시옵소서. 사랑이 많으신 하나님, 당신의 아들 예수께서 십자가에 달리시던 날, 죄 많은 죄수가 주님 곁에서 "저를 기억해 주십시오"라고 요청하였을 때, 그를 향하여 "네가 오늘 나와 함께 낙원에 있을 것이다"라고 말씀하신 일을 기억하며 소망을 품고 주님께 기도합니다. 사랑하는 고 ○○○ 씨가 마지막 순간에라도 절망과 고통과 두려움 속에서 주님의 이름을 불렀다면, 마음으로라도 불쌍히 여겨 달라고 하나님께 간구하였다면 그를 어두움의 그늘에서 건져 주시고 거룩하신 예수 그리스도의 이름으로 낙원에 이르게 하여 주시기를 간절히 간구합니다.

사랑하던 사람을 갑자기 잃고 어찌할 바를 모르고 슬퍼하며 고통 중에 있는 유족들을 위로하여 주시옵소서. 고인을 돌아보지 못하였던 것을 후회하며 한탄하는 유족들에게서 그 죄책감을 지워 주시고, 하늘의 위로를 내려주시옵소서.

우리의 슬픔조차도, 인간의 실패조차도 선한 도구로 사용하시는 하나님! 이 일이 오늘 우리 모두와 유족들에게는 큰 슬픔이오나, 이 일을 통하여 하나님의 선하신 뜻이 이루어질 것을 믿습니다. 이제 슬픔 속에서 살아갈 힘마저 잃어버린 유족들에게 하나님께서 새

힘을 주시고 이들을 지켜 주시옵소서. 우리 주 예수 그리스도의 이름으로 기도하옵나이다.
아멘.

5. 성경말씀 / 눅 15:11-24 / 집례자

"또 이르시되 어떤 사람에게 두 아들이 있는데 그 둘째가 아버지에게 말하되 아버지여 재산 중에서 내게 돌아올 분깃을 내게 주소서 하는지라 아버지가 그 살림을 각각 나눠 주었더니 그 후 며칠이 안 되어 둘째 아들이 재물을 다 모아 가지고 먼 나라에 가 거기서 허랑방탕하여 그 재산을 낭비하더니 다 없앤 후 그 나라에 크게 흉년이 들어 그가 비로소 궁핍한지라 가서 그 나라 백성 중 한 사람에게 붙여 사니 그가 그를 들로 보내어 돼지를 치게 하였는데 그가 돼지 먹는 쥐엄 열매로 배를 채우고자 하되 주는 자가 없는지라 이에 스스로 돌이켜 이르되 내 아버지에게는 양식이 풍족한 품꾼이 얼마나 많은가 나는 여기서 주려 죽는구나 내가 일어나 아버지께 가서 이르기를 아버지 내가 하늘과 아버지께 죄를 지었사오니 지금부터는 아버지의 아들이라 일컬음을 감당하지 못하겠나이다 나를 품꾼의 하나로 보소서 하리라 하고 이에 일어나서 아버지께로 돌아가니라 아직도 거리가 먼데 아버지가 그를 보고 측은히 여겨 달려가 목을 안고 입을 맞추니 아들이 이르되 아버지 내가 하늘과 아버지께 죄를 지었사오니 지금부터는 아버지의 아들이라 일컬음을 감당하지 못하겠나이다 하나 아버지는 종들에게 이르되 제일 좋은 옷을 내어다가 입히고 손에 가락지를 끼우고 발에 신을 신기라 그리고 살진 송아지를 끌어다가 잡으라 우리가 먹고 즐기자 이 내 아들은 죽었다가 다시 살아났으며 내가 잃었다가 다시 얻었노라 하니 그들이 즐거워하더라"

6. 권면과 위로 / "기다리시는 아버지" / 설교자

예수님께서 죽으시던 바로 그 자리에서 있었던 일을 오늘 우리는 기억합니다. 죽음은 절망의 순간이지만, 그리고 죽음은 우리의 모든 운명이 다하는 순간이지만, 그 찰나의 순간에도 운명이 바뀌는 놀라운 일이 일어났음을 성경은 우리에게 증언하고 있습니다. 예수님께서 십자가에 달리시던 때, 함께 죽음을 맞이하던 한 강도는 주님께 이렇게 말하였습니다. "예수여, 당신의 나라에 임하실 때에 나를 기억하소서." 그때 주님께서는 "내가 진실로 네게 이르노니 오늘 네가 나와 함께 낙원에 있으리라"고 말씀하셨습니다. 죽음의 절체

절명의 순간에 일어난 기적적인 사건이었습니다. 하나님의 나라는 멀리 있는 것 같지만 이렇듯 가까이 있습니다. 우리는 사랑하는 고 ○○○ 씨가 죽음을 맞이하던 그 순간 어떠한 일이 일어났는지 알지 못합니다. 하지만 긍휼이 많으신 하나님께서 그의 옆에 계셨음을 믿습니다. 이것이 우리가 가지는 소망입니다.

오늘의 본문은 아버지의 재산을 받아 먼 나라로 가서 방탕하게 살던 아들이 아버지의 품으로 돌아오는 내용입니다. 아들은 아버지를 멀리 떠났고, 아버지의 재산을 모두 허비하였고, 허랑방탕한 삶을 살면서 시간을 모두 낭비해 버렸지만, 아들을 떠나보낸 아버지는 늘 아들이 돌아오기만을 기다리고 있었음을 우리 주님께서 비유로 말씀하시면서 우리의 하나님께서 바로 그러한 마음으로 우리를 기다리고 계신다는 사실을 알려 주셨습니다. 그러므로 오늘과 같이 절망스런 날에 우리는 이 무한하신 아버지의 사랑을 기억하면서 다시 희망을 갖습니다. 오늘 하늘나라에서 부끄러운 모습으로, 초라한 모습으로 돌아오는 아들을 품에 안으시고 기뻐하시는 하나님, 잔치를 배설하시고 잃었던 아들을 다시 찾았다고 기뻐하시는 아버지를 상상하기 때문입니다. 이것이 하나님을 멀리 떠난 우리가 마지막으로 가질 수 있는 희망입니다. 교리적으로서가 아니라 하나님의 넓으신 마음과 사랑을 알기에 우리는 이런 말로 위로를 나눌 수 있습니다. 주 예수 그리스도의 은혜가 고 ○○○ 씨와 유족들에게 함께하시길 간절히 바랍니다.

7. 조서 / 맡은 이

8. 고인의 약력소개와 회고 / 맡은 이

9. 찬송 / 찬송가 273장 "나 주를 멀리 떠났다" / 다같이
1절 나 주를 멀리 떠났다 이제 옵니다 나 죄의 길에 시달려 주여 옵니다
2절 그 귀한 세월 보내고 이제 옵니다 나 뉘우치는 눈물로 주여 옵니다
3절 나 죄에 매여 고달파 이제 옵니다 주 크신 사랑 받고자 주여 옵니다
4절 나 병든 맘을 고치려 이제 옵니다 큰 힘과 소망 바라고 주여 옵니다
5절 나 바랄 것이 무언가 우리 주 예수 나 위해 죽임 당하심 믿고 옵니다
후렴 나 이제 왔으니 내 집을 찾아 주여 나를 받으사 맞아 주소서

10. 축도 / 집례자(목사)

11. 광고와 인사 / 맡은 이

D. 자살자를 위한 유가족예배

1. 기원 / 집례자
"소망의 하나님이 모든 기쁨과 평강을 믿음 안에서 너희에게 충만하게 하사 성령의 능력으로 소망이 넘치게 하시기를 원하노라"(롬 15:13)

어려운 고비마다 우리의 곁에 계시는 영원하신 하나님! 사랑하는 가족을 갑자기 잃은 설움과 슬픔 속에서 하나님의 이름을 부릅니다. 성령을 보내 주셔서 우리의 마음을 위로하시고 새 힘을 주시옵소서. 우리 주 예수 그리스도의 이름으로 기원합니다. 아멘.

2. 찬송 / 찬송가 416장 "너희 근심 걱정을" / 다같이
1절 너희 근심 걱정을 내게 모두 맡겨라 예수 말씀하시니 염려할 것 없도다
　　　하나님을 믿으며 또한 나를 믿으라 예수 말씀하시니 두려울 것 없도다
2절 무얼 먹고 마실까 염려하지 말아라 예수 말씀하시니 염려할 것 없도다
　　　하나님의 나라와 그의 의를 구하라 우리에게 필요한 모든 것을 주도다
3절 성령께서 언제나 우리 곁에 계시며 도와주실 것이니 염려할 것 없도다
　　　성령께서 지혜와 깨달음을 주시고 능력 또한 주시니 두려울 것 없도다

3. 기도 / 집례자
위로의 하나님! 고 ○○○ 씨(성도, 직분)의 장례를 마치고 유족들이 한자리에 모였습니다. 사랑하는 가족을 갑자기 하나님께 먼저 보내고 슬픔에 잠긴 유족들에게 이 시간 찾아오셔서 이 세상이 주지 못하는 하늘의 위로를 내려주시옵소서. 무엇보다도 유족들은 고 ○○○ 씨를 제대로 돌보지 못한 죄책감으로 괴로워하고 있습니다. 후회는 할지라도 절망

은 하지 않게 하시고, 반성은 할지라도 자학은 하지 않게 하여 주시옵소서. 우리의 죄책감을 도리어 선하게 바꾸어 주셔서 남은 가족들이 더욱 사랑으로 하나가 되게 하시고 한마음으로 돌아보는 계기가 되게 하여 주시옵소서.

고인이 남기고 간 유산들 중에서 좋은 것들을 하나씩 찾아내어 배우고 계승하게 하시고, 부족하였던 부분은 보완하여 후세들이 더 좋은 삶의 모습으로 변환시키는 삶의 진보가 있게 하여 주시옵소서.

앞으로 살아갈 길이 막막하여 염려와 두려움에 싸여 있는 유족들의 마음에 평안을 주시고, 이제 성령께서 이 가정에 함께하셔서서 두려움이 변하여 기도가 되게 하시고 염려가 변하여 감사가 되게 하여 주시옵소서. 우리 주 예수 그리스도의 이름으로 기도하옵나이다. 아멘.

4. 성경봉독 / 시 46:1-3, 7-11 / 집례자

"하나님은 우리의 피난처시요 힘이시니 환난 중에 만날 큰 도움이시라 그러므로 땅이 변하든지 산이 흔들려 바다 가운데에 빠지든지 바닷물이 솟아나고 뛰놀든지 그것이 넘침으로 산이 흔들릴지라도 우리는 두려워하지 아니하리로다"(1-3절)

"만군의 여호와께서 우리와 함께하시니 야곱의 하나님은 우리의 피난처시로다 와서 여호와의 행적을 볼지어다 그가 땅을 황무지로 만드셨도다 그가 땅 끝까지 전쟁을 쉬게 하심이여 활을 꺾고 창을 끊으며 수레를 불사르시는도다 이르시기를 너희는 가만히 있어 내가 하나님 됨을 알지어다 내가 뭇 나라 중에서 높임을 받으리라 내가 세계 중에서 높임을 받으리라 하시도다 만군의 여호와께서 우리와 함께하시니 야곱의 하나님은 우리의 피난처시로다"(7-11절)

5. 위로와 권면 / 집례자

마치 꿈을 꾸는 것처럼 시간이 지나갔습니다. 악몽과도 같은 시간이었습니다. 일어나지 않을 것 같았던 일이, 일어나서는 안 되는 일이 일어났고, 우리 모두는 정신없이 이 어려운 고비를 넘기느라 안간힘을 썼습니다.

이제 장례를 마치고 허탈한 마음으로 유족들이 한자리에 모였습니다. 사랑하는 사람을 갑자기 잃었습니다. 그것도 상상할 수 없는 방법으로 말입니다. '우리가 조금 더 신경을 썼더라면 어땠을까? 조금 더 대화를 나눌 수 있었으면 어떠했을까?' 아직도 우리의 생각은 꼬리에 꼬리를 물고 아쉬움과 회한으로 가득 차 있습니다. 할 수만 있다면 시간을 돌려놓고 싶은 심정입니다. '이제 우리는 어떻게 살아야 할까요? 무슨 힘으로 내일을 맞이할 수 있다는 말입니까?'

마치 오늘의 말씀 시편 46편이 말하듯이, "땅이 변하고 산이 흔들려 바다 가운데에 빠지며, 바닷물이 솟아나고 뛰놀고 그것이 넘침으로 산이 흔들리는" 일이 우리에게 일어났습니다. 지축이 흔들리는 것 같은 당황스러움, 산이 흔들려 바다 가운데 빠지는 것 같은 황당함이 아닐 수 없습니다.

그러나 오늘 시편의 기자는 이러한 상황 속에서 담대하게 "우리는 두려워하지 아니하리로다"라고 말합니다. 그 이유를 시편기자는 1절에서 이렇게 말합니다. "하나님은 우리의 피난처시요 힘이시니 환란 중에 만날 큰 도움이시라." 그리고 11절에서 다시 이렇게 말합니다. "만군의 여호와께서 우리와 함께하시니 야곱의 하나님은 우리의 피난처시로다." 큰 환란을 당하지만, 시편기자는 그 환란 속에서 도리어 희망을 발견합니다. 하나님이 우리와 함께 계신다는 확신입니다. 그리고 그 하나님께서 우리의 피난처가 되신다는 확신입니다.

사랑하는 유가족 여러분! 오늘의 상황은 좋지 않습니다. 불안과 두려움이 있습니다. 산이 흔들리는 경험입니다. 하지만 하나님께서 여러분과 함께하십니다. 여러분의 편이 되어 주실 것입니다. 여러분을 지켜 주실 것입니다. 피난처가 되어 주실 것입니다. 주님을 신뢰하십시오. 그분을 의지하십시오. 그리고 이 위기를 지혜롭게 잘 이겨 내시길 바랍니다.

6. 위로와 나눔 / 유족 중에서
(고인에 대한 좋은 기억을 서로 나누고, 장례 중에 있었던 좋은 기억을 함께 나눈다.)

7. 축도 / 집례자(목사)
(아론의 축도로 다음과 같이 선포한다.)

"여호와는 네게 복을 주시고 너를 지키시기를 원하며 여호와는 그의 얼굴을 네게 비추사 은혜 베푸시기를 원하며 여호와는 그 얼굴을 네게로 향하여 드사 평강 주시기를 원하노라"

E. 자살자의 장례관련 성경구절

욥 19:25-27 (내가 육체 밖에서 하나님을 보리라)

"내가 알기에는 나의 대속자가 살아 계시니 마침내 그가 땅 위에 서실 것이라 내 가죽이 벗김을 당한 뒤에도 내가 육체 밖에서 하나님을 보리라 내가 그를 보리니 내 눈으로 그를 보기를 낯선 사람처럼 하지 않을 것이라"

사 40:1-2, 6-11 (너희의 하나님을 보라)

"너희의 하나님이 이르시되 너희는 위로하라 내 백성을 위로하라 너희는 예루살렘의 마음에 닿도록 말하며 그것에게 외치라 그 노역의 때가 끝났고 그 죄악이 사함을 받았느니라 그의 모든 죄로 말미암아 여호와의 손에서 벌을 배나 받았느니라 할지니라 하시니라"

"말하는 자의 소리여 이르되 외치라 대답하되 내가 무엇이라 외치리이까 하니 이르되 모든 육체는 풀이요 그의 모든 아름다움은 들의 꽃과 같으니 풀은 마르고 꽃이 시듦은 여호와의 기운이 그 위에 붊이라 이 백성은 실로 풀이로다 풀은 마르고 꽃은 시드나 우리 하나님의 말씀은 영원히 서리라 하라 아름다운 소식을 시온에 전하는 자여 너는 높은 산에 오르라 아름다운 소식을 예루살렘에 전하는 자여 너는 힘써 소리를 높이라 두려워하지 말고 소리를 높여 유다의 성읍들에게 이르기를 너희의 하나님을 보라 하라 보라 주 여호와께서 장차 강한 자로 임하실 것이요 친히 그의 팔로 다스리실 것이라 보라 상급이 그에게 있고 보응이 그의 앞에 있으며 그는 목자 같이 양 떼를 먹이시며 어린 양을 그 팔로 모아 품에 안으시며 젖먹이는 암컷들을 온순히 인도하시리로다"

사 65:17-25 (수한이 차지 못한 노인이 다시 없을 것이다)

"보라 내가 새 하늘과 새 땅을 창조하나니 이전 것은 기억되거나 마음에 생각나지 아니할 것이라 너희는 내가 창조하는 것으로 말미암아 영원히 기뻐하며 즐거워할지니라 보라 내가 예루살렘을 즐거운 성으로 창조하며 그 백성을 기쁨으로 삼고 내가 예루살렘을 즐거워하며 나의 백성을 기뻐하리니 우는 소리와 부르짖는 소리가 그 가운데에서 다시는 들리지 아니할 것이며 거기는 날 수가 많지 못하여 죽는 어린이와 수한이 차지 못한 노인이 다시는 없을 것이라 곧 백 세에 죽는 자를 젊은이라 하겠고 백 세가 못되어 죽는 자는 저주

받은 자이리라 그들이 가옥을 건축하고 그 안에 살겠고 포도나무를 심고 열매를 먹을 것이며 그들이 건축한 데에 타인이 살지 아니할 것이며 그들이 심은 것을 타인이 먹지 아니하리니 이는 내 백성의 수한이 나무의 수한과 같겠고 내가 택한 자가 그 손으로 일한 것을 길이 누릴 것이며 그들의 수고가 헛되지 않겠고 그들이 생산한 것이 재난을 당하지 아니하리니 그들은 여호와의 복된 자의 자손이요 그들의 후손도 그들과 같을 것임이라 그들이 부르기 전에 내가 응답하겠고 그들이 말을 마치기 전에 내가 들을 것이며 이리와 어린 양이 함께 먹을 것이며 사자가 소처럼 짚을 먹을 것이며 뱀은 흙을 양식으로 삼을 것이니 나의 성산에서는 해함도 없겠고 상함도 없으리라 여호와께서 말씀하시니라"

시 46:1-5, 10-11 (가만히 있어 하나님 되심을 알지어다)
"하나님은 우리의 피난처시요 힘이시니 환난 중에 만날 큰 도움이시라 그러므로 땅이 변하든지 산이 흔들려 바다 가운데에 빠지든지 바닷물이 솟아나고 뛰놀든지 그것이 넘침으로 산이 흔들릴지라도 우리는 두려워하지 아니하리로다 한 시내가 있어 나뉘어 흘러 하나님의 성 곧 지존하신 이의 성소를 기쁘게 하도다 하나님이 그 성 중에 계시매 성이 흔들리지 아니할 것이라 새벽에 하나님이 도우시리로다"
"너희는 가만히 있어 내가 하나님 됨을 알지어다 내가 뭇 나라 중에서 높임을 받으리라 내가 세계 중에서 높임을 받으리라 하시도다 만군의 여호와께서 우리와 함께하시니 야곱의 하나님은 우리의 피난처시로다"

시 90:1-10, 12 (지혜를 얻게 하소서)
"주여 주는 대대에 우리의 거처가 되셨나이다 산이 생기기 전, 땅과 세계도 주께서 조성하시기 전 곧 영원부터 영원까지 주는 하나님이시니이다 주께서 사람을 티끌로 돌아가게 하시고 말씀하시기를 너희 인생들은 돌아가라 하셨사오니 주의 목전에는 천 년이 지나간 어제 같으며 밤의 한순간 같을 뿐임이니이다 주께서 그들을 홍수처럼 쓸어가시나이다 그들은 잠깐 자는 것 같으며 아침에 돋는 풀 같으니이다 풀은 아침에 꽃이 피어 자라다가 저녁에는 시들어 마르나이다 우리는 주의 노에 소멸되며 주의 분내심에 놀라나이다 주께서 우리의 죄악을 주의 앞에 놓으시며 우리의 은밀한 죄를 주의 얼굴 빛 가운데에 두셨사오니 우리의 모든 날이 주의 분노 중에 지나가며 우리의 평생이 순식간에 다하였나이다 우리의 연수가 칠십이요 강건하면 팔십이라도 그 연수의 자랑은 수고와 슬픔뿐이요 신속히 가니 우리가 날아가나이다"

"우리에게 우리 날 계수함을 가르치사 지혜로운 마음을 얻게 하소서"

시 130:1-8 (여호와를 바랄지어다)

"여호와여 내가 깊은 곳에서 주께 부르짖었나이다 주여 내 소리를 들으시며 나의 부르 짖는 소리에 귀를 기울이소서 여호와여 주께서 죄악을 지켜보실진대 주여 누가 서리이까 그러나 사유하심이 주께 있음은 주를 경외하게 하심이니이다 나 곧 내 영혼은 여호와를 기다리며 나는 주의 말씀을 바라는도다 파수꾼이 아침을 기다림보다 내 영혼이 주를 더 기다리나니 참으로 파수꾼이 아침을 기다림보다 더하도다 이스라엘아 여호와를 바랄지어 다 여호와께서는 인자하심과 풍성한 속량이 있음이라 그가 이스라엘을 그의 모든 죄악에 서 속량하시리로다"

시 139:1-12, 17-18, 23-24 (악한 행위가 있나 보시고 영원한 길로 인도하소서)

"여호와여 주께서 나를 살펴보셨으므로 나를 아시나이다 주께서 내가 앉고 일어섬을 아 시고 멀리서도 나의 생각을 밝히 아시오며 나의 모든 길과 내가 눕는 것을 살펴보셨으므 로 나의 모든 행위를 익히 아시오니 여호와여 내 혀의 말을 알지 못하시는 것이 하나도 없 으시니이다 주께서 나의 앞뒤를 둘러싸시고 내게 안수하셨나이다 이 지식이 내게 너무 기 이하니 높아서 내가 능히 미치지 못하나이다 내가 주의 영을 떠나 어디로 가며 주의 앞에 서 어디로 피하리이까 내가 하늘에 올라갈지라도 거기 계시며 스올에 내 자리를 펼지라도 거기 계시니이다 내가 새벽 날개를 치며 바다 끝에 가서 거주할지라도 거기서도 주의 손 이 나를 인도하시며 주의 오른손이 나를 붙드시리이다 내가 혹시 말하기를 흑암이 반드시 나를 덮고 나를 두른 빛은 밤이 되리라 할지라도 주에게서는 흑암이 숨기지 못하며 밤이 낮과 같이 비추이나니 주에게는 흑암과 빛이 같음이니이다"

"하나님이여 주의 생각이 내게 어찌 그리 보배로우신지요 그 수가 어찌 그리 많은지요 내가 세려고 할지라도 그 수가 모래보다 많도소이다 내가 깰 때에도 여전히 주와 함께 있 나이다"

"하나님이여 나를 살피사 내 마음을 아시며 나를 시험하사 내 뜻을 아옵소서 내게 무슨 악한 행위가 있나 보시고 나를 영원한 길로 인도하소서"

애 3:1-9, 19-25 (여호와의 인자와 긍휼이 무궁하시다)

"여호와의 분노의 매로 말미암아 고난 당한 자는 나로다 나를 이끌어 어둠 안에서 걸어 가게 하시고 빛 안에서 걸어가지 못하게 하셨으며 종일토록 손을 들어 자주자주 나를 치 시는도다 나의 살과 가죽을 쇠하게 하시며 나의 뼈들을 꺾으셨고 고통과 수고를 쌓아 나 를 에우셨으며 나를 어둠 속에 살게 하시기를 죽은 지 오랜 자 같게 하셨도다 나를 둘러싸 서 나가지 못하게 하시고 내 사슬을 무겁게 하셨으며 내가 부르짖어 도움을 구하나 내 기 도를 물리치시며 다듬은 돌을 쌓아 내 길들을 막으사 내 길들을 굽게 하셨도다"

"내 고초와 재난 곧 쑥과 담즙을 기억하소서 내 마음이 그것을 기억하고 내가 낙심이 되 오나 이것을 내가 내 마음에 담아 두었더니 그것이 오히려 나의 소망이 되었사옴은 여호 와의 인자와 긍휼이 무궁하시므로 우리가 진멸되지 아니함이니이다 이것들이 아침마다 새로우니 주의 성실하심이 크시도소이다 내 심령에 이르기를 여호와는 나의 기업이시니 그러므로 내가 그를 바라리라 하도다 기다리는 자들에게나 구하는 영혼들에게 여호와는 선하시도다"

요 5:21-29 (예수께서 자기가 원하는 자들을 살리신다)

"아버지께서 죽은 자들을 일으켜 살리심 같이 아들도 자기가 원하는 자들을 살리느니라 아버지께서 아무도 심판하지 아니하시고 심판을 다 아들에게 맡기셨으니 이는 모든 사람 으로 아버지를 공경하는 것 같이 아들을 공경하게 하려 하심이라 아들을 공경하지 아니하 는 자는 그를 보내신 아버지도 공경하지 아니하느니라 내가 진실로 진실로 너희에게 이르 노니 내 말을 듣고 또 나 보내신 이를 믿는 자는 영생을 얻었고 심판에 이르지 아니하나니 사망에서 생명으로 옮겼느니라 진실로 진실로 너희에게 이르노니 죽은 자들이 하나님의 아들의 음성을 들을 때가 오나니 곧 이 때라 듣는 자는 살아나리라 아버지께서 자기 속에 생명이 있음 같이 아들에게도 생명을 주어 그 속에 있게 하셨고 또 인자됨으로 말미암아 심판하는 권한을 주셨느니라 이를 놀랍게 여기지 말라 무덤 속에 있는 자가 다 그의 음성 을 들을 때가 오나니 선한 일을 행한 자는 생명의 부활로, 악한 일을 행한 자는 심판의 부 활로 나오리라"

요 6:37-40 (아버지의 뜻은 믿는 자마다 영생을 얻는 것이다)

"아버지께서 내게 주시는 자는 다 내게로 올 것이요 내게 오는 자는 내가 결코 내쫓지 아니하리라 내가 하늘에서 내려온 것은 내 뜻을 행하려 함이 아니요 나를 보내신 이의 뜻을 행하려 함이니라 나를 보내신 이의 뜻은 내게 주신 자 중에 내가 하나도 잃어버리지 아니하고 마지막 날에 다시 살리는 이것이니라 내 아버지의 뜻은 아들을 보고 믿는 자마다 영생을 얻는 이것이니 마지막 날에 내가 이를 다시 살리리라 하시니라"

요 11:17-27 (나는 부활이요 생명이니)

"예수께서 와서 보시니 나사로가 무덤에 있은 지 이미 나흘이라 베다니는 예루살렘에서 가깝기가 한 오 리쯤 되매 많은 유대인이 마르다와 마리아에게 그 오라비의 일로 위문하러 왔더니 마르다는 예수께서 오신다는 말을 듣고 곧 나가 맞이하되 마리아는 집에 앉았더라 마르다가 예수께 여짜오되 주께서 여기 계셨더라면 내 오라버니가 죽지 아니하였겠나이다 그러나 나는 이제라도 주께서 무엇이든지 하나님께 구하시는 것을 하나님이 주실 줄을 아나이다 예수께서 이르시되 네 오라비가 다시 살아나리라 마르다가 이르되 마지막 날 부활 때에는 다시 살아날 줄을 내가 아나이다 예수께서 이르시되 나는 부활이요 생명이니 나를 믿는 자는 죽어도 살겠고 무릇 살아서 나를 믿는 자는 영원히 죽지 아니하리니 이것을 네가 믿느냐 이르되 주여 그러하외다 주는 그리스도시요 세상에 오시는 하나님의 아들이신 줄 내가 믿나이다"

요 14:1-6, 25-27 (평안을 주노라)

"너희는 마음에 근심하지 말라 하나님을 믿으니 또 나를 믿으라 내 아버지 집에 거할 곳이 많도다 그렇지 않으면 너희에게 일렀으리라 내가 너희를 위하여 거처를 예비하러 가노니 가서 너희를 위하여 거처를 예비하면 내가 다시 와서 너희를 내게로 영접하여 나 있는 곳에 너희도 있게 하리라 내가 어디로 가는지 그 길을 너희가 아느니라 도마가 이르되 주여 주께서 어디로 가시는지 우리가 알지 못하거늘 그 길을 어찌 알겠사옵나이까 예수께서 이르시되 내가 곧 길이요 진리요 생명이니 나로 말미암지 않고는 아버지께로 올 자가 없느니라"

"내가 아직 너희와 함께 있어서 이 말을 너희에게 하였거니와 보혜사 곧 아버지께서 내 이름으로 보내실 성령 그가 너희에게 모든 것을 가르치고 내가 너희에게 말한 모든 것을 생각나게 하리라 평안을 너희에게 끼치노니 곧 나의 평안을 너희에게 주노라 내가 너희에게 주는 것은 세상이 주는 것과 같지 아니하니라 너희는 마음에 근심하지도 말고 두려워하지도 말라"

롬 14:7-12 (비판하지 말라 모두 하나님의 심판대 앞에 서리라)

"우리 중에 누구든지 자기를 위하여 사는 자가 없고 자기를 위하여 죽는 자도 없도다 우리가 살아도 주를 위하여 살고 죽어도 주를 위하여 죽나니 그러므로 사나 죽으나 우리가 주의 것이로다 이를 위하여 그리스도께서 죽었다가 다시 살아나셨으니 곧 죽은 자와 산 자의 주가 되려 하심이라 네가 어찌하여 네 형제를 비판하느냐 어찌하여 네 형제를 업신여기느냐 우리가 다 하나님의 심판대 앞에 서리라 기록되었으되 주께서 이르시되 내가 살았노니 모든 무릎이 내게 꿇을 것이요 모든 혀가 하나님께 자백하리라 하였느니라 이러므로 우리 각 사람이 자기 일을 하나님께 직고하리라"

고전 15:16-20, 51-58 (사망아 너의 쏘는 것이 어디에 있느냐?)

"만일 죽은 자가 다시 살아나는 일이 없으면 그리스도도 다시 살아나신 일이 없었을 터이요 그리스도께서 다시 살아나신 일이 없으면 너희의 믿음도 헛되고 너희가 여전히 죄 가운데 있을 것이요 또한 그리스도 안에서 잠자는 자도 망하였으리니 만일 그리스도 안에서 우리가 바라는 것이 다만 이 세상의 삶뿐이면 모든 사람 가운데 우리가 더욱 불쌍한 자이리라 그러나 이제 그리스도께서 죽은 자 가운데서 다시 살아나사 잠자는 자들의 첫 열매가 되셨도다"

"보라 내가 너희에게 비밀을 말하노니 우리가 다 잠 잘 것이 아니요 마지막 나팔에 순식간에 홀연히 다 변화되리니 나팔 소리가 나매 죽은 자들이 썩지 아니할 것으로 다시 살아나고 우리도 변화되리라 이 썩을 것이 반드시 썩지 아니할 것을 입겠고 이 죽을 것이 죽지 아니함을 입으리로다 이 썩을 것이 썩지 아니함을 입고 이 죽을 것이 죽지 아니함을 입을 때에는 사망을 삼키고 이기리라고 기록된 말씀이 이루어지리라 사망아 너의 승리가 어디 있느냐 사망아 네가 쏘는 것이 어디 있느냐 사망이 쏘는 것은 죄요 죄의 권능은 율법이라 우리 주 예수 그리스도로 말미암아 우리에게 승리를 주시는 하나님께 감사하노니 그러므로 내 사랑하는 형제들아 견실하며 흔들리지 말고 항상 주의 일에 더욱 힘쓰는 자들이 되라 이는 너희 수고가 주 안에서 헛되지 않은 줄 앎이라"

고후 4:16-5:1 (보이지 않는 것을 보라)

"그러므로 우리가 낙심하지 아니하노니 우리의 겉사람은 낡아지나 우리의 속사람은 날로 새로워지도다 우리가 잠시 받는 환난의 경한 것이 지극히 크고 영원한 영광의 중한 것을 우리에게 이루게 함이니 우리가 주목하는 것은 보이는 것이 아니요 보이지 않는 것이니 보이는 것은 잠깐이요 보이지 않는 것은 영원함이라 만일 땅에 있는 우리의 장막 집이 무너지면 하나님께서 지으신 집 곧 손으로 지은 것이 아니요 하늘에 있는 영원한 집이 우리에게 있는 줄 아느니라"

살전 4:13-18 (죽은 자들이 일어나리라)

"형제들아 자는 자들에 관하여는 너희가 알지 못함을 우리가 원하지 아니하노니 이는 소망 없는 다른 이와 같이 슬퍼하지 않게 하려 함이라 우리가 예수께서 죽으셨다가 다시 살아나심을 믿을진대 이와 같이 예수 안에서 자는 자들도 하나님이 그와 함께 데리고 오시리라 우리가 주의 말씀으로 너희에게 이것을 말하노니 주께서 강림하실 때까지 우리 살아 남아 있는 자도 자는 자보다 결코 앞서지 못하리라 주께서 호령과 천사장의 소리와 하나님의 나팔 소리로 친히 하늘로부터 강림하시리니 그리스도 안에서 죽은 자들이 먼저 일어나고 그 후에 우리 살아 남은 자들도 그들과 함께 구름 속으로 끌어 올려 공중에서 주를 영접하게 하시리니 그리하여 우리가 항상 주와 함께 있으리라 그러므로 이러한 말로 서로 위로하라"

계 21:1-4, 22:3-5 (아픈 것이 다시 있지 아니하리라)

"또 내가 새 하늘과 새 땅을 보니 처음 하늘과 처음 땅이 없어졌고 바다도 다시 있지 않더라 또 내가 보매 거룩한 성 새 예루살렘이 하나님께로부터 하늘에서 내려오니 그 준비한 것이 신부가 남편을 위하여 단장한 것 같더라 내가 들으니 보좌에서 큰 음성이 나서 이르되 보라 하나님의 장막이 사람들과 함께 있으매 하나님이 그들과 함께 계시리니 그들은 하나님의 백성이 되고 하나님은 친히 그들과 함께 계셔서 모든 눈물을 그 눈에서 닦아 주시니 다시는 사망이 없고 애통하는 것이나 곡하는 것이나 아픈 것이 다시 있지 아니하리니 처음 것들이 다 지나갔음이러라"

"다시 저주가 없으며 하나님과 그 어린 양의 보좌가 그 가운데에 있으리니 그의 종들이 그를 섬기며 그의 얼굴을 볼 터이요 그의 이름도 그들의 이마에 있으리라 다시 밤이 없겠고 등불과 햇빛이 쓸 데 없으니 이는 주 하나님이 그들에게 비치심이라 그들이 세세토록 왕 노릇 하리로다"

2부

특별예배 실행

1장

한반도 평화기도회[1]

I. 기도회를 위한 안내

본 기도회는 분단의 아픔 속에 있는 대한민국의 현실 속에서 하나님이 원하시는 이 땅의 화해와 평화를 염원하기 위한 기도회의 한 모델로 제시되었다. 한국교회 내에서 국가를 위한 많은 기도회가 열리고 있지만 실상 기도회라는 외적인 모임으로서의 의미만 지녔던 것이 사실이다. 이에 본 기도회는 분단의 아픔을 기도회 안에 담아내어 우리 민족과 하나님이 원하시는 화해와 평화를 기도회 가운데 제시해 보려 하였다. 본 기도회는 2010년 11월 1일, 고 한경직 목사 서거 10주년을 맞이하여 진행된 제3회 국제 화해평화 컨퍼런스의 "한반도 평화기도회"를 저자가 직접 디자인하여 장로회신학대학교 "교회와 커뮤니케이션 연구부"에서 시연한 기도회이다. 당시 본 기도회는 민통선 지역 내에 있는 '송악기도처'에서 열렸는데, 70여 개국 130여 명의 개신교 지도자들이 한자리에 모여 북한 땅을 바라보며 대한민국과 온 세계의 화해와 평화를 기원하였다.

따라서 본 기도회는 6 · 25 기념예배나 6월 호국보훈의 달을 맞이한 특별예배 또는 남북분단의 특수한 상황에서 발생하는 여러 사건 속에서 이를 위해 기도가 필요한 개 교회에서 사용할 수 있으리라 본다. 또한 대한민국의 분단의 상황을 넘어 세계의 아픔을 함께 품

---

1 본 기도회는 정장복 외 저, 『2012년도 교회력에 따른 예배와 설교 핸드북』 (서울: 예배와 설교 아카데미, 2011), 90-105쪽에 그 상당부분이 "화해와 평화를 위한 기도회"의 예식모델로 제시된 바 있다.

으며 기도할 수 있는 예배에도 사용할 수 있을 것이다.

본 기도회를 구성함에 있어 중점을 두었던 것은 한국적인 정서를 담은 기도회를 구성하기 위해 노력하였다. 본 기도회가 특정한 절기가 아닌 대한민국이라는 한 나라의 분단의 아픔을 담아내야 했기에 최대한 한민족 고유의 정서를 담기 위해 노력하였다. 이에 기도회의 음악적인 요소에 국악을 도입하였다. 기도회에서 부르는 모든 찬송을 국악기로 연주하도록 디자인하였다. 해금과 가야금, 그리고 피아노가 중심이 되어 기도회의 음악을 주도하게 하였다. 여기서 해금을 사용한 까닭은 해금의 음색이 한반도의 아픔을 표현하는 데에 적합하기 때문이다. 이는 성금요일 예배에서 사용하는 바이올린과 그 음악적 효과가 비슷하다. 더불어 기도회에서 불리는 찬송 역시 국악적인 요소를 도입하였고 현 상황에 맞는 찬양들을 사용하였다. 특별히 모든 주제기도의 응답송을 이미 미국장로교 찬송가에서 찾아볼 수 있는 아리랑 가락에 개사를 하여 사용하였다.

또 다른 특징으로 본 기도회는 기도 중심으로 이루어져 있기에 말씀예전을 생략하였다. 이에 말씀예전의 부분을 현 분단과 아픔의 상황에 맞는 주제들을 선정하여 주제기도 형식으로 대체하였다. 이 주제기도는 통성기도로 시작되는데, 본 단락에서 통성기도를 사용한 것은 구한말 민족의 아픔의 시대에 역사하셨던 성령 하나님의 임재하심을 다시 한 번 갈망하며 하나님의 도우심을 구하는 목적에서 사용하였다. 더불어 한국교회가 가진 전통 속에서 찾아볼 수 있는 기도의 한 형식이기에 사용하여 보았다.

비록 한반도의 분단 상황을 주제로 하였지만, 본 기도회의 더 큰 주제는 화해와 평화이다. 따라서 본 기도회를 기획할 때 기도회의 순서뿐 아니라 환경구성에도 많은 심혈을 기울여야 할 것이다. 예배당의 조명과 색감 등에 현 시대의 아픔을 표현할 수 있는 요소들을 첨가시키면 청각뿐 아니라 시각까지도 더욱 본 기도회에 집중할 수 있는 요소로 작용할 것이다.

Ⅱ. 기도회 환경구성의 실제[2]

본 기도회가 화해와 평화를 위한 기도회라는 목적에 부합하기 위해서는 그에 따른 기도회 환경구성에도 주의를 기울여야 할 것이다. 예배에 있어서 환경적인 요소는 예배예전 못지않게 중요하기 때문이다. 이에 본 기도회를 위해 실제로 구성했던 환경구성을 한 예로 제시하려 한다.

1. 예배당 실내 환경구성

1) 환경구성 전

본 기도회가 시연되었던 실제 기도처의 크기는 약 150여 석의 규모이다. 사진에서 보는 바와 같이 정면과 좌우측면이 모두 큰 창문으로 되어 있으며 정면에는 북한 땅의 전경이 들어오는 구조이다.

2) 환경구성 후

① 가림막 설치

평화와 화해를 위한 기도회이지만 현재의 분단과 아픔의 상황을 어둠으로 표현하기 위

---

2 본 기도회의 환경구성은 약 150여 석 규모의 예배공간을 기준으로 작성되었으며, 실제 민통선 내 송악기도처의 환경을 조성한 것이다. 송악기도처의 위치와 환경 자체가 북한을 마주 바라볼 수 있는 곳이기에 다음과 같이 구성하였다.

해 기도처의 모든 창문을 검은색 천으로 가렸다. 기도처 내에 조명을 사용하지 않고 예배당 전면부와 의자 공간 사이마다 초를 설치하여 폐제예배의 분위기를 연출하였다.

② 전면스크린

프로젝트를 위한 스크린은 양쪽으로 설치하였다. 실제 기도회에서는 스크린을 정면에 설치하고 모든 창문을 검은색 천으로 가렸다. 기도회 공간 사정에 따라 한 쪽 면만을 활용하고 반대편은 검은색 천으로 가려도 무방할 듯하다.

③ 철조망 상징물

분단의 의미를 기도회 공간 안에 표현하기 위해 위와 같은 철조망 상징물을 제작하였다. 이를 인쇄하여 예배당 전방과 좌우측면 모두 둘러 분단의 현실을 표현하였다.

④ 십자가

전면부에 십자가를 설치하였다. 본 십자가는 철조망으로 제작하여 투박한 느낌을 들게 하였다. 철조망으로 제작한 것 역시 분단의 아픔을 표현하기 위한 것이다. 실제 기도회에서는 이 철조망 십자가 사이마다 새터민들의 기도제목을 꽂아 놓았다. 개 교회에서는 십자가 제작에 어려움이 있다면 스크린을 통해 표현하는 것도 좋을 듯하다.

2. 예배당 실외 환경구성

1) 기도회 전

예배당으로 들어오는 입구에 고통 받고 있는 북한, 나아가 세계의 아픔을 표현할 수 있는 위와 같은 그림을 설치한다. 이를 통해 회중의 기도회에 대한 동기부여의 도구로 삼는다. 더불어 검은색 천을 이용하여 예배당 입구 양쪽이나 바닥에 둘러서 현재의 상황을 시각적으로 표현하는 도구로 삼을 수 있다.

2) 기도회 후

진리가 너희를 자유케 하리라

Then you will know the truth,
and the truth will set you free.

そして、あなたがたは眞理を知り、
眞理はあなたがたを自由にします

기도회를 마치고 나갈 때에 기도회 전 예배당 입구에 설치했던 아픔의 사진들을 위와 같은 문구로 교체한다. 기도회에서 회중이 한마음으로 기도했던 것들이 하나님의 사랑 안에서 이루어지길 갈망하며 요한복음 8장 32절의 말씀을 게시하도록 한다. 실제 기도회에서는 초청한 70개 국의 언어로 모두 표현하였다. 더불어 입구에 설치했던 검은색 천을 평화와 희망을 상징하는 노란색이나 흰색, 황금색 천으로 교체하여 시각적인 표현을 극대화하는 것도 좋을 듯하다.

3. 기도회 현장모습

Ⅲ. 기도회 환경조성

1. 스톨분배 및 착용

1) 본 예전에 사용된 색의 의미

① 빨간색(스톨)

빨간색은 언제나 피와 불을 연상시키며, 사랑과 자선을 강조하는 색으로도 본다. 그리스도께서 쏟으신 피, 그 사랑에 빚진 자로서 한 걸음 사명의 길을 걷는 의미를 갖는다.

② 검은색(계단 등단)

검은색은 그리스도인의 죽음에 대한 애도와 고통을 의미하는 색이다. 검은색 길을 걸으며 그리스도인으로서 세상으로 보내진 사명을 생각하라는 의미를 갖는다.

③ 금색(스톨/계단 하단)

금색 또는 옅은 노란색은 신 고유의 가까이 할 수 없는 빛을 드러내는 탁월한 신적인 색으로 생각되어 왔다. 신비와 영광을 상기시킨다. 그리스도께서 보이신 부활을 기념하며, 그리스도교 신앙의 근본적인 신비인 성탄과 부활을 기념하는 대축일 때 사용이 권고된 색이다.

④ 흰색(스톨)

흰색 또는 은색은 항상 빛, 그리고 내적 순결과 연결된다. 흰 의복은 세례성사로 영의 순결을 다시 취하고, 그리스도의 모상으로 변화되어 새로운 사람이 된 새 영세자들이 세례식 후에 곧바로 입는 색이다. 특별히 성탄 때에는 세상의 어두움을 밝히는 예수 그리스도의 빛을 의미한다.

⑤ 녹색(스톨)

전례거행에서 통상적으로 사용되는 색이다.

2) 스톨 양쪽에 사용된 '색동'의 의미

색동은 아이들 옷에 사용되었다. 아이들이 건강하게 자라고 복을 받기를 바란다는 의미가 있다. 색동의 의미는 결국 정성과 사랑의 결합이라고 볼 수 있다.

3) 스톨 중앙의 '십자가 문양'의 의미

본 십자가의 틀은 한국 전통문양[3]인 8각[4]을 중심으로 제작되었다. 8각의 틀 안에 위치하고 있는 십자가는 철조망을 상징화하여 제작되었는데, 이 철조망은 남북 분단의 휴전선을 의미한다. 철조망이 만나는 부분의 철조망이 열리며 그 가운데에 그리스도의 십자가가 위치하고 있다. 이는 곧 그리스도의 십자가로 인해 남북의 긴장이 종결되고 평화가 찾아옴을 한국적인 문양에 새겨 표현한 것이다.

---

3   한국의 전통 문화재에도 팔각형이 자주 쓰인 것을 볼 수 있다. 여러 유적이나 탑 등을 보면 원형과 그에 내접하는 방형(정사각형) 사이에 팔각형이 위치해 있다. 이는 우리나라가 예로부터 천원지방(天圓地方)의 사고방식이 있었기 때문이다. 즉, 하늘은 둥글고 땅은 네모지다라는 사고방식이다.

4   ①8각의 동양적 의미: 옛 사람들이 정자를 팔각지붕으로 지은 이유는, 易經(역경)에서 "하늘은 7이요, 땅은 8"이라고 한 데서 비롯되었다. 옛부터 7은 하늘, 8은 땅을 상징하였다. 즉, 땅의 아름다움을 감상하고자 산이나 절벽처럼 높은 곳에 땅의 수인 팔각으로 건물을 지은 것이다.
　②8각의 서양적 의미: 서양에서는 숫자 4를 1과 3의 합으로 안 좋게 생각한다. 더불어 8은 4와 4의 합, 즉 보다 큰 다툼, 전쟁 등을 의미하는 숫자이다. 때문에 팔각형은 더 큰 안정을 위한 방패, 자기 방어를 위한 선제공격 등을 의미한다.
　③8의 성경적 의미: 8이라는 수의 값을 가지는 히브리어의 여덟 번째 알파벳 '담', '울타리'라는 의미를 가진 '헤트'이다. '헤트'는 "죄에서 다시 깨끗하게 한다"는 구원과 재창조를 의미하는 것으로, 죄로 인해 막힌 담을 허시고 구원의 길을 여신 예수님과도 그 뜻이 일맥상통한다. 성경에서 8은 구세주를 통한 구원이라는 의미를 가진다. 노아의 가족 8명이 하나님의 은혜를 입어 홍수 심판에서 방주를 통해 구원받았다(창 6:1-7:8; 벧전 3:20). 태어난 지 팔 일 만에 행하는 할례는 범죄함으로 더러워진 피를 뽑아내어 깨끗하게 한다는 구원을 상징한다(창 17:10-14, 23-27; 레 12:3; 눅 2:21). 할례의 기원은 아브라함이 하나님의 명을 받아 자신과 이스라엘, 그리고 그 집의 모든 남자에게 행한 데서 유래하였다. 하나님께서는 아브라함과 언약을 맺으시고 그를 '열국의 아비'로 삼으셨는데, 이 언약의 표로서 '할례'라는 의식을 제정하셨다. 유대교에서 제8일은 정화의 날이다. 그리고 아브라함과 오벧에돔이 8명의 아들을 두었다는 것에서 8이 '복된 수'로 사용되었던 것을 알 수 있다(대상 26:4-5). 가장 중요한 의미로 제8일은 그리스도가 부활하신 날이다. 십자가에 못 박혀 돌아가신 주님은 7일째 안식일이 지난 첫날 부활하셨다(마 28:1-6; 막 16:1-6; 눅 24:1-8). 때문에 숫자 8은 안식 후 첫날인 새 안식일, 곧 주님께서 부활하신 날을 기념하는 날인 주일을 나타낸다(요 20:1-10).
　④8각 세례반의 성경적 의미: 초대교회의 세례예식에서는 모든 옷을 벗었다. 이는 옛사람을 벗어 버린다는 의미를 가지고 있다. 따라서 여성의 세례예식에서는 여성 부제가 감독의 일임을 받고 세례를 베풀었다. 발견된 세례우물을 보면 한 사람이 무릎을 굽혀 지나면 온몸이 잠길 정도의 깊이였다. 세례에서 세례 받는 자는 깊은 물을 지나거나 잠기게 되는데 이는 홍해를 건넌 이스라엘 백성을 상징한다. 또한 그 세례우물은 8각형으로 되어 있는데 8각형인 이유는 할례의 8일을 상징하고 또한 제8일을 상징하기 위한 것이다. 즉, 제8일은 천지창조의 모든 과정이 끝난 때이며, 그리스도의 부활의 날인 안식 후 첫날이다. 그러므로 세례의 기본적 의미는 예수 그리스도와 함께 장사되고 예수 그리스도와 함께 다시 사는 것이라고 할 수 있다

2. 계단

1) 등단시

송학기도처로 오르는 60개의 계단을 고난의 계단으로 형상화했다.[5] 이 고난의 표현은 계단 좌측에 있는 80m에 이르는 39개의 기둥에 검은색 휘장을 둘러서 표현하였다. 이는 고통과 고난, 억압 가운데 있는 현실을 묵상하면서 기도처로 오르는 짧은 거리를 통해 기도의 동기를 부여하는 목적을 지니고 있다.

검은색 휘장과 더불어 39개의 기둥 사이에는 북한의 실상을 보여주는 20장의 흑백사진이 게시되어 있다. 검은색 휘장의 이미지와 더불어 이 사진은 구체적인 북한의 현실을 보여준다.

2) 하단시

등단시 검은색 휘장과 북한의 실상을 보여주었던 흑백사진들은 이제 새로운 모습으로 바뀌어 하단하는 기도자들을 맞이한다. 내려가는 계단 우측의 기둥에 둘렀던 검은색 휘장 위로 황금(노란)색 휘장이 둘러져 있다. 이는 평화를 상징하는 노란색인 동시에 하나님의 영광의 임재를 표현하기 위한 이미지이다. 그리고 흑백사진 대신 그 자리에 "진리가 너희를 자유케 하리라"(요 8:23)는 말씀이 각 나라의 언어로 게시되어 있다. 이는 기도회를 마치고 하단하는 기도자들에게 진리의 말씀 안에 우리가 굳건하게 설 때 "평화와 화해"를 위한 기도회의 의도대로 하나님의 평화가 이 땅에 임할 것임을 상기시키기 위한 환경구성이다.

5　송학기도처로 올라오는 시간부터 징으로 예배로 부름이 있기 전까지 국악팀의 BGM연주는 계속된다. 곡명은 "주 달려 죽은 십자가, 저 높은 곳을 향하여, 내 주를 가까이 하게 함은"(찬송가) 순서로 연주된다.

Ⅳ. 기도회의 실제

1. 예배로 부름 / 징[6] / 맡은 이

2. 성구봉독[7] / 사 51:3 / 집례자

"나 여호와가 시온의 모든 황폐한 곳들을 위로하여 그 사막을 에덴 같게, 그 광야를 여호와의 동산 같게 하였나니 그 가운데에 기뻐함과 즐거워함과 감사함과 창화하는 소리가 있으리라"

3. 예배기원 / 집례자

우리의 창조자 되시는 하나님, 주님께서 허락하신 이 땅을 바라보며 주님께 구합니다. 주님의 자녀를, 그리고 우리의 형제를 위로하여 주시고, 그 광야를 여호와의 동산과 같게 하소서. 이 땅을 주님의 은혜로 덮으사, 이 땅이 하나님의 교회가 되게 하소서.

4. 회중찬양[8] / "구주여 오소서"(While We Are Waiting, Come)[9] / 다같이(* 일어서서)

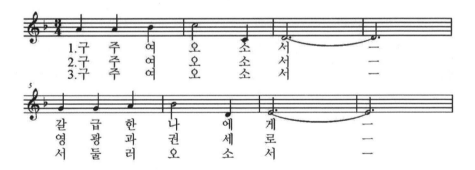

---

6 예배로 부름을 통하여 온전히 주께 구하는 구별된 시간을 상징으로 성령의 임재를 표현하였다. 징은 고려시대부터 사용되어 온 타악기로 여운이 깊고 울림이 깊다. 징은 음역대가 낮고 모든 소리를 감싸기 때문에 사물놀이에서는 바람(風)에 비유된다. 이는 성경 가운데 바람(πνευμα, 프뉴마)으로 비유되는 성령의 임재를 표현하기에 적합한 악기이다.

7 성구봉독 시에 찬송가 338장 "내 주를 가까이 하게 함은"이 국악팀의 연주로 진행된다. 본 찬송을 선정한 목적은 야곱이 하나님을 간절히 찾았던 장면을 회상시키는 데에 있다. 야곱의 간절함이 오늘 기도처에 앉아 있는 온 회중이 함께 공감하고 있는 간절함이기 때문이다.

8 본 회중찬양은 국악반주에 맞추어 1~3절까지 찬양한다.

9 PCUSA, 『찬송과 예배: Come, Let Us Worship』(Louisville: Geneva Press, 2001), 147장

예 수 내 주 임 마 누 엘

여 기 에 오 소 서 ─

5. 대표기도 / 맡은이

만물을 주관하시는 주님!

우리를 이곳으로 이끄시고 기도하게 하시는 분이 주님이심을 고백합니다. 우리를 주님의 선하신 계획을 이루어갈 진실된 일꾼들로 세우소서.

분단된 이 땅의 아픔을 가슴으로 끌어안고 결렬된 곳에 담대히 서서 진실하게 주님의 은혜를 나눌 수 있는 그리스도인이 되게 하소서. 바라볼 수는 있지만 만날 수 없는 이들을 위하여 기도하게 하시고, 주님의 심령으로 그들을 바라보게 하시고, 그들을 우리의 형제로 삼게 하소서.

우리의 기도를 평화의 도구로 사용하시고, 분단으로 인한 이 땅의 깊은 상처를 끌어안고 참다운 회개를 일으킬 수 있는 성결의 능력을 부어주소서. 이 땅의 문제를 인간의 지식과 이론에 의지하지 않게 하시고, 주님의 방법과 복음적 대안으로 풀어나가게 하소서. 우리의 힘과 능력을 의지하지 않게 하시고, 날마다 주를 의지하며 겸손히 나아가게 하소서.

우리를 이곳으로 이끄시고, 우리와 함께 그들을 바라보시는 예수 그리스도의 이름으로 기도합니다. 아멘.

6. 영상[10] 및 통성기도로의 초대 / 집례자

이제 우리는 우리의 기도를 더하여 하나님께 구하고자 합니다. 한국교회는 세상의 고통을 바라보며, 한목소리·한마음으로 애통하는 마음을 모아 기도하였습니다. 우리가 서 있는 이 자리는 오늘 고통 받는 저 땅을 바라보며 그들을 위하여 눈물 흘리고 부르짖으며 하

---

10 4분 가량 진행되는 영상에는 이후에 진행될 5개의 기도제목이 정지된 사진과 함께 소개된다. 영상과 함께 기도제목을 보여주는 것은 기도제목에 담긴 문제의식을 자연스럽게 심어주어 기도에 몰입하도록 인도하는 데에 목적이 있다. 영상의 말미에는 통성기도에 관한 역사적인 간략한 설명이 주어진다. 이는 주제기도에 앞서 모두가 현실의 문제를 함께 인식하고 한국의 전통기도인 함께 소리내어 기도하는 통성기도를 함으로써 기도의 간절함을 공유하려는 데에 그 목적이 있다.

나님께 구하는 자리입니다. 우리는 오늘 그들을 위해 기도하는 자리에 서 있습니다. 우리가 저 땅을 위하여, 나아가 세계의 고통 받는 자들을 위하여 우리의 소리를 더하여 하나님께 기도하고자 합니다.

7. 통성기도 / 다같이

이제 우리의 애통하는 마음을 담아 하나님께 구하고자 합니다. 하나님께서 우리에게 보여주신 그 기도의 장소로 함께 나아가고자 합니다. 이제 우리는 지난 역사 속에서 한국교회가 부르짖었던 기도를 하고자 합니다. 우리의 목소리를 높여 기도합시다. 기도하는 소리가 남에게 들려도 괜찮습니다. 저 땅을 향한, 그리고 세계를 향한 우리의 애통하는 마음을 담아 성령님을 향해 부르짖음으로써 기도합시다.

8. 주제기도 / 다같이

1) 배고픔과 기아

가난한 자를 긍휼히 여기셨던 주님!

주님께서도 이 땅에서 우리와 함께 가난에 동참하신 것을 기억합니다. 모든 사람이 배불리 먹고도 12광주리가 남았던 오병이어의 은혜를 우리가 기억합니다. 주님께서 베푸신 그 이적이 우리에게 차고 넘치던 충분한 은혜임을 우리가 기억합니다.

그러나 우리가 바라보는 이곳에서 주님의 은혜를 자신의 욕심으로 바꾸어 나가는 모습을 바라보게 됩니다. 주님, 저 땅에서 굶주림으로 고통 당하는 주님의 백성 800만 명을 기억하소서. 우리의 욕심으로 고통 받는 당신의 백성을 우리가 바라볼 수 있게 하소서.

우리가 바라보는 저 땅이, 아이들과 노인들, 사회적 약자들이 고통 받는 세상의 법칙이 다스리는 나라가 아닌, 하나님의 법칙이 통용되는 하나님 나라가 되게 하소서. 우리의 식탁 가운데 그들을 바라보게 하시고, 그들의 식탁 가운데 하나님의 은혜를 경험하게 하소서. 주님께서 우리에게 내려주신 오병이어의 은혜를 우리가 충분히 나누며 누리게 하소서. 당신의 푸른 초장으로 저들을 인도하소서.

또한 우리의 지경을 넓히사 세계 곳곳에서 배고픔으로 고통 받는 우리의 형제들을 바라보게 하소서. 배고픔으로 6초마다 한 명씩 죽어 가는 생명을 기억하게 하시고, 매년 굶주림으로 생명을 잃는 600만 명의 어린이들을 바라보게 하소서. 그들의 애통을 우리가 바라보게 하소서.

주님께서 우리에게 맡겨 주신 것들을 함께 나누어, 서로 사랑하라는 주님의 계명을 실현하며 살게 하소서. 조금 더 가진 자들이 부족한 자들을 위하여 나눌 수 있는 주님의 마음을 허락하여 주소서.

굶주림으로 고통 받는 사람들의 신음소리에 하나님께서 친히 응답하여 주시고, 그들의 애통을 우리가 듣게 하소서. 주님의 능력으로, 그리고 삶을 통한 우리의 기도를 통하여 굶주림으로 목숨을 잃는 사람들을 이 땅에서 사라지게 하시고, 굶주림으로 고통 받는 자이 진정한 평화를 누리게 하소서. 그들의 굶주림을 주님의 은혜로 채워 주소서.

* 응답송 / 찬송가 632장 "주여 주여 우리를" / 다같이

2) 인권

우리의 유일한 왕 되시는 주님, 우리를 주님 자녀로 삼아주시고, 하늘나라 백성으로 살게 하심을 감사드립니다.

그러나 우리가 바라보는 저 땅은 3대째 권력세습이라는 독재체제로 고통 받고 있습니다. 주님께서 허락하신 인간다움을 누리지 못하고, 주님의 백성이 아닌 사람의 백성으로 살아가고 있습니다.

권위주의적 유일사상체제 속에서 사상과 언론, 표현, 집회 결사의 자유를 잃어버렸으며, 하나님께서 하나로 묶어 주신 인간을 스스로 등급 나누어 차별이라는 폭력으로 스스로를 가두고 있습니다. 자신의 이익을 위하여 다른 사람들을 억압하고 착취하는 구조 속에서 고

통 받는 주님의 자녀를 기억하소서. 폭력으로 일그러져 가는 저 땅의 백성들의 삶을 기억하소서. 그들의 삶을 바라보시고 주님께서 손수 어루만져 주사, 세상의 평안이 아닌 주님의 샬롬을 그들 가운데 내려주소서.

또한 세계 곳곳에서 폭력으로 억압받는 영혼들을 기억하사 그들에게 주님의 은총을 내려주소서. 국제금융자본 가운데 절대적 빈곤으로 최소한의 삶을 보장받지 못하는 노동자들의 삶을 기억하소서. 내전과 분쟁으로 하루하루를 공포 가운데 살아가는 전쟁의 피해자들을 기억하소서. 테러로 인하여 많은 것을 잃어버린 그들의 아픈 마음을 어루만져 주소서.

경제 구조 가운데 나타나는 심각한 실업문제로 고통 받는 이 땅의 많은 젊은이를 기억하소서. 자본의 논리가 아닌 주님의 법칙을 통하여 젊은이들로 하여금 땀 흘려 일하며, 그 소산을 누리게 하소서.

세상적 강자들 사이에서 희생되었던 구약의 이스라엘 민족처럼, 세계 곳곳에서 고통 받는 그들의 울부짖는 목소리를 들으사 주님께서 친히 그들의 삶 속에 응답하여 주소서.

자신의 이익을 위하여 다른 이를 짓밟는 이에게 하나님의 진노를 알게 하시고, 주께서 친히 다스리시는 주님의 백성들의 나라가 되게 하소서. 주님의 샬롬을 누리며 사는 이 땅이 되게 하소서.

* 응답송 / 찬송가 632장 "주여 주여 우리를" / 다같이

3) 가족

우리에게 가정을 허락하신 하나님, 감사합니다.

에덴동산 가운데 가정을 주시고 "번성하라"고 명하신 주님의 명령대로 살기 원합니다.

가정을 사랑에 대한 비유로 주님께서 우리에게 허락하셨음을 고백합니다. 하나님 아버지의 사랑을 부모님을 통해서 배우고, 예수님께서 명령하신 이웃 사랑을 형제를 통하여 실현해 나가는 사랑의 시작으로서의 가정을 허락하신 주님의 크신 은혜를 바라보며, 주님께서 허락하신 가정 가운데 복된 삶을 살아가길 원합니다.

그러나 내전으로 인한 분단은 주님께서 우리에게 허락하신 가정을 갈라놓았습니다. 이념의 전쟁으로 인하여 헤어진 가족은 다시 볼 수 없는 이산가족이 되었습니다. 그렇게 헤어진 가족은 60년이라는 시간을 이산가족으로 지내며 서로의 얼굴을 볼 수 없었습니다. 저들의 아픔을 아시는 주님! 주께서 저들을 위로하여 주시고 하루 속히 민족의 소통이 이루어져 그리운 가족들을 만날 수 있게 하소서.

행복한 가정을 이루고 살아야 함에도 우리가 처한 이 시대는 너무도 험악하여 원만한 가정을 이루지 못하고 가족끼리 헤어져 지내는 사람들이 너무도 많음을 봅니다. 부부가 이혼하여 고아 아닌 고아로 사는 어린이들도 많이 있습니다. 또 생활고로 인해 헤어져 지내는 가족도 있습니다. 어떠한 이유로 떨어져 살든지 저들이 한마음이 되어 사랑하게 하시고, 어서 속히 헤어진 가족이 주님 안에서 하나 되게 하소서.

또한 원하지 않는 질병으로 인해 부모를 잃은 어린 자녀도 있습니다. 주님께서 친히 이들의 부모가 되어 주셔서 외롭지 않게 하시고 곁길로 나가지 않도록 주님이 지켜 주소서.

전 세계적으로 부모의 갈등으로 인해 한 부모 가정이 늘어나는 추세입니다. 또한 내전과 분쟁으로 생긴 이산가족도 있습니다. 이런 한 부모 가정의 증가는 사랑의 결핍으로 방황하는 청소년들을 양산하고 있습니다. 이런 청소년들이 자신의 처지를 비관하지 않고, 이 어려움을 딛고 일어설 수 있도록 그들에게 용기를 주소서.

또한 이들을 사회적 책임으로 바라보게 하시고, 그들에게 충분한 사랑을 전할 수 있도록 사회적 기관과도 주님께서 함께하여 주소서. 또한 우리가 이들을 충분히 사랑하고 선도할 수 있는 사회적 부모가 되게 하소서. 이 세상 모든 사람이 하나님께서 허락하신 가정에서 주님과 함께 행복하게 살게 하소서.

4) 종교

유일하신 하나님, 주님께서 우리를 주님의 백성으로 불러 모으시고, 기도하게 하시고, 친히 응답하여 주심을 감사드립니다.

주님, 특별히 저 땅 가운데 주님께 부르짖는 40만 명의 기도소리를 기억하소서. 참된 진리로 인하여 핍박받고 억압받는 40만 명의 부르짖음에 응답하시고, 그들로 하여금 주님의 자녀로 살아갈 수 있는 힘과 용기를 허락하소서. 주님께서 그들을 친히 보호하여 주소서.

또한 주님을 향한 신앙으로 인하여 수용소에 수감되어 있는 5만 명의 당신의 자녀들을 기억하여 주소서. 그들로 하여금 수용소라는 극한 상황 가운데 주님을 의지하며 견뎌낼 수 있는 은혜를 허락하여 주소서. 주님의 도우심으로 목숨이 위협받는 상황을 이겨낼 수 있도록 주님의 두 손으로 붙들어 주소서.

저 땅 가운데 주님께 부르짖는 40만 명의 기도소리를 들으시고, 그들을 통하여 저 땅을 복음의 땅으로 변화시켜 주소서. 그 땅 가운데 그들을 의인으로 세워 주사, 그들을 통하여 멸망 받을 소돔의 땅을 하나님 나라로 바꾸어 주소서.

땅 끝까지 복음을 전하라고 하신 주님의 지상명령에 먼저 믿은 저들이 따르게 하소서. 그리하여 그리스도의 나라가 속히 오게 하소서.

또한 세계 곳곳에서 신앙으로 인한 갈등 가운데 주님의 지혜를 베푸사, 갈등과 전쟁의 자리를 대화와 포용의 자리로 바꾸어 주소서. 서로가 진리를 갈망하는 가운데 충분히 대화하게 하시고 존중하게 하소서. 그리하여 자유에 대한 갈등에서 오는 전쟁으로부터 지켜 주소서.

특별히 종교와 민족이라는 이름으로 무차별적으로 일어나는 국제테러로부터 지켜 주소서. 그들의 눈을 뜨게 하여 보게 하시고, 그들의 귀를 열어 듣게 하사 그들로 하여금 참 진리를 알게 하소서. 주님께서 우리에게 허락하신 진리는 폭력이 아닌 사랑임을 알게 하소서.

주님, 이 시간에도 진리를 위하여 탄압받고 핍박받는 주님의 자녀들에게 은혜와 복을 더하여 주사 주님이 함께하심을 체험하게 하시고 용기 있게 주님을 믿게 하소서. 또한 그곳에서 복음을 전하는 선교사님들에게도 복을 주시고 신변의 위협으로부터 보호하시고 그들을 통하여 주님의 제자들이 날로 늘어나게 하소서.

* 응답송 / 찬송가 632장 "주여 주여 우리를" / 다같이

5) 평화(하나님 나라)

역사를 주관하시는 주님!

주님께서 이 땅의 큰 아픔을 아시나이다. 남과 북이 갈라져 서로 대치하고 있는 60여 년이라는 시간은 우리의 마음까지도 반쪽으로 만들었습니다. 지금도 우리가 이곳에서 바라보는 이 땅은 많은 국민들이 배고픔의 문제로 고통 받고 있습니다. 국민들의 배고픔을 살펴야 할 지도자들은 오히려 그들의 배고픔을 자신들의 이익을 위하여 이용하고 있으며, 국민들의 고통을 외면한 채 군사력 증강에만 온 힘을 쏟고 있습니다. 국제 사회와의 약속을 깨고 핵실험을 강행하며 세계의 평화를 위협하고 있습니다. 또한 3대째 권력의 세습으로 인하여 불안해진 민심을 잠재우기 위해 국방력을 활용하고 있는 실정입니다.

하나님 아버지! 또한 북한의 평화를 위협하는 요소로 자리잡고 있는 북한 국민들의 인권문제도 하루 속히 해결되게 하시고 마음껏 주님을 찬양하는 날이 하루 속히 오게 하소서. 60여 년 전에 일어났던 동란으로 인해 원치 않게 헤어졌던 가족들의 만남이 하루 속히 이루어지게 하소서. 저들을 긍휼히 여기사 이 땅에 다시는 동족상잔의 비극이 일어나지 않도록 하나님께서 붙잡아 주시고 하루 속히 한반도에 진정한 평화가 이루어지게 하소서.

이 땅에 평화를 주시기 위해 오신 주님! 지구상의 모든 사람은 평화를 원하지만 이 지구촌에는 진정한 평화가 없으며, 전쟁이 그칠 날도 없습니다. 하나님! 긍휼히 여겨 주소서.

저희들이 처한 이 세대는 민족 간의 갈등과 종교 간의 갈등이 심화되고 있습니다. 또한 빈부격차로 인한 갈등도 그치지 않고 있습니다. 무엇보다 기아 문제로 굶어 죽어 가는 많은 사람들이 있습니다. 저들이 속히 먹는 날이 오게 하소서. 너무 부하여 주님을 모른다 하지 않게 하시고, 너무 가난하여 주님을 욕되게 하는 일이 없게 하시고, 못 먹어 죽어 가는 사람이 없도록 하나님께서 돌보아 주소서. 사도바울처럼 빈부에 처한 일체 비결을 가질 수 있게 하소서. 있는 자는 없는 자에게 나누어 줄 수 있는 긍휼의 마음과 자비를 주소서. 더욱 바라기는 이런 갈등으로 인해 발생되는 테러가 지구촌 이곳저곳에서 자주 일어나고 있습니다. 온 세계가 불안에 떨고 있는데 하나님께서 무자비한 저들의 마음을 감화감동시켜 주소서. 그리하여 이 땅에서 테러가 자취를 감추게 하시고 주님이 원하시는 평화가 이루어지게 하소서.

* 응답송 / 찬송가 632장 "주여 주여 우리를" / 다같이

이 모든 말씀 우리의 소망되시는 예수님의 이름으로 기도드립니다. 아멘.

9. 응답찬송[11]과 영상 / "그날(The Day)"[12]과 영상[13] / 다같이

사 망 의 그 늘 에 앉 아 죽 어 가 는 나 의 백 성 들

절 망 과 굶주림 에 갇 힌 저들은 내 마 음 의 — 오 랜 슬 픔

고 통 의 멍 에 에 매 여 울 고 있 는 나 의 자 녀 들

나 는 이 제 일 어 나 — 저들의 멍 에 를 꺾 고 눈 물 씻 기 기 — 원 하 는 데

누 가 내 게 부 르 — 짖 어 저 들 을 구 원 케 — 할 까

누 가 나 를 위 해 — 가 서 나 의 사 랑 을 전 — 할 까

나 는 이 제 보 기 원 하 네 나 의 자 녀 들 — 살 아 가 는 — 그 날

---

11 실제 기도회에서 본 찬양의 마지막 부분에 하나의 퍼포먼스를 연출하였다. 송악기도처의 기도회 환경조성을 위해 모든 창문과 벽을 검은색 막으로 막고 철조망을 상징하는 띠를 기도회 공간에 둘렀다. 이 찬양의 마지막 가사가 울려 퍼질 때 담당자가 정면의 검은색 막과 철조망 띠를 끊으면서 정면의 북한 땅과 밝은 빛이 기도회 공간에 들어오게 했다. 이는 찬양의 가사처럼 어두운 고통과 멍에로 가득 찬 이 대한민국 가운데 이제 하나님의 사랑으로 화해와 평화가 임함을 표현한 것이다. 이를 위해서는 예배문 서두에 있는 "기도회 환경구성의 실제"를 참조하기 바란다.

12 소리엘 5집, 『새벽이슬 같은』 6번 track. "그날." 본 찬양의 작곡가 고형원은 민족과 열방을 가슴에 품고 하늘의 마음으로 찬양을 작곡했다고 고백한다. 민족이 분단된 현실 가운데서 그 현실을 예레미야시대에 처한 이스라엘과 비교하면서 현재 한국의 상황을 찬양의 가사 속에서 여실히 드러내고 있다. 그러나 찬양의 후렴구를 지나면서 우리 민족을 향한 하나님의 음성과 우리가 서 있는 이 땅에 웃음소리가 가득하리라는 새로운 희망을 발견하게 된다. 이러한 배경에서 작곡된 곡인만큼 본 기도회에서 응답의 찬양으로 이 곡을 선정하였다. 우리의 기도제목을 찬양의 고백을 통해 다시 한 번 되새겨보고 응답하실 그 하나님께 감사함으로 나아가는 자리가 될 것이다.

13 본 찬양을 다함께 찬양할 때 북한의 실상을 담은 영상을 편집하여 보여주는 것도 좋을 듯하다. 실제 기도회에서는 영화 "크로싱"(2008, 김태균 감독)을 가사에 맞추어 편집하여 북한의 현 실상을 보며 하나님의 은혜를 구하는 응답의 찬양 시간을 가졌다.

기쁜 찬송 소리하늘에   웃음소리온—땅가득한—그날

10. 신앙고백 및 믿음의 확인 / 롬 8:31-32, 35-39(새번역) / 다같이(* 일어서서)

"하나님이 우리 편이시면, 누가 우리를 대적하겠습니까? 자기 아들을 아끼지 않으시고, 우리 모두를 위하여 내주신 분이, 어찌 그 아들과 함께 모든 것을 우리에게 선물로 거저 주지 않으시겠습니까?"

"누가 우리를 그리스도의 사랑에서 끊을 수 있겠습니까? 환난입니까, 곤고입니까, 박해입니까, 굶주림입니까, 헐벗음입니까, 위협입니까, 또는 칼입니까? 성경에 기록한 바, '우리는 종일 주님을 위하여 죽임을 당합니다. 우리는 도살당할 양과 같이 여김을 받았습니다' 한 것과 같습니다. 그러나 우리는 이 모든 일에서 우리를 사랑하여 주신 그분을 힘입어서, 이기고도 남습니다. 나는 확신합니다. 죽음도, 삶도, 천사들도, 권세자들도, 현재 일도, 장래 일도, 능력도, 높음도, 깊음도, 그밖에 어떤 피조물도, 우리를 우리 주 예수 그리스도 안에 있는 하나님의 사랑에서 끊을 수 없습니다."

11. 축도 / 집례자(* 일어서서)

"여호와는 네게 복을 주시고 너를 지키시기를 원하며

여호와는 그의 얼굴을 네게 비추사 은혜 베푸시기를 원하며

여호와는 그 얼굴을 네게로 향하여 드사 평강 주시기를 원하노라"(민 6:24-26a).

2장

치유를 위한 성찬성례전[1]
– 한국목회상담협회 학술대회 개회예배

I. 예배의 실제

A. 예배로 나아감

1. 전주 / 반주자

2. 예배로 부름 / 시 121:1-2, 117편; 요 4:24 / 집례자

우리의 도움은 하늘과 땅을 만드신 주님의 이름에 있도다.

너희 모든 나라들아 주님을 찬송하며, 너희 모든 백성들아 그를 칭송하여라.

우리에게 향하신 주님의 인자하심이 크고 주님의 진실하심은 영원하도다.

하나님은 영이시니 예배하는 자가 영과 진리로 예배할지니라.

3. 화답송 / 반주자

4. 기원 / 집례자

---

1   본 성찬성례전은 2014년 5월 24일에 장로회신학대학교 한경직기념예배당에서 개최된 한국목회상담협회 학술대회 개회
예배로 당시 장로회신학대학교 교수로 있던 김경진 목사의 기획과 집례로 진행되었다.

선하신 의도로 우리를 돌보시며

우리를 의로운 길로 인도하시는 하나님,

출애굽을 위하여 모세를 부르시고

가나안 땅을 얻게 하기 위하여 여호수아를 부르신 하나님,

주님께서는 오고 오는 세대 속에서 주님의 일꾼을 부르시며,

주님의 뜻을 이루시기 위하여 종들을 사용하십니다.

오늘 이곳에 모인 우리가 상담의 훈련을 통해

상처 받은 이들을 섬길 수 있게 하심을 감사드립니다.

첫 열매를 드리듯 우리의 마음을 들어 주님께 올리오니

이 예배를 통하여 주님의 이름이 높임을 받으시옵소서.

성령님의 임재와 인도하심을 간구하오며,

우리를 구원하신 예수 그리스도의 이름으로 기도드리옵나이다. 아멘.

5. 경배의 찬송 / 찬송가 15장 "하나님의 크신 사랑"(마지막절 전 간주) / 다같이

B. 고백과 찬양

6. 참회의 기도 / 집례자와 회중

집례자: 지나온 길을 돌이켜 살펴보고, 우리 모두 주님께로 돌아가자. 하늘에 계신 하나
님께 우리의 마음을 열고 손을 들어서 기도하자. "우리가 주님을 거슬러 죄를 지
었고, 주님께서는 우리를 용서하지 않으셨습니다"(애 3:40-42, 새번역).

회 중: 거룩하신 하나님! 하늘로부터 굽어 살펴 주십시오. 주님이 계시는 거룩하고 영
화로우신 곳에서 굽어보아 주십시오. 주님의 열성과 권능은 이제 어디에 있습니
까? 이제 나에게는 주님의 자비와 긍휼이 그쳤습니다(사 63:15). 주님께서 진노
하신 것은 우리가 오랫동안 죄를 지었기 때문입니다. 우리가 어찌 구원을 받겠
습니까? 우리는 모두 부정한 자와 같고 우리의 모든 의는 더러운 옷과 같습니다.
우리는 모두 나뭇잎처럼 시들었으니, 우리의 죄악이 바람처럼 우리를 휘몰아 갑

니다. 아무도 주님의 이름을 부르지 않습니다. 주님을 굳게 의지하려고 분발하는 사람도 없습니다. 그러기에 주님이 우리에게서 얼굴을 숨기셨으며, 우리의 죄악 탓으로 우리를 소멸시키셨습니다. 그러나 주님, 주님은 우리의 아버지이십니다. 우리는 진흙이요, 주님은 우리를 빚으신 토기장이 이십니다. 우리 모두가 주님이 손수 지으신 피조물입니다.

주님, 진노를 거두어 주십시오. 우리의 죄악을 영원히 기억하지 말아 주십시오. 주님, 보십시오. 우리는 다 주님의 백성입니다(사 64:5a-9, 새번역).

7. 침묵의 기도 / 다같이

8. 사죄의 확신 / 딤전 1:15; 벧전 2:24 / 집례자

주님의 자비는 영원토록 변함이 없으십니다. 십자가의 보혈로 단번에 영원히 우리를 구원하신 주님께서 오늘 우리에게 다시 사죄의 은총을 기억하게 하십니다. 복된 소식을 들으십시오.

"미쁘다 모든 사람이 받을 만한 이 말이여 그리스도 예수께서 죄인을 구원하시려고 세상에 임하셨도다 그가 친히 나무에 달려 그 몸으로 우리 죄를 담당하셨으니 이는 우리로 죄에 대하여 죽고 의에 대하여 살게 하려 하심이라."

하나님의 말씀을 의지하여, 주 예수 그리스도의 이름으로 여러분에게 선언합니다.

여러분은 주님의 은혜로 용서받았습니다.

9. 영광송 / 찬송가 6장 "목소리 높여서" / 다같이

10. 기도 / 고 ○○ 한국목회상담협회 부회장

C. 말씀의 선포

11. 말씀을 위한 찬송 / "말씀하소서 여호와여"(2회 반복) / 다같이

말씀하소서 여호와여 온 맘 다하여 듣겠 나 이 다 성령

하나님이여 평화 내려주소서 듣겠 나 이 다.

12. 성경봉독 / 맡은 이

13. 찬양 / "주님 나를 품어주시네"(Safe within your arms, MARK HAYES) / Solist 김 ○○

14. 설교 / 김 ○○ 한국목회상담협회 회장

15. 설교 후 기도 / 설교자

D. 치유의 예전

16. 치유를 위한 고백 / 다같이

제가 아플 때 하나님은 나의 약이 되십니다.

제가 도움이 필요할 때 하나님은 나의 힘이십니다.

제가 죽음의 두려움 가운데 있을 때 하나님은 바로 제 생명이 되십니다.

하나님은 제가 하늘을 향해 순례 길을 갈 때에 길이 되십니다.

모든 것이 어려울 때 하나님은 빛이십니다.

제가 새로워져야 할 필요가 있을 때에 하나님은 영적 양식이 되십니다.

(Ambrose of Milan, 340-397)

17. 치유를 위한 기도 / 시편 38편(새번역) / 다같이

주님, 주님의 분노로 나를 책망하지 마시고,

주님의 진노로 나를 벌하지 말아 주십시오.

주님의 화살이 나를 꿰뚫으며, 주님의 손이 나를 짓누릅니다.

주님께서 노하시므로, 나의 살에는 성한 곳이 없습니다.

내가 지은 죄 때문에, 나의 뼈에도 성한 데가 없습니다.

내 죄의 벌이 나를 짓누르니, 이 무거운 짐을 내가 더는 견딜 수 없습니다.

내 몸의 상처가 곪아터져 악취를 내니

이 모두가 나의 어리석음 때문입니다.

더 떨어질 데 없이 무너져 내린 이 몸,

온종일 슬픔에 잠겨 있습니다(1-6절).

오, 주님,

나의 모든 탄원, 주님께서 다 아십니다.

나의 모든 탄식, 주님 앞에 숨길 수 없습니다(9절).

주님, 내가 기다린 분은 오직 주님이십니다.

나의 주, 나의 하나님,

나에게 친히 대답하여 주실 분도 오직 주님이십니다(15절).

주님, 나를 버리지 말아 주십시오.

나의 하나님, 나를 멀리하지 말아 주십시오.

빨리 나를 구원하여 주십시오.

나를 구원하시는 주님!(21-22절)

18. 치유를 위한 찬송 / 찬송가 272장 "고통의 멍에 벗으려고" / 다같이

19. 치유의 말씀 / 시편 91편 / 집례자와 회중

집례자: 지존자의 은밀한 곳에 거주하며 전능자의 그늘 아래에 사는 자여,

나는 여호와를 향하여 말하기를

그는 나의 피난처요 나의 요새요 내가 의뢰하는 하나님이라 하리니

이는 그가 너를 새 사냥꾼의 올무에서와 심한 전염병에서 건지실 것임이로다

그가 너를 그의 깃으로 덮으시리니 네가 그의 날개 아래 피하리로다

그의 진실함은 방패와 손 방패가 되시나니

너는 밤에 찾아오는 공포와 낮에 날아드는 화살과

어두울 때 퍼지는 전염병과 밝을 때 닥쳐오는 재앙을 두려워하지 아니하리로라

천 명이 네 왼쪽에서, 만 명이 네 오른쪽에서 엎드러지나

이 재앙이 네게 가까이 하지 못하리로다(1-7절)

그가 너를 위하여 그의 천사들을 명령하사

네 모든 길에서 너를 지키게 하심이라

그들이 그들의 손으로 너를 붙들어

발이 돌에 부딪히지 아니하게 하리로다(11-12절)

하나님이 이르시되

그가 나를 사랑한즉 내가 그를 건지리라

그가 내 이름을 안즉 내가 그를 높이리라

그가 내게 간구하리니 내가 그에게 응답하리라

그들이 환난 당할 때에 내가 그와 함께하여 그를 건지고 영화롭게 하리라

내가 그를 장수하게 함으로 그를 만족하게 하며

나의 구원을 그에게 보이리라 하시도다(14-16절)

회 중: 아멘.

E. 주님의 식탁

20. 성찬초대 / 집례자

우리가 나누는 이 식탁은

주님께서 친히 우리를 위하여 세우신 식탁입니다.

우리의 몸을 다시 일으켜 세우고,

우리의 영혼을 소생시키는 생명의 식탁입니다.

엘리야가 로뎀나무 아래서 지쳐 있을 때에

천사를 통하여 먹이신 회복의 식탁이며,

베드로가 디베랴 바다에서 실패와 좌절 가운데 고기를 잡고 있을 때
주님께서 베풀어 주신 치유의 식탁입니다.
우리 주님은 오늘 이 식탁을 베푸시고,
우리에게 새 힘을 주시며,
다시 일어서라 말씀하십니다.
"나의 사랑 나의 어여쁜 자여, 일어나서 함께 가자"라고 말씀하십니다.
이 식탁에서 엠마오로 가던 제자들은
그들의 마음이 뜨거워졌으며,
이 식탁에서 베드로는
다시 "내 양을 먹이라"는 새로운 소명을 받았으며,
이 식탁에서 도마는 부활하신 주님을 향한 믿음을 얻었습니다.
주님께서 세우신 이 식탁으로
사랑하는 여러분을 초대합니다.

21. 신앙고백 / 사도신경 / 다같이
성찬으로 나아가는 자에게 필요한 것은 믿음입니다.
이제 사도신경의 모범을 따라 우리의 신앙을 고백하겠습니다.

"나는 전능하신 아버지 하나님, 천지의 창조주를 믿습니다.
나는 그의 유일하신 아들, 우리 주 예수 그리스도를 믿습니다.
그는 성령으로 잉태되어 동정녀 마리아에게서 나시고,
본디오 빌라도에게 고난을 받아 십자가에 못 박혀 죽으시고,
장사된 지 사흘 만에 죽은 자 가운데서 다시 살아나셨으며,
하늘에 오르시어 전능하신 아버지 하나님 우편에 앉아 계시다가,
거기로부터 살아있는 자와 죽은 자를 심판하러 오십니다.
나는 성령을 믿으며, 거룩한 공교회와 성도의 교제와
죄를 용서받는 것과 몸의 부활과 영생을 믿습니다. 아멘."

22. 성찬찬송 / "우리 삶을 받아 주소서" / 다같이

23. 제정의 말씀 / 집례자

내가 오늘 여러분에게 전하는 것은

교회를 통하여 주님으로부터 받은 것입니다.

우리 주 예수 그리스도께서 자신의 몸을 온전히 내어주시던 그밤에

주님께서는 떡을 드시고 축복의 기도를 드리신 다음

떼어 제자들에게 나누어 주시며 말씀하셨습니다.

"이것은 너희를 위하는 내 몸이다. 이것을 행하여 나를 기억하여라."

또한 이와 같이 잔을 드시고 축복의 기도를 드리신 다음

제자들에게 나누어 주시면서 말씀하셨습니다.

"이 잔은 내 피로 세운 새 언약이다. 너희가 마실 때마다 이것을 행하여 나를 기억

하여라."

그러므로 우리는 이 떡을 먹으며 이 잔을 마실 때마다 주님을 기억하며 주님의 죽

으심을 그의 오실 때까지 전합니다(고전 11:23-26).

24. 성령 임재를 위한 기도 / 집례자

은혜로우신 하나님!
주인의 상에서 떨어지는 부스러기를 바라는 마음으로
주님의 식탁으로 나아갑니다.
너희는 무엇을 먹을까 무엇을 마실까 염려하지 말라 말씀하시며
나는 생명의 떡이라 말씀하시고, 나를 먹으라 말씀하시는 주님!
이제 우리가 주님의 몸과 보혈을 받을 때에
성령께서 임재하여 주셔서
우리가 참 양식으로 배불리 먹고,
영의 생명수로 우리의 영적 메마름이 해갈되는 은총을
허락하여 주시옵소서.
예수님의 이름으로 기도합니다. 아멘.

25. 떡과 잔을 나눔 / 다같이

〈분병〉

우리가 나누는 이 떡은 생명을 주는 떡입니다. 주님께서 말씀하시길, "나는 생명의 떡이니 내게 오는 자는 결코 주리지 아니할 것이라"고 말씀하셨습니다. 또 말씀하시길, "나는 하늘에서 내려온 살아 있는 떡이니 사람이 이 떡을 먹으면 영생하리라 내가 줄 떡은 곧 세상의 생명을 위한 내 살이니라" 말씀하셨습니다.

그리스도께서 이렇게 자신의 몸을 생명의 떡으로 우리를 위해 주셨습니다.

〈분잔〉

우리가 나누는 이 잔은 그리스도의 피로 맺는 새로운 언약입니다. 주님께서 말씀하시길, "내가 진실로 진실로 너희에게 이르노니 인자의 살을 먹지 아니하고 인자의 피를 마시지 아니하면 너희 속에 생명이 없느니라 내 살을 먹고 내 피를 마시는 자는 영생을 가졌고 마지막 날에 내가 그를 다시 살리리니 내 살은 참된 양식이요 내 피는 참된 음료로다" 말씀하셨습니다.

그리스도께서 자신의 보혈을 우리를 위해 주셨습니다.

26. 성찬 후 기도 / 집례자

은혜로우신 하나님,

우리가 무엇이기에 이렇게 사랑하십니까?

이 세상 그 어떤 것이 감히 하나님을 담을 수 있겠습니까?

하늘의 하늘이라도 감히 담을 수 없건만

오늘 우리가 주님을 담았습니다.

이제 주님의 몸과 연합한 지체로, 주님의 몸으로

살게 하여 주시옵소서.

우리 주 예수 그리스도를 통하여 기도하옵나이다. 아멘.

F. 위탁과 파송

27. 찬송 / 찬송가 370장 "주 안에 있는 나에게" / 다같이

28. 위탁의 말씀 / 살전 5:23-24(새번역) / 맡은 이

"평화의 하나님께서 친히, 여러분을 완전히 거룩하게 해 주시고, 우리 주 예수 그리스도
께서 오실 때에 여러분의 영과 혼과 몸을 흠이 없이 완전하게 지켜 주시기를 빕니다. 여러
분을 부르시는 분은 신실하시니, 이 일을 또한 이루실 것입니다."

29. 축도 / 맡은 이

30. 축도송 / 반주자

31. 후주 / 반주자

32. 알리는 말씀 / 맡은 이

3장

한국교회의 신사참배 결의와
주기철 목사의 순교와 관련하여
하나님께 드리는 평양노회의 참회예배

I. 예배에 대한 역사적 이해

2006년 4월 17일 오후 7시 동화고등학교 대강당에서는 대한예수교장로회(통합) 평양노회 주관으로 아주 특별한 예배가 드려졌다. 예배의 명칭은 "한국교회의 신사참배 결의와 주기철 목사의 순교와 관련하여 하나님께 드리는 평양노회의 참회예배"로, 다소 길었지만 예배의 참여자들은 그것이 무엇을 의미하는지 잘 알고 있었다.

과거의 일제 강점기에 평양노회는 1938년 신사참배를 결의하였고 1939년에 주기철 목사의 목사직 파면을 결의하였지만, 해방이 된 이후 지금까지 이에 대한 평양노회의 공식적인 참회와 주기철 목사에 대한 복권은 없었다. 비록 이에 대한 개교회적인 또는 개인적인 참회와 예배는 몇몇 곳에서 드려졌지만, 그것은 공적이거나 역사적인 의미를 갖지 못하였다.

이번에 드린 평양노회의 참회예배는 그러한 면에서 매우 역사적인 예배였다. 비록 대한예수교장로회(합동) 등 다른 교파들과의 연합이 아쉬웠지만, 장로교회의 주류를 이루는 통합측의 평양노회가 드린 이번 참회예배는 교인들뿐만 아니라 세상의 일반인들에게까지도 큰 의미가 되어 사회적인 관심을 끌게 되었다.

본 예배의 순서는 역사적인 참회예배가 어떠해야 하는가를 잘 보여주는 매우 가치 있는 예배 순서라고 할 수 있다. 예배 순서는 처음부터 회개를 향한 초청으로 시작되고 있으며, 특별히 참회와 고백의 순서에서는 매우 자세하고 분명한 참회의 내용을 모두 포함하고 있어서 자칫 참회예배가 내용도 없이 용서만을 구하는 값싼 회개가 되지 않도록 노력하고 있는 모습이 역력하였다. 또한 용서와 화해의 순서에서는 하나님께 대한 회개를 넘어서 유족들과의 화해와 용서가 이루어질 수 있도록 순서가 진행되었다. 참회예배의 마지막에 들어 있는 세상으로 나아가는 다짐의 순서에서는 십계명을 각오와 다짐의 형태로 바꾸어 고백하도록 하였는데, 이는 칼뱅의 율법의 제3 사용에 대한 예배적 적용임과 동시에, 신사참배라는 우상에게 절하였던 과거의 잘못을 되풀이하지 않겠다는 구체적인 다짐이라는 점에서 매우 적절한 순서라고 여겨진다.

참회예배를 드린 장소인 동화고등학교 대강당의 양쪽에는 "우리가 회개하나이다"라는 문구와 함께 한쪽에는 2006년의 평양노회 소속교회의 이름들이 회개를 상징하는 회색바탕에 흰색글씨로 크게 새겨져 있었고, 또 한쪽에는 주기철 목사를 파면하였던 1939년 당시 평양노회 소속교회의 이름들이 새겨져 있었다. 또한 강단에는 주기철 목사의 초상과 참회예배의 명칭이 역시 회개를 상징하는 보라색으로 장식되어 있었다.

본 예배 순서는 역사적인 예배 순서라는 가치를 지님과 동시에 앞으로 드릴 유사한 참회예배의 모델이 된다는 점에서 큰 의미가 있다. 이 예배 순서는 순교자 기념주일이나 광복주일과 같은 예배일에 교회에서 교인들과 함께 드릴 수도 있는데, 이러한 경우에 예배의 참여자들은 교회의 역사적 책임감에 대해 매우 큰 의미를 발견할 수 있게 될 것이다.

II. 예배의 실제

집례: 손 ○○ 목사(평양노회 주기철 기념사업위원회 위원장)

A. 예배로 부름

1. 인사 / 집례자

2. 송영 / 찬양대

3. 초청 / 집례자와 회중

집례자: 너희는 금식하고 울며 애통하고 마음을 다하여 내게로 돌아오라.[1]

회　중: 하나님은 은혜로우시며 자비하사 노하기를 더디 하시며 사랑이 풍성하십니다.

집례자: 너희는 옷을 찢지 말고 마음을 찢고 너희 하나님 여호와께로 돌아올지어다.

회　중: 하나님은 은혜로우시며 자비하사 노하기를 더디 하시며 사랑이 풍성하십니다.

집례자: 너희는 여호와를 만날 만할 때에 찾으라. 가까이 계실 때에 그를 부르라.

　　　　 악인은 그 길을, 불의한 자는 그 생각을 버리고 여호와께로 돌아오라.[2]

회　중: 하나님은 은혜로우시며 자비하사 노하기를 더디 하시며 사랑이 풍성하십니다.

4. 독창 / 찬송가 527장 "어서 돌아오오"(1, 3절) / 김 ○○ 목사(은성교회)[3]

B. 예배로 나아감[4]

5. 말씀교독 / 시 51편 / 집례자와 회중

집례자: 하나님이여 주의 인자를 따라 내게 은혜를 베푸시며 주의 많은 긍휼을 따라 내
　　　　 죄악을 지워 주소서

회　중: 나의 죄악을 말갛게 씻기시며 나의 죄를 깨끗이 제하소서

집례자: 무릇 나는 내 죄과를 아오니 내 죄가 항상 내 앞에 있나이다

1　요엘 2:12-13.

2　이사야 55:6-7.

3　독창의 형식으로 된 예배로 부름이다. 죄인을 용서하시려 부르시는 따뜻한 하나님의 마음을 표현하고 있다.

4　예배로 부름이 성경말씀과 찬송을 통한 하나님의 부름을 표현하고 있다면 예배로 나아감은 말씀과 찬송을 통한 인간의 마음을 표현하고 있다. 예배로 부름과 예배로 나아감이 모두 찬송과 말씀으로 이루어져 있는 것이 특징이다.

회 중: 내가 주께만 범죄하여 주의 목전에 악을 행하였사오니

집례자: 주께서 말씀하실 때에 의로우시다 하고 주께서 심판하실 때에 순전하시다 하리이다

회 중: 내가 죄악 중에 출생하였음이여 어머니가 죄 중에서 나를 잉태하였나이다

집례자: 주께서는 중심이 진실함을 원하시오니 내게 지혜를 은밀히 가르치시리이다

회 중: 우슬초로 나를 정결케 하소서 내가 정하리이다 나의 죄를 씻어 주소서 내가 눈보다 희리이다

집례자: 내게 즐겁고 기쁜 소리를 들려 주시사 주께서 꺾으신 뼈들도 즐거워하게 하소서

회 중: 주의 얼굴을 내 죄에서 돌이키시고 내 모든 죄악을 지워 주소서

집례자: 하나님이여 내 속에 정한 마음을 창조하시고 내 안에 정직한 영을 새롭게 하소서

회 중: 나를 주 앞에서 쫓아내지 마시며 주의 성령을 내게서 거두지 마소서

집례자: 주의 구원의 즐거움을 내게 회복시켜 주시고 자원하는 심령을 주사 나를 붙드소서

회 중: 내가 범죄자에게 주의 도를 가르치리니 죄인들이 주께 돌아오리이다

집례자: 하나님이여 나의 구원의 하나님이여 피 흘린 죄에서 나를 건지소서 내 혀가 주의 의를 높이 노래하리이다

회 중: 하나님께서 구하시는 제사는 상한 심령이라 하나님이여 상하고 통회하는 마음을 주께서 멸시하지 아니하시리이다

6. 찬송 / 찬송가 254장 "내 주의 보혈은" / 다같이

C. 회개와 탄원

7. 참회와 고백 / 권 ○○ 목사(방주교회, 노회장)[5]

(한국교회의 신사참배 결의와 주기철 목사 순교와 관련하여 한국교회 앞에 발표하는 평양노회

의 참회고백서이다.)

우리는 1907년에 있었던 대한예수교장로회(독노회)의 창립과 그 해 평양의 모교회인 장대현교회에서 열렸던 죄의 고백 대부흥 성회 100주년이 되는 2007년을 기다리면서, 일제시대에 우리 노회가 행한 중대한 잘못을 고백함으로 이 시대에 하나님께서 우리 노회에 엄중히 요구하시는 참된 회개와 갱신을 성실히 수행하기로 지난 제163회 평양노회 정기노회(2005년 10월 방주교회)에서 결의하였습니다.

우리는 평양노회가 일본제국주의자들의 강압적 통치하에서 교회가 마땅히 지켜야 할 신앙양심을 지키지 못하고 신사참배에 가담한 것과, 신사참배에 반대하여 신앙을 고수하기 위해 일제에 항거했던 주기철 목사를 목사의 직에서 파면하고 산정현교회를 강제로 폐쇄하는 일을 자행했던 우리 노회의 죄악상을 애통하는 마음으로 참회하며 고백합니다.

우리 평양노회원들은 이 죄악들이 이미 지나간 어제의 문제가 아닌 우리가 살고 있는 오늘의 문제이며 우리의 죄악임을 통절히 시인합니다. 우리는 너무 오랜 세월 동안 이 죄악을 정직하게 시인하고 고백하기보다 덮어 놓고 외면하며 지내왔습니다.

지금 우리는 과거의 죄악을 우리 앞에 두고 큰 슬픔 속에서 이 참람한 죄악을 바라봅니다. 우리 노회는 일제의 압력에 굴복하여 진리를 외면하고 하나님의 교회를 욕되게 하였으며, 우리 중 어떤 이들은 일제가 하나님의 교회를 짓밟는 일에 적극적으로 협력하였습니다. 우리는 주기철 목사의 일사각오의 신앙이 우리 믿음의 뿌리임을 재확인함과 동시에, 주기철 목사를 목사직에서 파면할 것을 결의한 선배들의 그 잘못된 결의도 우리 자신의 것임을 가슴 아프게 고백합니다.

우리는 일제 치하에서의 신사참배와 관련하여 우리 평양노회에 구체적인 몇 가지의 죄가 있었음을 아래와 같이 인정하며 고백합니다.

첫째, 신·구교를 망라한 우리나라의 여러 교단이 신사참배를 공식적으로 허용하는 일이 진행되면서 1938년 9월 9일, 평양 서문밖교회에서 개회된 제27회 대한예수교장로회 총회는 동 9월 10일 일제의 강압에 굴복하여 신사참배를 가결하는 큰 죄악을 범하였습니다.

이때, 현 평양노회의 전신인 평양, 평서, 안주 3노회(1972년에 평양노회로 통합)는 신사참배 결의안 상정 및 결의를 주도하였습니다. 일제가 미리 계획한 각본대로 3노회의 연합대표인 평양노회장 박응률 목사는 신사참배 결의 및 성명서 발표를 위한 긴급제안을 하였고, 평서노회장 박임현 목사와 안주노회 총대 길인섭 목사는 동의와 재청을 하였습니다. 이는 우리 장로교가 신사참배를 결의함에 있어서 평양노회가 앞장선 증거입니다. 일제가 한국 교회와 장로교의 중심인 평양 지역의 노회들을 앞세워 한국교회가 완전히 신사참배하는 교회가 되었음을 선언한 이 악마적 계략에 동조하고 앞장섰던 우리 노회의 씻지 못할 죄 악을 우리 모두는 깊이 참회합니다.

둘째, 총회가 신사참배를 결의하였음에도 불구하고 주기철 목사는 평양노회에 속한 산 정현교회에서 순교를 각오로 설교를 계속하였습니다. 평양의 산정현교회와 주기철 목사 는 한국교회 신앙양심의 마지막 보루였습니다. 수차례에 걸친 투옥과 회유, 탄압 속에서 도 주기철 목사와 산정현교회가 굴복하지 않자 일제는 주기철 목사를 세 번째로 구속한 상태에서 평양노회를 협박하였습니다. 계속되는 위협과 회유를 견디지 못한 노회원들은 1939년 12월 19일에 평양경찰서의 강압으로 열린 임시노회에서 주기철 목사의 파면을 결 의하였습니다. 이제 우리는 신앙의 지도자요, 민족의 십자가를 진 하나님의 종 주기철 목 사에게 목사직 파면의 큰 고통을 안긴 엄청난 죄악을 통회자복하며 회개합니다.

셋째, 주기철 목사가 없는 상황에서도 산정현교회가 여전히 노회에서 파송하는 목사를 거부하는 일이 계속되자, 일제 경찰당국은 결국 산정현교회 예배당을 폐쇄하기 위해 다시 평양노회를 이용하였습니다. 제38회 정기노회(1940년 3월 19-22일 평양 연화동교회)에서 평양노회는 목사명부에서 주기철 목사의 이름이 삭제된 것을 확인하고 산정현교회에 관 한 전권을 부여하는 전권특별위원회를 구성하였습니다.

전권위원으로 선정된 사람은 장운경, 김선환, 심익현, 박응률, 차종식, 이용직, 김취성, 변경환 등이었습니다. 전권위원회는 3월 24일 부활주일에 드리는 산정현교회 예배에 신 사참배를 지지하는 목사를 강단에 세우려고 일본 경찰의 호위를 받으며 시도하였지만, 산 정현교회 교인들의 격렬한 저항으로 뜻을 이루지 못하자 마지막으로 예배당 폐쇄라는 수 단을 쓰게 되었습니다. 하나님의 교회를 보호해야 할 성 노회가 신앙을 지키려 울부짖는 성도들의 통곡으로 가득한 교회를 강압적으로 폐쇄한 이 추악한 전대미문의 역사적 범죄 행위를 우리 노회는 진심으로 회개합니다.

넷째, 예배당 폐쇄 2주 후, 일본 경찰은 노회전권위원들을 앞세워 주기철 목사의 노모를 포함한 가족을 교회 내에 있던 사택에서의 추방을 감행하였습니다. 이후 주기철 목사 가족은 해방될 때까지 5년 동안 열세 번이나 이사를 하며 핍박과 유랑생활을 해야만 했습니다. 또한 해방 이후, 마땅히 회개하여 유가족들에게 사과하고 그들을 돌보았어야 할 노회는 오히려 주기철 목사의 유가족들을 외면하고 박대하여 그들의 가슴에 깊은 상처를 남기고, 그들이 신앙의 갈등을 안고 방황하게 만들었습니다. 그 과정에서 오랜 세월 동안 주기철 목사의 자녀들은 생계의 고통을 겪고 고아원과 공장 등을 전전하며 정상적인 배움과 성장의 기회를 상실하게 되었습니다. 우리는 우리의 이 모든 비인간적인 처사에 대하여 하나님께 회개함과 동시에 우리의 악행으로 고통당한 순교자의 유가족 여러분께 머리 숙여 깊이 사과하며 진심으로 용서를 구합니다.

다섯째, 주기철 목사는 긴 옥중생활에서의 고문과 위협 속에서도 한국교회 신앙의 순수성을 끝까지 지키다 1944년 4월 21일 금요일 밤중에 영광스럽게 하나님의 부르심을 받았습니다. 그의 나이 만 47세였습니다. 주기철 목사의 죽음은 핍박을 견디지 못한 평양노회원들의 변절과 비신앙적인 비겁한 결의와 직접적인 관련이 있습니다. 주기철 목사는 일제뿐 아니라 당시의 노회와 교회로부터도 핍박과 외면을 받은 것입니다. 불행하게도 주기철 목사의 부인 오정모 사모님은 45세가 되는 1947년 1월 27일에 병환으로 별세하였고, 장남인 주영진 전도사는 대동군 긴재교회에서 목회하다가 1950년 공산군에 의해 죽임을 당하여 순교의 대를 이었습니다.

오늘, 우리는 60여 년 전에 우리 평양노회가 범한 이 모든 죄악을 숨김없이 고백합니다. 그 당시 대다수의 평양노회 교회지도자들이 신앙양심을 지키지 못하고 일제의 위협 앞에 굴복하고 침묵하였을 뿐 아니라 그 범죄에 동참하였음을 부끄러운 마음으로 고백합니다. 우리 노회는 그때 하나님이 주신 영광스러운 교회의 사명을 온전히 감당하지 못하였습니다. 이 뼈아픈 실패는 우리 노회 역사의 치명적 수치입니다. 우리는 우리의 이 수치스러운 죄악을 오고 가는 모든 세대 속에서 지속적으로 아파하고 기억하면서 역사의 경고와 교훈으로 길이 간직할 것을 다짐합니다. 우리 평양노회는 우리 노회의 불의와 죄를 참회하고 고백하면서 하나님께 용서를 구하고 우리의 참회와 고백을 듣는 모든 교회와 민족 앞에 슬픈 마음으로 용서를 간구합니다. 또한 우리의 부끄러운 모습으로 인하여 순교를 당하고 상처와 고통을 입은 주기철 목사와 그의 유가족, 후손 여러분과 평양 산정현교회 성도들에게도 다시 한 번 머리 숙여 우리의 참람한 잘못에 대하여 용서를 구합니다.

그러나 우리는 주기철 목사를 우리 노회의 선배 노회원으로 다시 회복하여 감히 모시게 된 것을 크나큰 영광과 말로 다 표현할 수 없는 은혜로 여겨 눈물로 하나님께 감사드립니다. 이제 우리 노회는 다시 주기철 목사의 순교정신을 이어받아 병든 한국교회를 치유하고 한국교회의 새로운 부흥과 세계교회의 발전을 위해 쓰이기를 간절히 원합니다. 자비로우신 주님께서 우리 지난날의 죄악을 용서하시고 새롭게 하여 주시기를 엎드려 간구합니다.

2006년 4월 17일

대한예수교장로회 평양노회 노회장 권영복 목사

평양노회 주기철 목사 복권 추진 및 참회고백 특별위원회 위원장 손달익 목사 외

제164회 평양노회 노회원 일동

8. 회중의 고백 / 박○○ 장로

인도자: 거룩하시고 자비로우신 하나님,

우리가 하나님과 교회 앞에서,

그리고 하늘과 땅에 있는 모든 성도 앞에서 고백합니다.

우리는 잘못을 저질렀고

하나님께 근심을 드렸으며

하나님만을 바라는 신실한 사람들에게 깊은 상처를 주었습니다.

회 중: 과거 우리가 저지른 모든 그릇된 판단과 결정에 대해

우리의 모든 옛 불신앙에 대해

우리의 위선과 교만과 무력함에 대해

그리고 우리가 올바른 신앙을 일깨우지 못한 것에 대해

주여, 우리가 회개합니다.

우리의 죄를 용서하여 주시옵소서.

우리의 기도를 들어주시옵소서.

인도자: 이제 다함께 초기 한국교회의 선배들이 우리에게 가르쳐 준 방법을 따라 통성으로 잠시 기도합니다. 우리 노회의 과거와 현재의 모든 죄악을 주님 앞에 고백합니다. 이제 통성으로 다 함께 기도하오니….

회　중: (통성으로 기도)[6]

인도자: 참으로 자비로우신 하나님,

우리의 죄를 용서하시기 위하여 귀한 외아들을 이 땅에 보내시고,

십자가에 달리게 하신 하나님!

이 시간 주님의 몸된 교회가 주님의 이름을 높이지 못하고

세상의 권력 앞에서 무기력하였던

우리의 죄악을 용서하여 주시옵소서.

신사참배를 통하여 우상에게 절하고

하나님의 이름을 욕되게 하였던 것을 용서하여 주시옵소서.

믿음을 따라 사는 신실한 사람들을 도리어 박해하고,

그들의 가족들을 돌보지 않았던 죄악을

용서하여 주시옵소서.

하나님의 귀하신 아들

예수 그리스도를 생각하셔서

우리에게 자비를 베풀어 주시옵소서.

오 하나님,

이제 우리에게 정한 마음을 창조해 주시옵소서.

이제는 참으로 진실한 주님의 종,

주님의 몸된 교회가 되게 하여 주시옵소서.

우리를 새롭게 하여 주시옵소서.

우리를 죄에서 구원하신 유일한 이름

예수 그리스도의 이름으로 기도하옵나이다. 아멘.

9. 기도송 / 찬양대

6　구체적인 고백서의 낭독이 있은 후 한국교회의 전통으로 자리잡은 통성기도를 통하여 개인적으로 하나님께 참회하는
　시간을 마련하였다.

D. 용서와 화해

10. 용서의 확신 / 시 32:3-5, 1-2 / 주승중 목사(주기철 목사 손자)[7]

"내가 입을 열지 아니할 때에 종일 신음하므로 내 뼈가 쇠하였도다 주의 손이 주야로 나를 누르시오니 내 진액이 빠져서 여름 가뭄에 마름같이 되었나이다 내가 이르기를 내 허물을 여호와께 자복하리라 하고 주께 내 죄를 아뢰고 내 죄악을 숨기지 아니하였더니 곧 주께서 내 죄악을 사하셨나이다 허물의 사함을 받고 자신의 죄가 가려진 자는 복이 있도다 여호와께 정죄를 당하지 아니하는 자는 복이 있도다"

11. 복적 선언 / 권 ○○ 목사(노회장)

12. 용서의 답사 / 주광조 장로(주기철 목사 유족대표)

13. 감사의 찬송 / 찬송가 283장 "나 속죄함을 받은 후" / 다같이

E. 말씀의 선포

14. 성경봉독 / 마 5:10-12 / 정 ○○ 목사(노회서기)

15. 찬양 / "서쪽 하늘 붉은 노을"[8] / 찬양대

16. 말씀선포 / "일사각오의 신앙을 따라"[9] / 증경총회장 이 ○○ 목사

---

7   유족이 하나님의 용서의 선언을 낭독함으로써 하나님과의 화해를 넘어 유족과의 화해가 표현되도록 하였다.

8   찬양대의 찬양은 주기철 목사가 생전에 작사한 곡으로 하였다. 찬송가의 가사 속에 순교자의 신앙과 각오가 잘 표현되어 있어서 뒤의 설교와 잘 조화를 이룬다.

9   참회예배에 있어서 회개가 있기 전의 설교는 회개를 촉구하는 내용을 담을 수 있지만, 회개 후의 설교는 새로운 다짐을 담을 필요가 있다. 본 설교는 주기철 목사가 생전에 행한 설교를 낭독함으로써 설교를 대신하고 있는데, 매우 간결하면서도 새로운 결의를 다지는 데 매우 유익하다.

금년으로 주기철 목사님께서 순교하신 지 벌써 62년이 되었습니다. 1938년에 우리 총회의 신사참배 결의와 주 목사님의 순교와 전후하여 보여준 한국교회의 변절된 태도는 우리 총회의 부끄러움이요 아픔이었습니다. 120년 한국교회 역사에서 가장 굴욕적인 사건이요 중대한 범죄였습니다. 그리고 그 후로 긴 시간 동안 그 동안의 잘못과 죄과에 대하여 정직한 반성과 회개가 없었고, 순교자의 가족들에 대한 공교회의 공식적 사과도 제대로 이루어지지 못하였습니다. 이런 모든 일에 대하여 한때 교단을 대표했던 한 사람으로서 심한 자책감과 부끄러움을 느끼면서 하나님께 죄스럽고 오늘 마주 대하는 주기철 목사님의 후손 여러분을 뵐 면목이 없습니다. 동시에 이런 과거사를 선배들이 책임 있게 정리하지 못하여 후배들에게 큰 짐으로 남겨 주어 당시의 역사와 큰 관련도 없는 후배들이 선배들의 죄책까지 짊어지고 회개하는 모습을 볼 때 후배들 앞에서 미안하고 송구한 마음을 금할 길이 없습니다.

　"교회는 순교자의 피의 터전 위에서 자란다"는 옛 교회의 격언이 있습니다만 오늘의 한국교회가 있기까지는 순교자들의 피 흘리는 희생과 기도가 있었습니다. 그리고 그 순교 역사의 정점에 주기철 목사님께서 위치하고 있습니다. 유명한 순교자 손양원 목사님께서 주목사님의 제자이셨던 것을 생각하면 주 목사님으로 말미암아 한국교회 순교 역사의 찬란한 역사가 꽃 피었다고 볼 수 있을 것입니다. 이런 주 목사님의 순교신앙을 대변하는 정신이 바로 일사각오의 신앙이었습니다. 원래 "일사각오"라는 설교는 1935년 평양신학교 학생들을 상대로 한 부흥회에서 하신 설교였습니다. 이 설교에서 우리는 목사님의 순교신앙의 뚜렷한 모습을 보게 됩니다. 실로 이런 믿음으로 살아가면서 양떼들을 사랑하고, 조국의 내일을 충심으로 염려하며, 오직 예수님을 위해 살다가 예수님을 위해 죽을 것을 소원하신 주 목사님의 순교신앙은 오늘을 사는 우리가 언제나 본받아야 할 영원한 목사의 사표가 아닐 수 없습니다. 오늘 같은 뜻 깊은 날 무슨 새로운 설교를 증거하기보다 저는 주목사님의 설교 한 편을 요약해서 소개하는 것으로 대신하는 것이 훨씬 의미 있다고 여겨 고인의 육성을 듣는 심정으로 목사님의 마지막 설교 "5종의 나의 기원"을 소개하려 합니다. 이 설교는 1939년 2월 5일 산정현교회에서 하신 설교인데, 실제적으로는 그의 마지막 설교가 되었습니다. 그 내용을 간추려 말씀드립니다.

1. 죽음의 권세를 이기게 하옵소서

나는 바야흐로 죽음에 직면하고 있습니다. 죽음에 직면한 나는 "사망의 권세를 이기게 하옵소서"라고 기도 아니할 수 없습니다. 무릇 생명 있는 만물이 다 죽음 앞에 탄식하며 떨고 슬퍼하고 있습니다. 죽기가 무서워서 의를 버리고 죽음을 모면하려고 믿음을 버린 사람이 얼마나 많습니까? … 오 주여! 이 목숨 아껴 주님께 욕되지 않게 하옵소서. 이 목숨 부서져 가루가 된다 하여도 주님의 계명을 지키게 하옵소서. … 나의 사랑하는 교우 여러분, 그리스도의 사람은 살아도 그리스도인답게 살고 죽어도 그리스도인답게 죽어야 합니다. … 이 주 목사가 죽는다고 슬퍼하지 마시오. 나는 내 주님밖에 다른 신 앞에서는 무릎을 꿇을 수가 없습니다. 나에게는 일사각오만 있을 뿐입니다. 소나무는 죽기 전에 찍어야 시푸르고, 백합화는 시들기 전에 떨어져야 향기롭습니다. 이 몸도 시들기 전에 주님 제단에 제물이 되어지이다.

2. 장기의 고난을 견디게 하여 주시옵소서

단번에 받는 고난은 이길 수 있으나 오래 끄는 장기간의 고난은 참기 어렵습니다. 나 같은 연약한 약졸이 어떻게 장기간의 고난을 견디어 내겠습니까? 다만 주님께 의지할 뿐입니다. 예수님께서도 "끝까지 견디는 자는 구원을 얻으리라"고 신신 부탁하셨습니다. 내 주 예수님도 날 위해 그 고난 참으셨는데 내 당하는 고난이야 그 무엇이겠습니까? 처음에는 우리가 십자가 지는 것 같지만 나중에는 주님의 십자가가 우리를 지고 가는 것입니다. 이제 받는 고난은 길어야 70년이요 장차 받을 영광은 천년만년 영원무궁합니다. 길이 참아 장기의 고난을 견디게 하여 주시옵소서.

3. 노모와 처자와 교우를 주님께 부탁합니다

나이 늙으신 어머님과 나의 병든 아내를 주님께 부탁하고 나의 어린 자식들과 나의 사랑하는 양떼를 자비하신 주님께 부탁합니다. 그리고 나는 마지막으로 이 산정현 강단을 떠나지 않을 수 없습니다. 주님을 따라 주님의 발자취를 따라가려 합니다. 나의 사랑하는 교우 여러분, 나는 내 어머니, 내 아내, 내 자식들을 여러분께 짐 되게 할 마음은 없습니다. 다만 무소불능하신 하나님께 부탁합니다. 사람이 제 몸의 고통은 견딜 수 있으나 부모와 처자를 생각하고 철석 같은 마음도 변절하는 경우가 많습니다. 어린 자식이 목메어 우는 소리에 순교의 길에서 돌아선 신자도 허다합니다. 인간의 얽히고 얽힌 인정의 줄이 나를 얽매이지 말라! 부모나 처자를 예수보다 더 사랑하는 자는 주님께 합당치 아니합니다.

4. 의에 살고 의에 죽게 하소서

못합니다. 못합니다. 그리스도의 신부는 다른 신에게 정절을 깨뜨리지 못합니다. 그리스도의 신부는 신사에 절하지 못합니다. 이 몸이 어려서부터 예수님 안에서 자랐고 예수님께 헌신하기로 열 번 백 번 맹세했습니다. 예수님의 이름으로 밥 얻어먹고 영광 받다가 하나님의 계명이 깨어지고 예수님의 이름이 땅에 떨어진 오늘 예의동방 내 예루살렘아! 대동강아! 천백 세에 흘러가며 나와 함께 울자! 드리리다. 드리리다. 이 목숨이나마 주님께 드리리다. 나의 사랑하는 교우 여러분! 의에 죽고 의에 살으사이다. 예수는 살아 계십니다. 예수로 죽고 예수로 살으사이다.

5. 내 영혼을 주님께 부탁합니다

오 주 예수님! 내 영혼을 주님께 부탁합니다. 십자가를 붙잡고 쓰러질 때 내 영혼 받으시옵고 옥중에서나 사형장에서 내 목숨 끊어질 때 내 영혼을 받으시옵소서. 아버지 집은 나의 집, 아버지의 나라는 나의 고향이로소이다. 더러운 땅을 밟던 내 발을 씻어서 나로 하여금 하늘나라 황금 길을 걷게 하시고, 죄악 세상에서 부대끼던 나를 깨끗게 하사 영광의 존전에 서게 하소서. 내 영혼을 주님께 부탁하나이다. 아멘.

주 목사님의 유언처럼 되어 버린 마지막 설교 내용을 간추려 보았습니다. 예수님을 닮은 듯하고 초대교회 첫 순교자 스데반을 닮은 듯 기품 있고 용기 있음이 만세에 스승이 아닐 수 없습니다. 이처럼 귀한 우리 교회의 스승을 우리가 박대하고 우리가 그 상처를 크게 했으니 우리 모두의 잘못과 죄가 크지 않을 수 없습니다.

그러나 우리는 회개하는 자에게 무한한 용서와 긍휼을 베푸시는 하나님의 사랑을 믿습니다. 오늘의 참회를 통하여 다시는 한국교회 역사에 이와 같은 변절과 수난의 역사가 없도록 우리 믿음을 새롭게 해야 하겠습니다.

신학자 폴 틸리케는 인간에게 진정 필요한 것은 용기라고 말한 바 있습니다. 때로는 어려운 환경에 대응하는 용기도 필요하고 불의한 세력에 저항하는 용기도 위대하지만 인간을 참으로 위대하게 만드는 용기는 "자기 실패를 인정하는 용기"라고 말하였습니다. 2차 세계대전 후 독일교회가 자신들의 죄악을 솔직하게 고백하여 자기 실패를 인정하는 용기를 통하여 스스로를 갱신시키고 독일교회 부활의 능력을 얻은 것처럼 오늘 과거 역사에서 자기 실패를 스스로 인정하여 하나님과 전국교회 앞에 용서를 구하는 평양노회의 진정한 용기에 격려를 보내드립니다. 또한 오랜 시간 동안의 고통과 역경에도 불구하고 용서와 관용의 손을 내밀어 회개하는 노회를 위로하고 격려하는 주기철 목사님의 후손 여러분의 장한 모습에 존경과 칭찬을 보내드립니다. 성부와 성자와 성령 삼위일체 하나님께서 우리 한국교회에 이번 일을 계기로 하여 자성과 회개의 물결이 일어나게 하시고 새로운 부흥의 기회를 주시기를 간절히 기원합니다.

다시 한 번 오늘 예수님께서 들려주신 본문 말씀을 읽어 봄으로 오늘 말씀을 마치겠습니다. "의를 위하여 박해를 받은 자는 복이 있나니 천국이 그들의 것임이라 나로 말미암아 너희를 욕하고 박해하고 거짓으로 너희를 거슬러 모든 악한 말을 할 때에는 너희에게 복이 있나니 기뻐하고 즐거워하라 하늘에서 너희의 상이 큼이라 너희 전에 있던 선지자들도 이같이 박해하였느니라."

17. 응답의 찬송 / 찬송가 341장 "십자가를 내가 지고" / 다같이

F. 교회와 세상을 위한 중보

18. 중보기도 / 맡은 이
    1) 한국교회의 갱신과 나라를 위하여 / 황○○ 목사(평북노회장)
    2) 순교자 유가족을 위하여 / 이○○ 목사(용천노회 부회장)
    3) 북한선교와 산정현교회 복구를 위하여 / 김○○ 목사(함해노회장)

G. 파송

19. 찬송 / 찬송가 459장 "누가 주를 따라" / 다같이

20. 세상으로 나아가는 다짐[10] / 다같이

집례자: 우리의 죄를 용서하시고 새로운 소명을 주시는 하나님께 감사하는 마음으로 다음과 같이 세상에서 살아갈 것을 다짐합니다.

회　중: 이제 하나님의 도우심 가운데 우리는 하나님 이외에 다른 신들을 우리에게 있게 하지 않겠습니다.

집례자: 우리를 위하여 새긴 우상을 만들거나 섬기지 않겠습니다.

회　중: 우리는 하나님의 이름을 망령되이 일컫지 않겠습니다.

집례자: 주님의 날을 기억하여 거룩히 지키겠습니다.

회　중: 부모를 공경하겠습니다.

집례자: 살인하지 않겠습니다.

회　중: 간음하지 않겠습니다.

집례자: 도둑질하지 않겠습니다.

회　중: 우리의 이웃에 대하여 거짓증거하지 않겠습니다.

집례자: 우리 이웃이 가진 것을 탐하지 않겠습니다.

다같이: 우리는 우리의 마음을 다하고 목숨을 다하고 뜻을 다하여 우리 주 하나님을 사랑하고 우리의 이웃을 우리의 몸과 같이 사랑하겠습니다.

21. 축도 / 김 ○○ 목사(전노회장, 구로동교회 원로목사)

10　이 순서는 십계명을 각오와 다짐의 형태로 바꾸어 고백하고 있는데, 이는 칼뱅의 율법의 제3 사용에 대한 예배적 적용임과 동시에, 신사참배라는 우상에게 절하였던 과거의 잘못을 되풀이하지 않겠다는 구체적인 다짐의 의미를 담고 있다.

4장

주기철 목사의 순교와 관련한
평양노회의 참회고백 1주년 기념예배

I. 예배 기획의도

본 기념예배는 주기철 목사의 순교와 관련한 평양노회의 참회고백이 있은 지 1주년을 맞이하면서 기획되어 실행된 예배이다. 하나님 앞에서의 죄의 고백과 참회는 일회적으로 온전히 이루어짐을 믿지만, 사람들의 잘못과 오류는 끊임없이 기억되어야 한다는 취지에서 마련된 기념예배이다. 본 예배에서 관심을 둔 부분은 1) 용서하여 주시는 하나님에 대한 찬양과 감사, 그리고 2) 주기철 목사에 대한 복권과 그의 순교정신의 계승 등에 대한 결단이다. 기념예배의 마지막에 성찬성례전을 마련하였는데, 요한복음 21장의 디베랴 바닷가에서의 베드로의 식탁을 모티브로 하여 베드로의 배반에도 불구하고 다시 세 번이나 베드로로 하여금 사랑을 고백하게 만드시는 예수님의 물음을 통해서 진정한 회복과 새로운 소명으로 나아가야 함을 표현하였다.

Ⅱ. 예배의 실제

일시: 2007년 5월 27일 19시 장소 : 서문교회 예배당
집례: 손○○ 목사(평양노회 주기철 기념사업위원회 위원장)

A. 말씀의 예전

1. 예배사 / 집례자
죄의 용서는 완전하지만 죄의 흔적은 남아 있습니다.
다시 용서받을 필요는 없지만
과거의 잘못과 주님의 용서를 다시 기억하는 것은 우리의 마땅한 일입니다.
한국교회가 신사참배를 결의하고 주기철 목사님을 파면하였던
부끄러운 과거를 참회한 지 1년을 맞이하면서
오늘 우리는 주님의 무한하신 사랑과 긍휼을 찬양하며 감사의 예배를 드립니다.
감사를 마음에 담아 다함께 자비하신 주님께로 나아갑시다.

2. 송영 / 찬양대

3. 예배말씀 / 벧전 2:9-10 / 집례자
"이제 너희는 택하신 족속이요 왕 같은 제사장들이요 거룩한 나라요 그의 소유가 된 백성이니 이는 너희를 어두운 데서 불러 내어 그의 기이한 빛에 들어가게 하신 이의 아름다운 덕을 선포하게 하려 하심이라 너희가 전에는 백성이 아니더니 이제는 하나님의 백성이요 전에는 긍휼을 얻지 못하였더니 이제는 긍휼을 얻은 자니라"

4. 기원 / 집례자

5. 찬송 / 찬송가 298장 "속죄하신 구세주를" / 다같이

6. 기도 / 방 ○○ 장로(주기철 기념사업위원회 회계)

7. 노회장 기념사 / 노 ○○ 목사(평양노회 부노회장)

주기철 목사의 순교와 관련한 평양노회의 참회고백 1주년 기념사

우리 평양노회는 2006년 4월 17일에 열린 제164회 정기노회에서 한국교회의 신사참배와 주기철 목사의 목사직 파면과 관련된 우리 노회의 모든 역사적 죄악을 참회하는 공적 결의를 하였고, 모든 노회원이 참여하는 참회고백 예배를 드렸습니다.

그때 우리는 참으로 조심스러웠습니다. 이렇게 한 번 행사하며 너무 쉽게 우리 스스로를 위로하고 우리의 죄에 대한 책임을 모면하려는 것은 아닌가 하는 두려움이 있었습니다. 그래서 우리 노회는 이 고백과 참회를 평양노회 공동체가 하나님을 만나는 신앙의 중심에 두기로 하였습니다. 우리가 모일 때마다 우리의 역사적 죄악을 계속적으로 기억하고 끊임없이 참회하기 위해 〈주기철 목사 기념사업회〉를 노회의 특별위원회로 설립한 것입니다. 이 위원회 설립의 기초와 그 목적은 우리 자신을 드러내는 어떤 미래적 사업에 있는 것이 아니라 우리의 잘못된 과거에 대한 참회에 있습니다.

이런 면에 있어서 우리는 사도 바울을 깊이 생각합니다. 바울은 예수 그리스도의 사람들을 핍박하는 일과 스데반의 죽음에 적극적으로 관여하였던 자신의 죄악을 끊임없이 기억하며, 그러함에도 불구하고 자신을 불러 복음의 사역자로 사용하시는 하나님의 긍휼하심에 감사함으로 주의 일을 감당하였습니다(딤전 1:12-13). 그는 자신이 죄인 중에서도 가장 큰 죄인임을 기회가 있을 때마다 고백하였습니다.

우리는 오늘 또다시 평양노회가 일제의 강압적 통치하에서 교회가 마땅히 지켜야 할 신앙양심을 지키지 못하고 신사참배에 가담한 것과, 신사참배에 반대하여 신앙을 고수하기 위해 일제에 항거했던 주기철 목사를 목사직에서 파면하고 산정현교회를 강제로 폐쇄하는 일을 자행했던 우리 노회의 죄악을 애통하는 마음으로 참회하며 고백합니다.

우리가 지금 다시 한 번 주기철 목사를 생각하며 우리의 참회고백을 되새김하는 이유는 주기철 목사의 신앙과 삶을 따르기 위함입니다. 우리 노회는 모일 때마다 주기철 목사의 고난과 죽음을 기억함으로 오늘 우리가 지은 죄를 밝혀내고, 그분의 삶을 부단히 공부하고 생각함으로 내일을 만나 살아갈 우리의 신앙과 헌신을 다짐할 것입니다.

　노회의 위임을 받아 이 소중한 참회 사업을 기도하며 이루어 가는 〈평양노회 주기철 목사 기념사업위원회〉의 수고와 열심에 감사를 드립니다.

주후 2007년 5월 27일

대한예수교장로회 평양노회 노회장

8. 찬송 / 찬송가 283장 "나 속죄함을 받은 후" / 다같이

9. 성경봉독 / 김 ○○ 목사(주기철 목사 기념사업위원회 서기)

10. 찬양 / 찬양대

11. 말씀 / 서 ○○ 목사(연세대학교 교수)

12. 찬송 / 찬송가 456장 "거친 세상에서 실패하거든" / 다같이

B. 성찬성례전

13. 초대의 말씀 / 집례자

　세상에 많은 식탁이 있지만, 이 자리의 식탁은 우리 주님께서 베풀어 주시는 매우 특별한 식탁입니다. 예수님을 배반한 베드로가 디베랴 바닷가에 있을 때에 우리 주님께서는 그 바닷가에서 생선을 구우시며 식탁을 마련하여 주셨습니다. 베드로에게 세 번 "네가 나를 사랑하느냐?" 물으심으로 세 번이나 부인했던 베드로를 용서하시고 그의 입술을 치유하여 주셨습니다. 또한 주님은 "내 양을 먹이라"고 말씀하심으로 베드로에게 새로운 사명을 부여해 주셨습니다.

　이렇듯 주님의 식탁은 주님과 교제하는 자리이며, 그곳에서 죄 사함을 받고 새로운 소명을 받는 자리입니다.

부끄러운 과거가 없는 사람이 없듯이 우리 평양노회도 부끄러운 과거의 실수와 허물을 가지고 있습니다. 그러나 오늘 우리는 주님의 식탁에서 다시 주님의 용서를 경험하고 새로운 소명을 받습니다. 바로 이 자리로 여러분을 초대합니다.

14. 신앙고백 / 사도신경 / 다같이

집례자: 성찬으로 나아오는 사람들에게 필요한 것은 주님을 향한 믿음입니다.
이제 다같이 사도신경으로 우리의 신앙을 고백합시다.

다같이: 나는 전능하신 아버지 하나님,
천지의 창조주를 믿습니다.
나는 그의 유일하신 아들, 우리 주 예수 그리스도를 믿습니다.
그는 성령으로 잉태되어 동정녀 마리아에게서 나시고,
본디오 빌라도에게 고난을 받아 십자가에 못 박혀 죽으시고,
장사된 지 사흘 만에 죽은 자 가운데서 다시 살아나셨으며,
하늘에 오르시어 전능하신 아버지 하나님 우편에 앉아 계시다가,
거기로부터 살아있는 자와 죽은 자를 심판하러 오십니다.
나는 성령을 믿으며,
거룩한 공교회와 성도의 교제와
죄를 용서받는 것과 몸의 부활과
영생을 믿습니다. 아멘.

15. 제정의 말씀(성경봉독) / 고전 11:23-26 / 집례자

"내가 너희에게 전한 것은 주께 받은 것이니 곧 주 예수께서 잡히시던 밤에 떡을 가지사 축사하시고 떼어 이르시되 이것은 너희를 위하는 내 몸이니 이것을 행하여 나를 기념하라 하시고 식후에 또한 그와 같이 잔을 가지시고 이르시되 이 잔은 내 피로 세운 새 언약이니 이것을 행하여 마실 때마다 나를 기념하라 하셨으니 너희가 이 떡을 먹으며 이 잔을 마실 때마다 주의 죽으심을 오실 때까지 전하는 것이니라"

16. 성찬기도 / 집례자

은혜로우신 하나님,

이제 감히 주님께서 마련하신 주님의 식탁에 앉습니다.

우리의 마음을 깨끗하게 하시고

우리의 죄를 사하여 주시며

우리의 눈을 열어 주셔서

살아 계신 주님을 뵈옵는 귀한 은총을 허락하여 주시옵소서.

성령의 능력을 통하여 우리가 주님의 떡과 잔을 받을 때에

거룩한 변화가 우리 가운데 있게 하여 주시고 새로운 소명을 받아들이게 하옵소서.

그리스도이신 예수님의 이름으로 기도합니다. 아멘.

17. 분병과 분잔 / 집례자

(이때 분병위원과 분잔위원은 성찬대 앞에 서고, 집례자로부터 성찬기를 받아 든다. 집례자는 다음과 같이 선언한다.)

(떡을 떼어 들면서)

집례자: 우리가 나누는 떡은 그리스도 몸과의 교제입니다. 그리스도께서 자신의 몸을 우리를 위해 주셨습니다. 이 떡은 주님의 용서와 치유입니다.

(잔을 들고서)

집례자: 우리가 나누는 이 잔은 그리스도의 피로 맺는 새로운 언약입니다. 그리스도께서 자신의 피를 우리를 위해 주셨습니다. 이 잔은 주님께서 우리에게 주시는 새로운 소명입니다.

이제 감사한 마음으로 주님의 몸과 보혈을 받겠습니다.

(이때 성찬위원들은 회중석으로 나아가 떡과 잔을 나누어 준다. 먼저 분병위원이 앞서고, 뒤를 따라 분잔위원이 잔을 나누어 준다.)

18. 찬양 / "비아돌로사" / 김 ○○ 성도

19. 성찬 후 기도 / 집례자와 회중

집례자: 하나님께서는 우리의 허물과 죄를 용서하셨으며 주님의 성찬을 통하여 새로운 사명을 주셨습니다. 비록 우리는 허물과 죄로 죽었던 사람들이지만 그리스도의 피로 거룩하여졌습니다. 이제 우리는 새로운 차원의 삶으로 나아가야 합니다. 주님 앞에서 우리의 다짐을 새롭게 하십시다.

(회중이 모두 일어선다.)

집례자: 거룩하신 하나님, 주님을 따르는 우리의 삶이 언제나 올바르게 하여 주시옵소서. 우리가 살아오는 동안 쉬운 일도 있었고 어려운 일도 있었습니다. 칭찬받는 일도 있었고 우리를 힘들게 한 일도 있었습니다. 때로는 우리의 사욕을 채우면서도 주님을 기쁘시게 할 수 있었지만, 때로는 우리를 부인하지 않으면 절대 주님을 기쁘시게 할 수 없는 일도 있었습니다. 이 모든 삶의 여정 속에서 오직 주님만 바라볼 수 있게 하옵시고, 하나님께서 허락하신 약속을 삶의 중심에 놓을 수 있도록 인도하옵소서. 하나님의 영광 속에 드러나는 신실하신 약속을 우리가 믿고 의지하오며, 우리의 전 인격과 삶을 하나님께 드립니다.

회　중: 저는 이 시간 저 자신을 온전히 하나님께 드립니다. 주님께서 계획하신 그 자리에 저를 있게 하옵소서. 주님을 위해서라면 고통도 감수하게 하옵시고, 저를 통해 하시기를 원하는 모든 일을 감당할 수 있도록 하옵소서. 혹 해야 할 일이 너무 많거나 다른 사람을 쓰시려 할 때에는 물러설 줄 아는 겸손함을 허락하옵소서. 그러나 진리를 위해서라면 물러서거나 주저앉지 않게 하시고 당당하게 나아갈 수 있는 용기를 허락하옵소서. 저의 삶은 삼위일체 되시는 거룩하신 하나님의 것입니다. 영원히 주님의 품안에 거하게 하실 것과 주님의 도구로 사용해 주실 것을 믿습니다. 아멘.

20. 송영 / 찬양대

C. 파송

21. 인사의 말씀 / 유족대표

22. 장학금 전달 / 손 ○○ 목사 (위원회 위원장)

23. 알리는 말씀 / 집례자

24. 파송의 찬송 / 찬송가 461장 "십자가를 질 수 있나" / 다같이

25. 파송의 말씀 / 살전 5:23-24 (새번역) / 집례자

"평화의 하나님께서 친히, 여러분을 완전히 거룩하게 해 주시고, 우리 주 예수 그리스도께서 오실 때에 여러분의 영과 혼과 몸을 흠이 없이 완전하게 지켜 주시기를 빕니다. 여러분을 부르시는 분은 신실하시니, 이 일을 또한 이루실 것입니다."

26. 축도 / 맡은 이

27. 송영 / 찬양대

5장

손양원 목사를 기억하며 드리는
순교자 기념주일예배

I. 예배를 위한 안내

서구의 교회가 지키는 절기 중에 만성절(All Saint's Day)이라는 절기가 있다. 우주적이고 초시간적인 의미를 담고 있는 이 절기는 하늘의 성도들과 이 땅의 성도들이 살아 계신 하나님께 함께 예배하는 뜻 깊은 날이다. 그러나 이 절기는 중세시대 이래로 심각한 오해와 더불어 변질을 경험하였다. 마치 하늘의 성인(Saint)들이 이 땅에 내려와 하나님께 우리를 위해 대신 중보를 해 주는 것으로 오해하는 일들이 일어난 것이다. 이것을 우려한 종교개혁자 마르틴 루터(Luther)는 만성절 하루 전날인 10월 31일에 비텐베르크 성당의 벽에 이러한 심각한 변질 등에 대하여 항의하는 95개 조항을 게시하기도 하였다.

그러한 이유로 개신교회에서는 이 만성절을 대부분 지키지 않았다. 그러나 최근에 이르러 만성절이 가지고 있는 중요한 신학적 초점에 대한 새로운 평가가 일어나기 시작하였다. 앞에서 말하였듯이 우주적이고 통합적인 하늘과 땅의 예배로서의 새로운 해석과 평가가 이루어지 시작한 것이다. 마침내 현재 미국의 감리교회와 장로교회를 비롯한 여러 교회와 교단들이 만성절을 지키고 있다.

하지만 한국교회에서는 이러한 만성절을 지키는 것이 부자연스럽고 어색할 수 있을 것

---

1   본 예배는 정장복 외 저, 『2011년도 교회력에 따른 예배와 설교 핸드북』 (서울: 예배와 설교 아카데미, 2010), 111-122쪽에 수록되었다.

같다. 이런 문제를 해결하면서, 한국의 성도들이 편한 마음으로 접근할 수 있는 것이 아마도 순교자 기념주일일 것이다. 순교자들을 기념하면서 죽은 이들과 산 이가 함께 예배하는 우주적이고 통합적인 의미를 찾을 수 있을 것이기 때문이다.

본 예배 순서는 이러한 배경에서 준비된 예배이다. 마침 2010년 6월 21일에 여수은파교회에서 손양원 목사 순교 60주년 기념예배가 대한예수교장로회 총회(통합) 역사위원회 주관으로 거행되었는데, 한국의 모든 교회가 함께 참여하고 순교의 의미와 더불어 앞서간 사람들과 뒤따르는 사람들이 함께 모여 예배를 드리는 의미를 담은 순교자 기념주일예배를 기획하게 되었다. 순교자 기념주일 또는 순교와 관련한 의미 있는 주일에 교회에서 사용하면 매우 뜻 깊은 예배가 될 것이다.

II. 예배의 실제

A. 예배로 나아감

1. 예배로 부름 / 시 31:23-24; 요 16:33b / 집례자
"너희 모든 성도들아 여호와를 사랑하라 여호와께서 진실한 자를 보호하시고 교만하게 행하는 자에게 엄중히 갚으시느니라 여호와를 바라는 너희들아 강하고 담대하라 세상에서는 너희가 환란을 당하나 담대하라 내가 세상을 이기었노라"

2. 기원 / 집례자
영원하신 하나님, 하나님께서는 오고 오는 모든 성도의 삶을 감찰하시며, 하나님의 이름을 부르는 사람들과 하나님을 사랑하는 사람들을 귀하게 여기십니다.

천군과 천사들, 그리고 허다한 증인들이 선 자리에서 하나님은 주님의 이름을 위하여 자신의 생명을 내어놓은 사람들에게 생명의 면류관을 내려주십니다.

스데반이 생명을 내어놓던 바로 그날에 몸소 하늘의 보좌에서 일어서셔서 그의 순교를 지켜보신 주님, 사랑이 없고 증오와 복수의 정신이 만연하던 이 땅에 하나님의 이름을 위하여 사랑을 실천하고 자신의 생명을 내어놓은 고 손양원 목사를 우리에게 주셨음을 감사합니다. 그의 탄생 60주년을 기념하며 성도들이 함께 드리는 이 예배 가운데 주님께서 임재하시고, 하늘의 문을 여시어 하늘의 성도들과 함께 기쁨으로 드리는 예배가 되게 하여 주시옵소서. 우리 주 예수 그리스도의 이름으로 기도하옵나이다. 아멘.

3. 죄의 고백 / 집례자와 회중

집례자: 그러므로 이렇게 구름 떼와 같이 수많은 증인이 우리를 둘러싸고 있으니, 우리도 갖가지 무거운 짐과 얽매는 죄를 벗어버리고, 우리 앞에 놓인 달음질을 참으면서 달려갑시다. 믿음의 창시자요 완성자이신 예수님을 바라봅시다. 그는 자기 앞에 놓여 있는 기쁨을 내다보고서, 부끄러움을 마음에 두지 않으시고, 십자가를 참으셨습니다. 그리하여 그는 하나님의 보좌 오른쪽에 앉으셨습니다. 자기에 대한 죄인들의 이러한 반항을 참아내신 분을 생각하십시오. 그리하면 여러분은 낙심하여 지치는 일이 없을 것입니다. 여러분은 죄와 맞서서 싸우지만, 아직 피를 흘리기까지 대항한 일은 없습니다(히 12:1-4, 새번역).

회 중: 내가 죄인 중에 괴수입니다(딤전 1:15 참조).

집례자: 우리 하나님은 오실 때에, 조용조용 오시지 않고, 삼키는 불길을 앞세우시고, 사방에서 무서운 돌풍을 일으키시면서 오십니다. 당신의 백성을 판단하시려고, 위의 하늘과 아래의 땅을 증인으로 부르십니다(시 50:3-4, 새번역).

회 중: 주께서 죄악을 지켜보실진대 주여 누가 서리이까?(시 130:3)

집례자: 그러나 이 말씀은 모든 사람이 받을 만한 복된 말씀입니다.

회 중: 그리스도 예수님께서 죄인을 구원하시려고 세상에 오셨습니다.

집례자: 다함께 우리의 죄를 고백합시다. 우리를 둘러싼 허다한 증인들과 하나님 앞에서 우리가 얼마나 올바른 길을 달음질하며 참되게 살아왔는지를 생각하며 회개합시다.

회 중: (침묵 또는 통성으로 기도)

집례자: 위의 하늘과 아래의 땅을 증인으로 삼으신 하나님 앞에서 우리가 얼마나 십자가 너머의 더 큰 기쁨을 바라보며 죄인들의 반항을 참아내었는지를 생각하며 회개합시다.

회 중: (침묵 또는 통성으로 기도)

집례자: 다 함께 기도합시다.

다함께: 거룩하시고 자비로우신 하나님,

우리가 하나님과 교회 앞에서,

그리고 하늘과 땅에 있는 모든 성도 앞에서 고백합니다.

우리는 잘못을 저질렀고

하나님께 근심을 드렸으며

하나님만을 바라는 신실한 사람들에게 깊은 상처를 주었습니다.

과거 우리가 저지른 모든 그릇된 생각과 행동에 대해

우리의 모든 옛 불신앙에 대해

우리의 위선과 교만과 무력함에 대해

그리고 우리가 올바른 신앙을 일깨우지 못한 것에 대해

주여, 우리가 슬퍼하며 회개합니다.

우리의 죄를 용서하여 주시옵소서.

우리의 기도를 들어 주시옵소서.

4. 사죄의 확인 / 집례자와 회중

집례자: 복음을 믿으라

너희가 전에는 백성이 아니더니 이제는 하나님의 백성이요

전에는 긍휼을 얻지 못하였더니 이제는 긍휼을 얻은 자니라

그리스도 안에서 너희는 죄 사함을 받았으니

이는 너희를 어두운 데서 불러 내어

그의 기이한 빛에 들어가게 하신 자의

아름다운 덕을 선포하게 하려 하심이라 (벧전 2:9-10)

회 중: 아멘.

5. 찬송 / 찬송가 20장 "큰 영광 중에 계신 주" / 다같이

6. 기도 / 맡은 이

B. 말씀의 예전

7. 성령의 조명을 구하는 찬송 / 찬송가 637장 "주님 우리의 마음을 여시어" / 다같이

8. 성경봉독 / 맡은 이

9. 찬양 / 찬양대

10. 말씀의 선포 / 설교자

C. 고 손양원 목사를 기억함

11. 주님의 기도 / 요 17장(새번역) / 맡은 이[2]

나는 이제 더 이상 세상에 있지 않으나, 그들은 세상에 있습니다. 나는 아버지께로 갑니다. 거룩하신 아버지, 아버지께서 내게 주신 아버지의 이름으로 그들을 지켜 주셔서, 우리가 하나인 것 같이, 그들도 하나가 되게 하여 주십시오(11절). 나는 그들에게 아버지의 말씀을 주었는데, 세상은 그들을 미워하였습니다. 그것은 내가 세상에 속하여 있지 않은 것과 같이, 그들도 세상에 속하여 있지 않기 때문입니다. 내가 아버지께 비는 것은 그들을 세상에서 데려 가시는 것이 아니라, 악한 자에게서 그들을 지켜 주시는 것입니다(14-15절). 아버지께서 나를 세상에 보내신 것과 같이, 나도 그들을 세상으로 보냈습니다(18절).

아버지, 아버지께서 내 안에 계시고, 내가 아버지 안에 있는 것과 같이, 그들도 하나가 되어서 우리 안에 있게 하여 주십시오. 그래서 아버지께서 나를 보내셨다는 것을, 세상이 믿게 하여 주십시오. 나는 아버지께서 내게 주신 영광을 그들에게 주었습니다. 그것은 우리가 하나인 것과 같이, 그들도 하나가 되게 하려는 것입니다. 내가 그들 안에 있고, 아버지

---

2 이 부분은 고 손양원 목사의 삶에 대한 서막과 같은 느낌을 주도록 조금 웅장한 목소리로 낭독하도록 하는 것이 좋겠다. 새번역을 사용한 것은 보다 뜻이 분명하게 전달될 수 있고, 일상적인 언어로 되어 있어 현대의 기도문으로 느껴질 수 있기 때문이다.

께서 내 안에 계신 것은 그들이 완전히 하나가 되게 하려는 것입니다. 그것은 또 아버지께서 나를 보내셨다는 것과, 아버지께서 나를 사랑하신 것과 같이 그들도 사랑하셨다는 것을 세상이 알게 하려는 것입니다(21-23절).

12. 고 손양원 목사의 삶 / 맡은 이

〈오직 예수 신앙을 삶으로〉

인도자: 1902년 6월 2일에 태어나 1950년 9월 28일에 숨을 거두기까지 손양원 목사의 삶은 오직 예수 중심의 삶이었습니다.

낭독자: 술 중독자는 술로 살다가 죽고

아편 중독자는 아편으로 살다가 죽게 되나니

회 중: 나는 예수의 중독자가 되어야겠다.

낭독자: 나의 전 생활과 생명을 주님을 위해 살면 주 같이 부활된다.

주의 종이니 주만 위해 일하는 자가 되고 내 일되게 말자.

회 중: 나는 예수로 살다가 예수로 죽자.

〈감사의 신앙을 삶으로〉

인도자: 1948년 10월 동인, 동신 두 아들을 잃었을 때 손양원 목사는 그 가운데서도 은혜로운 감사의 조건을 말하였으니 손양원 목사의 삶은 참 감사의 삶이었습니다.

낭독자: 하나, 나 같은 혈통에서 순교의 자식이 나게 하셨으니 하나님께 감사합니다.

회 중: 아멘.

낭독자: 둘, 허다한 성도 중에 어찌 이런 보배를 주께서 하필 내게 맡겨 주셨는지 감사합니다.

회 중: 아멘.

낭독자: 셋, 삼남 삼녀 중에서도 가장 아름다운 두 아들 장자, 차자를 바치게 된 나의 축복을 감사합니다.

회 중: 아멘.

낭독자: 넷, 한 아들의 순교도 귀하다 하거든 하물며 두 아들의 순교리요. 감사합니다.

회 중: 아멘.

낭독자: 다섯, 예수 믿다가 와석종신하는 것도 복이라 하거든 하물며 전도하다 총살 순
교 감사합니다.

회 중: 아멘.

낭독자: 여섯, 미국 가려고 준비하던 내 아들 미국보다 더 좋은 천국 갔으니 내 마음 안
심되어 감사합니다.

회 중: 아멘.

낭독자: 일곱, 나의 사랑하는 두 아들을 총살한 원수를 회개시켜 내 아들 삼고자 하는 사
랑하는 마음 주신 하나님께 감사합니다.

회 중: 아멘.

낭독자: 여덟, 내 두 아들의 순교의 열매로 무수한 천국의 아들들이 생길 것이 믿어지니
우리 하나님께 감사합니다.

회 중: 아멘.

낭독자: 아홉, 이 같은 역경 속에서 이상 여덟 가지 진리와 신애를 찾는 기쁜 마음, 여유
있는 믿음 주신 우리 주 예수 그리스도께 감사 감사 감사합니다.

회 중: 아멘.

〈종말론적 신앙을 삶으로〉

인도자: 손양원 목사는 암울한 현실 속에서도 "성경대로 살자"라는 평소의 신조대로 기
독교 신자로서 주님 재림을 부끄럽지 않게 맞이하도록 신앙의 절개를 지키면서
소시민으로서 평범한 일상에 충실한 종말론적 삶을 살았습니다.

낭독자: 오늘이 내 날이다.

인생은 과거 잘한 것에 교만해지기 쉽고

실패에 낙심키 쉬우며

미래로 미루다 일평생 속아 산다.

오늘만이 내 날이요

주님 만날 준비 생활도 오늘뿐이다.

어디서 무엇 가지고 무엇 하다가

주님 만날 것인가?

범죄치 말라.

기도, 성경읽기 등한히 하고 책임을 게을리하다가

주를 만날까 두렵다.

오늘에 만족하게 살고 준비하라.

어둔 밤 되기 전에 준비하라.

13. 봉헌 / "주님 고대가" / 찬양대 또는 맡은 이

14. 감사의 기도 / 맡은 이

영원하시고 거룩하신 하나님,

주님께서는 주님의 뜻을 이루시기 위하여 모세를 부르시고 또한 여호수아를 부르셨습니다. 엘리야를 부르시고 또한 엘리사를 부르신 하나님, 주님께서는 오고 오는 모든 세대 속에서 여전히 주님의 일꾼을 부르시며 그들을 통하여 주님의 뜻을 성취하십니다.

주님의 뜻을 이루기 위하여 자신의 삶을 온전히 바친 후에 주님의 품에서 쉼을 얻고 있는 우리의 수많은 신앙의 선배들을 기억하며 주님께 감사를 드립니다. 그들이 많은 박해와 어려움 속에서도 믿음을 지키고 주님의 사랑을 세상에 드러내며 참 소망을 증거하게 하신 것을 감사합니다.

손양원 목사의 사랑과 용서와 화해의 삶을 통해 부족한 우리의 삶을 다시 돌아보게 하신 주님,

이제 손양원 목사와 주님을 따른 수많은 순교자들은 우리와 함께 있지 않으나, 그가 주님의 길을 따라간 흔적을 이 땅에 남게 하셨으니 이 길을 믿음의 후손들이 함께 따르게 하시고, 함께 걷게 하여 주시옵소서. 우리도 주님의 군사로서 부끄럽지 않게 주님을 따를 수 있도록 성령을 허락하시고 우리를 보전하여 주시옵소서.

우리 주 예수 그리스도의 이름으로 기도하옵나이다. 아멘.

15. 찬송 / 찬송가 541장 "꽃이 피는 봄날에만", 손양원 작사 / 다같이 (또는 특송으로)

16. 교회를 위한 기도 / 맡은 이

하늘에 계신 아버지, 전능하신 하나님이시여! 하나님께서는 당신의 사랑하는 아들 우리 주 예수 그리스도의 이름으로 구하는 우리의 요청과 기도에 응답해 주실 것을 약속하셨습니다. 그러므로 이 귀한 주님의 약속을 신뢰하며, 우리의 은혜로우신 하나님 아버지께 우리의 유일하신 구원자요 중보자이신 예수 그리스도의 이름으로 구하옵니다.

비옵나니, 주님께서 친히 안수하여 세우시고, 복음의 사역과 영혼의 돌봄을 맡기신 목회자들을 축복하옵소서. 그들을 성령으로 인도하사 주님의 나라의 충성되고 고귀한 종이 되게 하시고, 불쌍하고 방황하며 길을 잃은 양들을 모아, 참 목자장이신 예수님께로 인도하는 충성된 종이 되게 하옵소서.

주님의 교회가 날마다 모든 의와 거룩함 속에서 부흥하고 성장하게 하옵소서. 울부짖는 이리 떼와 같이, 자기들의 인간적인 야망과 이익을 앞세우고 주님의 거룩한 이름을 높여 찬양할 줄도 모르며 주님의 백성들을 구원할 줄도 모르는 악한 세력들로부터 모든 교회를 구원해 주소서.

은혜로우시며 자비하신 하나님! 이 세상에 사는 모든 이를 위하여 기도합니다. 주님을 아직 모르고 방황하며, 무지에 갇혀서 어둠 속에 살고 있는 자들이 성령의 조명과 복음의 설교를 통하여 구원의 길로 돌아오게 하옵소서.

마지막으로 아버지께 구합니다. 우리를 주님의 권능으로 붙잡아 주셔서 우리가 우리의 육체의 연약함으로 인해 실족하지 않도록 도와주시옵소서. 우리 자신은 너무나도 연약해서 잠시라도 똑바로 설 수 없는 존재이오며, 우리 주위를 에워싸고 있는 수많은 원수는 끊임없이 우리를 괴롭히고 있나이다. 비옵나니, 성령으로 우리를 강건하게 하사, 주님의 은총으로 우리를 무장시켜 주셔서 모든 유혹을 물리칠 수 있게 하시며, 손양원 목사와 같은 수많은 우리의 영적인 선배들과 같이, 이 영적인 전쟁에서 끝까지 살아남아서 우리의 대제사장이신 예수 그리스도, 우리 주와 함께 하나님의 나라에서 개선의 노래를 부를 수 있도록 인도하여 주시옵소서.

구원을 위하여 우리에게 주신 유일하신 이름, 예수 그리스도의 이름으로 기도하옵나이다. 아멘.[3]

---

3 이 부분은 칼뱅의 목회기도 중에서 교회와 관련된 내용을 요약하여 만들었으며, 손양원 목사의 이름을 기도의 내용 중에 포함하였다.

D. 파송

17. 찬송 / "주님이 홀로 가신 그 길"[4] / 다같이

주님이 홀로 가신 그 길 나도 따라가오

모든 물과 피를 흘리신 그 길을 나도 따라가오

험한 산도 나는 괜찮소 바다 끝이라도 나는 괜찮소

죽어가는 저들을 위해 나를 버리길 바라오

아버지 나를 보내주오 나는 달려가겠소

목숨도 아끼지 않겠소 나를 보내 주오

생명을 버리면서까지 나를 사랑한 당신

이 작은 나를 받아 주오 나도 사랑하오

18. 새 계명 / 집례자(또는 맡은 이)와 회중

집례자: 너는 나 외에는 다른 신들을 네게 두지 말라.

너를 위하여 새긴 우상을 만들지 말며, 그것들에게 절하지 말며 섬기지 말라.

너는 네 하나님 여호와의 이름을 망령되게 부르지 말라.

안식일을 기억하여 거룩하게 지키라.

네 부모를 공경하라.

살인하지 말라.

간음하지 말라.

도둑질하지 말라.

네 이웃에 대하여 거짓 증거하지 말라.

네 이웃이 가진 것을 탐내지 말라(출 20:1-17).

새 계명을 너희에게 주노니 서로 사랑하라.

내가 너희를 사랑한 것 같이 너희도 서로 사랑하라(요 13:34).

회　중: 주님의 이 거룩한 뜻이 우리의 심령 속에 쓰이고 새겨져,

4　찬송가 459장 "누가 주를 따라" 또는 323장 "부름 받아 나선 이 몸" 등의 찬송을 불러도 좋다.

우리가 모든 생명을 다 바쳐 주님만을 섬기며

주님께 복종하는 삶을 살게 해 주소서.

19. 위탁의 말씀 / 살전 5:23-24(새번역) / 집례자 또는 설교자

"평화의 하나님께서 친히, 여러분을 완전히 거룩하게 해 주시고, 우리 주 예수 그리스도께서 오실 때에 여러분의 영과 혼과 몸을 흠이 없이 완전하게 지켜 주시기를 빕니다. 여러분을 부르시는 분은 신실하시니, 이 일을 또한 이루실 것입니다."

20. 강복선언 / 민 6:24-26 / 집례자 또는 설교자

"여호와는 네게 복을 주시고 너를 지키시기를 원하며 여호와는 그 얼굴로 네게 비추사 은혜 베푸시기를 원하며 여호와는 그 얼굴을 네게로 향하여 드사 평강 주시기를 원하노라"

평양노회 100주년 기념 감사예배

I. 예배를 위한 안내

1. 예배의 의미
100주년을 맞이하는 평양노회가 지나간 시간을 회상하며 하나님께 감사하는 예배이다.

2. 예배 장소와 소요시간
예배 장소는 노회 중 노회원이 참석할 수 있는 큰 교회 예배당이거나 지역교회의 예배당이며, 소요시간은 약 1시간 15분 전후이다.

3. 예배의 주제
1) 한국에 복음이 전파된 이후 한국교회가 걸어온 발자취를 돌아보면서 한국교회의 잘못된 모습들을 회개한다.
2) 한국교회와 함께하셨던 하나님을 기억하고 감사를 드린다.
3) 새로운 세기를 맞이하면서 하나님께서 주시는 새로운 소명을 받아 우리의 다짐을 새롭게 한다.

4. 예배의 기본적인 방향

　　1) 한국적 문화를 반영하도록 노력한다.

　　2) 초대 한국교회가 그러했듯이 애국적인 관점에서 접근한다.

　　3) 예배의 집례에 있어서 다양한 지체가 참여할 수 있도록 배려한다.

　　4) 장로교 전통을 따른 예배 순서의 틀을 기본으로 한다.

5. 예배의 준비

　　1) 성찬대의 뒤에 세울 창호문 형태의 십자가를 만든다.

　　2) 입장할 때 사용할 창호지로 만든 등을 두 개 준비한다.

　　　(등은 청사초롱의 형태로, 가능하면 십자가의 형태가 그 안에 드러나도록 한다.)

　　3) 집례자는 가능하면 한복 두루마기를 입고 총회가 사용하는 색동의 스톨을 착용한다.

　　4) 예배당 벽 등에 한국적인 이미지와 새로운 약속(무지개)을 상징하는 색동으로 배너(banner)를 만들어서 건다.

　　5) 가능한 경우, 성찬을 위하여 한국 자기로 만든 성찬기를 준비한다.

6. 예배의 순서

　예배의 순서는 3가지 형태로 준비되었다. 먼저 노회에서 드리는 100주년 기념예배 순서 A형과 교회에서 드리는 100주년 기념예배 순서 B형과 C형이다. 이 세 가지의 예배 순서

는 내용면에서는 자료를 공유하고 있지만, 예배의 특성과 교회의 상황에 맞도록 구별되어 있다. 특히 교회에서 드리는 B형과 C형의 경우는 긴 예식과 짧은 예식으로 되어 있어서 교회가 선택하여 사용할 수 있도록 하였다.

II. 예배의 실제

노회에서 드리는 100주년 기념예배

A. 예배로 나아감 (*표는 일어서서)

1. *입장과 행진 / 기수단(태극기, 총회기, 노회기 등), 찬양대, 집례자…

(맨 앞에 창호지로 만든 두 개의 등이 입장하고, 뒤로 태극기, 총회기, 노회기가 입장하고, 그 뒤를 따라 찬양대와 집례자가 입장한다. 두 개의 등은 성찬대 옆에 놓는다. 이때 노회록과 의사봉 등도 함께 들고 입장할 수 있다.)

(입장하는 동안 북을 천천히 울리고 오르간이나 피아노 또는 한국의 여러 악기를 가지고 "아리랑"을 연주한다.)

2. 예배선언 / 집례자

(종을 세 번 치고 예배선언을 한다. 옛날 한국교회가 사용하던 종탑의 종을 직접 사용하거나 녹음을 사용한다. 두 가지 방법이 여의치 않은 경우 징으로 대신할 수도 있다.)

"이 땅에 주님의 교회를 세우시고 지난 100년간 평양노회와 함께하신 하나님께 감사의 예배를 드립시다."

3. 응답송 / 찬송가 621장 "찬양하라 내 영혼아" / 찬양대

4. 예배로 부름 / 시 121:1-2, 117편(새번역) / 집례자

우리의 도움은 하늘과 땅을 만드신 주님의 이름에 있도다.[1]
"너희 모든 나라들아, 주님을 찬송하며, 너희 모든 백성들아, 그를 칭송하여라.
우리에게 향하신 주님의 인자하심이 크고 주님의 진실하심은 영원하다."

5. 기원 / 집례자

역사를 주관하시는 하나님! 일백 삼십여 년 전, 하나님을 알지 못하던 우리 민족에게 선교사들을 보내어 복음을 전해 주시고, 한국교회를 전 세계의 주목을 받는 교회로 성장시켜 주신 것을 감사드립니다. 뿐만 아니라 선교를 받던 나라에서 이제는 온 세계 열방에 주의 복음을 전하는 나라가 되게 해 주심을 감사드립니다. 이 모든 것이 하나님께서 베푸신 이 민족에 대한 크신 사랑과 선교사들의 희생적인 사랑 때문임을 고백하며 깊은 감사를 드립니다. 복음을 전해 받은 우리 신앙의 선조들이 뜨거운 열정과 전도로 총회를 설립하게 하시고, 이제 총회 설립 100주년을 맞이하게 하신 것도 감사드립니다. 특히 총회의 기초를 닦는 데에 우리 평양노회를 하나님께서 크게 사용하여 주셨기에 더욱 감사를 드립니다. 이제 역사의 섭리를 돌아보고 감사와 반성과 미래의 비전을 바라볼 수 있도록 이처럼 귀한 예배의 자리를 허락해 주신 것, 감사와 영광을 돌립니다. 주님께 예배하는 이 시간, 주님의 성령이 임하시고 오직 하나님께만 영광을 올리는 귀한 예배가 되게 하여 주시옵소서. 우리를 구원하신 유일한 이름, 예수 그리스도의 이름으로 기도하옵나이다. 아멘.

B. 찬양과 고백

6. *경배의 찬송 / 찬송가 9장 "하늘에 가득 찬 영광의 하나님" / 다같이

7. *시편교독 / 시 136:1-5, 25-26 / 다같이
집례자: 여호와께 감사하라 그는 선하시며
회　중: 그 인자하심이 영원함이로다

1　본문은 칼뱅이 만든 대부분의 예배 순서에 나오는 예배초대의 말씀으로 칼뱅 예전의 한 특징을 이룬다.

집례자: 신들 중에 뛰어난 하나님께 감사하라

회　중: 그 인자하심이 영원함이로다

집례자: 주들 중에 뛰어난 주께 감사하라

회　중: 그 인자하심이 영원함이로다

집례자: 홀로 큰 기이한 일들을 행하시는 이에게 감사하라

회　중: 그 인자하심이 영원함이로다

집례자: 지혜로 하늘을 지으신 이에게 감사하라

회　중: 그 인자하심이 영원함이로다

집례자: 모든 육체에게 먹을 것을 주신 이에게 감사하라

회　중: 그 인자하심이 영원함이로다

집례자: 하늘의 하나님께 감사하라

회　중: 그 인자하심이 영원함이로다

8. *죄의 고백으로 초대 / 집례자

형제자매 여러분,

여러분 모두는 이제 자신의 죄와 허물을 고백하며 주님 앞으로 나아오십시오.

통회하는 자만이, 겸손한 자만이 주님을 만날 수 있습니다.

9. *민족을 위한 느헤미야의 기도 / 느 1:5-11 / 집례자

"하늘의 하나님 여호와 크고 두려우신 하나님이여 주를 사랑하고 주의 계명을 지키는 자에게 언약을 지키시며 긍휼을 베푸시는 주여 간구하나이다 이제 종이 주의 종들인 이스라엘 자손을 위하여 주야로 기도하오며 우리 이스라엘 자손이 주께 범죄한 죄들을 자복하오니 주는 귀를 기울이시며 눈을 여시사 종의 기도를 들으시옵소서

나와 내 아버지의 집이 범죄하여 주를 향하여 크게 악을 행하여 주께서 주의 종 모세에게 명령하신 계명과 율례와 규례를 지키지 아니하였나이다 옛적에 주께서 주의 종 모세에게 명하여 이르시되 만일 너희가 범죄하면 내가 너희를 여러 나라 가운데에 흩을 것이요 만일 내게로 돌아와 내 계명을 지켜 행하면 너희 쫓긴 자가 하늘 끝에 있을지라도 내가 거기서부터 그들을 모아 내 이름을 두려고 택한 곳에 돌아오게 하리라 하신 말씀을 이제 청

하건대 기억하옵소서 이들은 주께서 일찍이 큰 권능과 강한 손으로 구속하신 주의 종들이
요 주의 백성이니이다

주여 구하오니 귀를 기울이사 종의 기도와 주의 이름을 경외하기를 기뻐하는 종들의 기
도를 들으시고 오늘 종이 형통하여 이 사람들 앞에서 은혜를 입게 하옵소서"

10. *통성기도 / 다같이

1907년 평양 장대현교회에서 시작되었던 통성기도의 모범을 따라 다 함께 통성으로 기
도하겠습니다.

11. *고백의 기도 / 집례자와 회중

집례자: 하늘 보좌에서 다스리시는 거룩하신 하나님, 우리가 눈을 들어 주님을 우러러
봅니다. 상전의 손을 살피는 종의 눈처럼, 여주인의 손을 살피는 몸종의 눈처럼,
우리의 눈도, 주님께서 우리에게 자비를 베푸시길 원하여 주 우리 하나님을 우
러러봅니다(시 123:1-2, 새번역).

회 중: 죄인들을 불쌍히 여기시는 하나님! 지나간 100년을 돌이켜보며 주님께 회개합
니다. 주님께서 베풀어 주신 많은 은혜에도 불구하고 저희는 교권다툼과 교단분
열의 현장 속에 있었습니다. 신사참배의 부끄러운 현장에도 있었습니다. 이런 어
리석은 죄악과 행동을 때로는 따르고, 때로는 묵인하고, 때로는 충실한 일꾼들을
정죄하는 자리에 서기도 했습니다. 하나님! 우리의 죄악과 어리석음을 다시 한
번 자복하오니 이 모든 죄악을 용서하여 주시옵소서. 우리는 또한 교회의 본연의
사명인 소외되고 가난한 자를 돌아보는 것도 게을리했습니다. 교회성장에만 집
착해서 지역사회를 돌보지 못하고 나눔과 봉사의 삶을 제대로 실천하지 못했습
니다. 또한 우리의 뿌리인 저 북한 지역을 위해 피를 토하는 심정으로 기도하지
못하고 오늘 우리의 삶에만 몰두하였습니다. 뿐만 아니라 한국교회가 우리 사회
안에서 빛과 소금의 역할을 제대로 감당하지 못했던 것을 참회합니다. 우리의 잘
못된 행동이 하나님의 영광을 가렸고, 우리의 이기심이 주님의 십자가를 다시 욕
되게 하였습니다. 하나님! 이 모든 것을 회개하오니 용서하여 주시옵소서.

12. *사죄의 확인 / 벧전 2:9-10 / 집례자

복음을 믿으라. 너희가 전에는 백성이 아니더니 이제는 하나님의 백성이요 전에는 긍휼을 얻지 못하였더니 이제는 긍휼을 얻은 자니라. 그리스도 안에서 너희는 죄 사함을 받았으니 이는 너희를 어두운 데서 불러 내어 그의 기이한 빛에 들어가게 하신 자의 아름다운 덕을 선포하게 하려 하심이라.

13. *영광송 / 찬송가 4장 "성부 성자와 성령" / 다같이

14. 교회의 기도 / 맡은 이
사랑과 자비가 풍성하시고 영원하신 하나님,
이 작고 작은 나라, 한반도의 이 땅을 위하여 베풀어 주신
하나님의 사랑과 은총에 감사를 드립니다.

외세의 침략 속에서 신음하던 나라,
하나님을 알지 못하고 거짓과 죄악 속에서 살아가던 백성들,
가난하고 병들고 고통과 억압으로 신음하던 이 땅에
주님의 교회를 세우셔서
십자가의 복음이 전파되게 하시니
참으로 감사를 드립니다.

평양의 작은 교회들이 모여 노회를 세운 지
100년이 되었습니다.
비록 이북의 교회들이 박해와 어려움을 당하여
잠시 디아스포라와 같은 피난의 시기를 보내고 있사오나,
복음이 침체되지 아니하고,
도리어 이 나라의 온 땅에 복음이 번져가게 하셨으니
감사를 드립니다.

전능하시고 거룩하신 하나님,

이 땅에 세우신 주님의 교회를 위하여 기도합니다.

세상의 힘에 유린당하지 아니하고, 하나님만을 온전히 예배하는

참된 교회가 되게 하여 주시옵소서.

슬퍼하는 자들을 위로하며 어려움을 당하는 사람들을 돕는

아름다운 교회가 되게 하여 주시옵소서.

아이들과 젊은이들이 하나님을 온전히 섬길 수 있도록 훈련하는

꿈이 있는 교회가 되게 하여 주시옵소서.

악한 세력의 침투를 막고 신실한 생활을 장려하며,

온 땅에 평화와 정의를 촉진하는

하나님을 기쁘시게 하는 교회가 되게 하여 주시옵소서.

복음을 전하기 위해 함께 노력하며 그리스도 안에서 한 몸을 이루는

주님의 교회가 되게 하여 주시옵소서.

역사를 주관하시는 하나님,

지나간 과거를 돌아보면서 주님께 감사를 드립니다.

이제 평양노회에 속한 주님의 교회들을 강복하셔서

교회를 반석 위에 세우시고, 주님의 일꾼들을 온전케 하여 주시옵소서.

주님의 나라를 예비하고 그 길을 닦는 교회들이 되게 하여 주시옵소서.

그리하여 주님의 이름이 이 땅에서 영원히 높임을 받으시옵소서.

우리를 구원하신 유일하신 이름,

주 예수 그리스도의 이름으로

기도하옵나이다. 아멘.

15. 찬송 / 찬미가 14장[2] / 다같이(Auld Lang Sine 곡에 맞추어서)

---

2 윤치호의 찬미가에 나오는 찬송가 14장은 Auld Lang Sine의 곡조로 불렸으며 후일 애국가로 오랫동안 불리게 되었다.

1절 동해물과 백두산이 말으고 달토록 하나님이 보호하사 우리 대한 만세
2절 남산우혜 저 소나무 철갑을 두른 듯 바람이슬 불변함은 우리 긔상일세
3절 가을 하날 공활한대 구름업시 놉고 밝은 달은 우리 가슴 일편단심일세
4절 이 긔상과 이 마음으로 님군을 섬기며 괴로오나 질거우나 나라 사랑하세
후렴 무궁화 삼천리 화려강산 대한사람 대한으로 길이 보전하세

C. 말씀의 예전

16. 설교 전 기도 / 설교자

17. 구약성경 봉독 / 설교자

18. 찬양 / "하나님의 교회"[3] / 찬양대

19. 신약성경 봉독 / 설교자

20. 말씀의 선포 / 설교자

21. 찬송 / 찬송가 600장 "교회의 참된 터는" / 다같이

22. 교회를 위한 연도 / 집례자와 회중
집례자: 기도와 찬양으로
　　　　　하나님을 예배하기 위하여
　　　　　말씀을 선포하기 위하여
　　　　　성례전을 베풀기 위하여

---

3 김두완 곡, 김용진 작사, "하나님의 교회", 『교회력에 의한 교회 예배 합창 제 2집』 (서울: 호산나 음악사, 1994), 220-229.

회　중: 이 교회를 들어 써 주시니 감사합니다.

집례자: 슬퍼하는 이들을 위로하기 위하여

　　　　어려움을 겪고 있는 이들을 돕기 위하여

　　　　도움을 필요로 하는 이들을 돕기 위하여

회　중: 이 교회를 들어 써 주시니 감사합니다.

집례자: 가족들을 후원하고

　　　　하나님의 자녀답게 양육하기 위하여

　　　　아이들을 이끌기 위하여

　　　　젊은이들이 하나님 앞에서

　　　　섬기는 삶을 살도록 부르기 위하여

회　중: 이 교회를 들어 써 주시니 감사합니다.

집례자: 악한 세력의 침투를 막고

　　　　신실한 생활을 장려하며

　　　　온 땅에 평화와 정의를 촉진하기 위하여

회　중: 이 교회를 들어 써 주시니 감사합니다.

집례자: 하나님의 진리에 대해

　　　　우리 마음을 열기 위하여

　　　　궁핍한 이들을 돕기 위하여

　　　　희망과 용기를 주기 위하여

회　중: 이 교회를 들어 써 주시니 감사합니다.

집례자: 그리스도를 믿는 이 모두가

　　　　하나 되게 하기 위하여

　　　　온 세상에 복음을 전하기 위하여

　　　　온 백성의 일치를 촉진하기 위하여

회　중: 이 교회를 들어 써 주시니 감사합니다.

집례자: 우리보다 앞서간 이들을

　　　　감사함으로 기념하고

　　　　이 교회 안에서

함께 우리의 삶을 감사하면서

삶과 섬김을 성별하기 위하여

회　중: 우리가 이 교회의 과거를 돌아보며

감사를 드립니다.

또한 하나님께서 끊임없이 복 내려 주시고

이끌어 주시기를 빕니다. 아멘.[4]

23. 찬송 / 찬송가 208장 "내 주의 나라와" / 다같이

D. 성찬성례전

24. 성찬을 위한 말씀 / 시 36:7-9a(새번역) / 집례자

"하나님, 주님의 한결같은 사랑이 어찌 그리 값집니까?

사람들이 주님의 날개 그늘 아래로 피하여 숨습니다.

주님의 집에 있는 기름진 것으로 그들이 배불리 먹고,

주님이 그들에게 주님의 시내에서 단물을 마시게 합니다.

생명의 샘이 주님께 있습니다."

25. 신앙고백 / 사도신경

성찬으로 나아오는 사람들에게 필요한 것은 우리의 믿음입니다.

이제 우리 믿음의 선조들이 고백하였던 사도신경으로 우리의 신앙을 고백합니다.

"나는 전능하신 아버지 하나님,

천지의 창조주를 믿습니다.

나는 그의 유일하신 아들, 우리 주 예수 그리스도를 믿습니다.

4　박근원 엮음, 『믿음예식서』(서울: 도서출판 진흥, 1994), 322-324.

그는 성령으로 잉태되어 동정녀 마리아에게서 나시고,

본디오 빌라도에게 고난을 받아 십자가에 못 박혀 죽으시고,

장사된 지 사흘 만에 죽은 자 가운데서 다시 살아나셨으며,

하늘에 오르시어 전능하신 아버지 하나님 우편에 앉아 계시다가,

거기로부터 살아있는 자와 죽은 자를 심판하러 오십니다.

나는 성령을 믿으며,

거룩한 공교회와 성도의 교제와

죄를 용서받는 것과 몸의 부활과

영생을 믿습니다. 아멘."

26. 제정의 말씀 / 고전 11:23-26 / 집례자[5]

내가 오늘 여러분에게 전하는 것은 교회를 통하여 주님으로부터 받은 것입니다.

우리 주 예수 그리스도께서 자신의 몸을 온전히 내어주시던 그 밤에

주님께서는 떡을 드시고 축복의 기도를 드리신 다음

떼어 제자들에게 나누어 주시며 말씀하셨습니다.

"이것은 너희를 위하는 내 몸이다. 이것을 행하여 나를 기억하여라."

또한 이와 같이 잔을 드시고 축복의 기도를 드리신 다음

제자들에게 나누어 주시면서 말씀하셨습니다.

"이 잔은 내 피로 세운 새 언약이다. 너희가 마실 때마다 이것을 행하여 나를 기억하여라."

　그러므로 우리는 이 떡을 먹으며 이 잔을 마실 때마다 주님의 죽으심을 그의 오실 때까지 전합니다.

27. 성찬기도 / 집례자

은혜로우신 하나님,

이제 감히 주님께서 마련하신 주님의 식탁에 앉습니다.

우리의 마음을 깨끗하게 하시고

5　성찬성례전에서는 ① 떡을 들고, ② 축사하고, ③ 떼어 ④ 나누어 주는 것과 ① 포도주를 들고, ② 축사하고, ③ 나누어 주는 행위가 중요하다. 이러한 행위는 제정의 말씀이 선포되는 순간에 행하는 것이 가장 적절하다.

우리의 눈을 열어 주시고

성령께서 임재하여 주셔서

살아 계신 주님을 뵈옵는 귀한 은총을 허락하여 주시옵소서.

예수님의 이름으로 기도합니다. 아멘.

28. 분병분잔 / 집례자와 회중[6]

(성찬기도가 끝나면 분병분잔위원이 성찬대 앞으로 나온다. 분병분잔위원이 정렬하여 선 후에 집례자는 다음과 같이 말한다.)

집례자: 우리가 나누는 떡은 그리스도 몸과의 교제입니다. 이 떡을 받는 모든 사람은 그리스도의 지체요 한 몸입니다.(이때 집례자는 떡을 들고 모든 사람에게 보여준다.)[7]

회　중: 아멘.

(다시 집례자는 잔을 들고 다음과 같이 말한다.)

집례자: 우리가 나누는 이 잔은 그리스도 피로 맺는 새로운 언약입니다. 이 잔을 받는 사람은 그리스도께서 세우신 언약의 지체요 한 몸입니다.

회　중: 아멘.

집례자: 이제 다 함께 주님의 성찬을 받겠습니다.

29. 성찬찬송 / 김동진의 예수전 중에서 / 맡은 이[8]

30. 성찬 후 기도 / 집례자

6　분병과 분잔위원이 앞에 나와서 먼저 떡과 잔을 받고, 후에 회중에게 떡과 잔을 나누어 주는 방식으로 성찬성례전을 진행한다.

7　이때 떡은 가능하면 흰색 설기떡으로 한다.

8　국악인 크리스천 중에서 창으로 성찬식 연주를 하도록 한다.

E. 언약의 갱신과 파송

31. 언약의 갱신 / 집례자와 회중[9]

집례자: 옛 언약에서 하나님은 이스라엘 민족을 특별한 백성으로 선택하셨고
하나님의 법을 따르게 하셨습니다.
우리 주 예수 그리스도께서는 그분의 죽음과 부활을 통해
그를 믿는 모든 사람과 새로운 언약을 맺으셨습니다.
우리는 이 언약과 함께하고 주님의 이름을 마음에 품었습니다.
한편으로 이것은 하나님의 약속입니다.
우리에게 그리스도 안에서 새로운 생명을 주시겠다는 약속입니다.
그러나 또 다른 한편으로 이것은 우리의 맹세입니다.
우리 스스로를 위해서가 아니라 하나님을 위해서 살겠다는 맹세입니다.
그러므로 오늘 우리는
하나님과 함께할 약속을 다시 새롭게 하고자 합니다.

(회중은 일어선다.)

집례자: 사랑하는 여러분, 하나님께서 그의 백성들과 맺으신 언약을 확고히 하고,
그리스도의 구속하심을 받아들이십시다.
그리스도의 구속하심을 받아들인다는 것은,
우리가 하는 모든 일과 우리 자신 속에서 그리스도의 인도하심을 받고,
그리스도만을 바라보며 사는 것을 말합니다.
그리스도는 많은 일을 하셨습니다.
어떤 것은 쉬웠고, 어떤 것은 어려웠습니다.
어떤 것은 다른 사람들로 하여금 우리를 칭찬하게 하였고,
또 어떤 것은 우리를 힘들게 하였습니다.

---

9   *Handbook of Christian Year, 82-83.*

어떤 것은 우리의 욕심 때문에 바랐던 것들이었습니다.

어떤 것은 옳지 않은 것이었습니다.

어떤 때 우리는 우리의 욕구를 만족시키면서도 그리스도를 기쁘시게 할 수 있지만,

어떤 때 우리는 우리를 부인하지 않는다면 도저히 그리스도를 기쁘시게 할 수 없습니다.

그러나 그리스도는 우리를 강하게 하시고, 이런 모든 것을 할 수 있게 하십니다.

그러므로 이 하나님의 약속을 우리의 것으로 만듭시다.

우리를 온전히 전적으로 하나님께 바치고, 그의 약속을 믿으며,

그의 은총에 의지합시다.

회　중: 우리는 우리 자신을 하나님께 온전히 드립니다.

주님께서 계획하신 자리에 우리를 보내소서.

주님을 위해 고통도 감수하게 하옵소서.

주님께서 우리를 통해 이루시기 원하시는 그 일을 우리에게 주옵소서.

진심으로, 우리는 우리가 가진 모든 것과 우리 자신을 주님께 드립니다.

거룩하신 하나님 아버지, 아들과 성령,

주님은 우리의 것이고 우리는 주님의 것입니다.

땅에서 맺은 이 약속이 영원까지 계속되기를 빕니다. 아멘.

32. *찬송 / 찬송가 323장 "부름 받아 나선 이 몸" / 다같이[10]

33. *파송선언 / 살전 5:23-24[11] / 집례자

"평화의 하나님께서 친히, 여러분을 완전히 거룩하게 해 주시고, 우리 주 예수 그리스도께서 오실 때에 여러분의 영과 혼과 몸을 흠이 없이 완전하게 지켜 주시기를 빕니다. 여러

10　한국인이 작사 작곡한 곡으로 결단의 찬송으로 많이 사용되어 온 한국 찬송가이다.

11　본문은 고대예전에서는 사제를 안수하는 예배에서 사제를 축복하며 사제의 사역을 위해 비는 기도문에서 사용되는 본문이다. 장로교에서는 성도들 각자가 하나님의 일꾼으로 세상으로 나아가는 것(만인사제)을 강조하므로 본문을 파송의 말씀으로 사용하였으며 번역은 표준새번역 개정판에서 인용하였다.

분을 부르시는 분은 신실하시니, 이 일을 또한 이루실 것입니다."

34. *축도 / 민 6:24-26[12] / 집례자

"여호와는 네게 복을 주시고 너를 지키시기를 원하며 여호와는 그의 얼굴을 네게 비추사 은혜 베푸시기를 원하며 여호와는 그 얼굴을 네게로 향하여 드사 평강 주시기를 원하노라"

교회에서 드리는 100주년 기념예배: 길고 정교한 예식

A. 예배로 나아감(*표는 일어서서)

1. *입장과 행진 / 기수단(태극기, 총회기, 노회기 등), 찬양대, 집례자…

(맨 앞에 창호지로 만든 두 개의 등이 입장하고, 뒤로 태극기, 노회기〈교회기 또는 성경〉가 입장하고, 그 뒤를 따라 찬양대와 집례자가 입장한다. 두 개의 등은 성찬대 옆에 놓는다.)

(입장하는 동안 북을 천천히 울리고 오르간이나 피아노 또는 한국의 여러 악기를 가지고 찬송가를 연주한다.)

2. 예배선언 / 집례자

(종을 세 번 치고 예배선언을 한다. 옛날 한국교회가 사용하던 종탑의 종을 직접 사용하거나 녹음을 사용한다. 두 가지 방법이 여의치 않은 경우 징으로 대신할 수도 있다.)

이 땅에 주님의 교회를 세우시고 지난 100년간 평양노회와 함께하신 하나님께 감사의 예배를 드립시다.

3. 응답송 / 찬송가 621장 "찬양하라 내 영혼아" / 찬양대

12　축도는 목회자가 성경말씀을 읽는 것이므로 성경에 있는 문장 그대로 사용하는 것이 가장 적절하다.

4. 예배로 부름 / 시 121:1-2, 시 117편(새번역) / 집례자

우리의 도움은 하늘과 땅을 만드신 주님의 이름에 있도다.[13]

"너희 모든 나라들아, 주님을 찬송하며, 너희 모든 백성들아, 그를 칭송하여라.

우리에게 향하신 주님의 인자하심이 크고 주님의 진실하심은 영원하다."

5. 기원 / 집례자

온 피조물들로부터 예배를 받으시기에 합당하신 하나님! 이 땅에 평양노회를 세우시고 복음이 전파되게 하신 지 100년이 되어 감사하는 마음으로 이 땅의 백성들이 주님께 예배합니다. 성령께서 이 시간 함께하셔서 오늘의 이 예배가 오직 주님께만 영광을 돌리는 귀한 예배가 되게 하여 주시옵소서. 우리를 구원하실 유일하신 이름, 예수 그리스도의 이름으로 기도하옵나이다. 아멘.

B. 찬양과 고백

6. *경배의 찬송 / 찬송가 9장 "하늘에 가득 찬 영광의 하나님" 또는 35장 "큰 영화로신 주" / 다같이[14]

7. *시편교독 / 시 136:1-5, 25-26 / 다같이

집례자: 여호와께 감사하라 그는 선하시며

회　중: 그 인자하심이 영원함이로다

집례자: 신들 중에 뛰어난 하나님께 감사하라

회　중: 그 인자하심이 영원함이로다

집례자: 주들 중에 뛰어난 주께 감사하라

회　중: 그 인자하심이 영원함이로다

13　본문은 칼뱅이 만든 대부분의 예배 순서에 나오는 예배 초대의 말씀으로 칼뱅 예전의 한 특징을 이룬다.

14　9장은 한국인이 작사 작곡한 곡으로 한국교회가 많이 불러온 찬송이다. 35장은 외국곡이기는 하지만 내용상으로 백성들이 감사를 드리는 내용과 탄원으로 되어 있어서 예배에 적절하다.

집례자: 홀로 큰 기이한 일들을 행하시는 이에게 감사하라

회 중: 그 인자하심이 영원함이로다

집례자: 지혜로 하늘을 지으신 이에게 감사하라

회 중: 그 인자하심이 영원함이로다

집례자: 모든 육체에게 먹을 것을 주신 이에게 감사하라

회 중: 그 인자하심이 영원함이로다

집례자: 하늘의 하나님께 감사하라

회 중: 그 인자하심이 영원함이로다

8. *죄의 고백으로 초대 / 집례자

형제자매 여러분,

여러분 모두는 이제 자신의 죄와 허물을 고백하며 주님 앞으로 나아오십시오.

통회하는 자만이, 겸손한 자만이 주님을 만날 수 있습니다.

9. *민족을 위한 느헤미야의 기도 / 느 1:5-11 / 집례자

"하늘의 하나님 여호와 크고 두려우신 하나님이여 주를 사랑하고 주의 계명을 지키는 자에게 언약을 지키시며 긍휼을 베푸시는 주여 간구하나이다 이제 종이 주의 종들인 이스라엘 자손을 위하여 주야로 기도하오며 우리 이스라엘 자손이 주께 범죄한 죄들을 자복하오니 주는 귀를 기울이시며 눈을 여시사 종의 기도를 들으시옵소서

나와 내 아버지의 집이 범죄하여 주를 향하여 크게 악을 행하여 주께서 주의 종 모세에게 명령하신 계명과 율례와 규례를 지키지 아니하였나이다 옛적에 주께서 주의 종 모세에게 명하여 이르시되 만일 너희가 범죄하면 내가 너희를 여러 나라 가운데에 흩을 것이요 만일 내게로 돌아와 내 계명을 지켜 행하면 너희 쫓긴 자가 하늘 끝에 있을지라도 내가 거기서부터 그들을 모아 내 이름을 두려고 택한 곳에 돌아오게 하리라 하신 말씀을 이제 청하건대 기억하옵소서 이들은 주께서 일찍이 큰 권능과 강한 손으로 구속하신 주의 종들이요 주의 백성이니이다

주여 구하오니 귀를 기울이사 종의 기도와 주의 이름을 경외하기를 기뻐하는 종들의 기도를 들으시고 오늘 종이 형통하여 이 사람들 앞에서 은혜를 입게 하옵소서"

10. *통성기도 / 다같이

1907년 평양 장대현교회에서 시작되었던 통성기도의 모범을 따라 다 함께 통성으로 기도하겠습니다.

11. *고백의 기도 / 집례자와 회중

집례자: 하늘 보좌에서 다스리시는 거룩하신 하나님, 우리가 눈을 들어 주님을 우러러봅니다. 상전의 손을 살피는 종의 눈처럼, 여주인의 손을 살피는 몸종의 눈처럼, 우리의 눈도, 주님께서 우리에게 자비를 베푸시길 원하여 주 우리 하나님을 우러러봅니다(시 123:1-2, 새번역).

회　중: 죄인들을 불쌍히 여기시는 하나님! 지나간 100년을 돌이켜보며 주님께 회개합니다. 주님께서 베풀어 주신 많은 은혜에도 불구하고 저희는 교권다툼과 교단 분열의 현장 속에 있었습니다. 신사참배의 부끄러운 현장에도 있었습니다. 이런 어리석은 죄악과 행동을 때로는 따르고, 때로는 묵인하고, 때로는 충실한 일꾼들을 정죄하는 자리에 서기도 했습니다. 하나님! 우리의 죄악과 어리석음을 다시 한 번 자복하오니 이 모든 죄악을 용서하여 주시옵소서. 우리는 또한 교회의 본연의 사명인 소외되고 가난한 자를 돌아보는 것도 게을리했습니다. 교회성장에만 집착해서 지역사회를 돌보지 못하고 나눔과 봉사의 삶을 제대로 실천하지 못했습니다. 또한 우리의 뿌리인 저 북한 지역을 위해 피를 토하는 심정으로 기도하지 못하고 오늘 우리의 삶에만 몰두하였습니다. 뿐만 아니라 한국교회가 우리 사회 안에서 빛과 소금의 역할을 제대로 감당하지 못했던 것을 참회합니다. 우리의 잘못된 행동이 하나님의 영광을 가렸고, 우리의 이기심이 주님의 십자가를 다시 욕되게 하였습니다. 하나님! 이 모든 것을 회개하오니 용서하여 주시옵소서.

12. *사죄의 확인 / 벧전 2:9-10 / 집례자

복음을 믿으라. 너희가 전에는 백성이 아니더니 이제는 하나님의 백성이요 전에는 긍휼을 얻지 못하였더니 이제는 긍휼을 얻은 자니라. 그리스도 안에서 너희는 죄 사함을 받았으니 이는 너희를 어두운 데서 불러 내어 그의 기이한 빛에 들어가게 하신 자의 아름다운 덕을 선포하게 하려 하심이라.

13. *영광송 / 찬송가 4장 "성부 성자와 성령" / 다같이

14. 교회의 기도 / 맡은 이
사랑과 자비가 풍성하시고 영원하신 하나님,
이 작고 작은 나라, 한반도의 이 땅을 위하여 베풀어 주신
하나님의 사랑과 은총에 감사를 드립니다.

외세의 침략 속에서 신음하던 나라,
하나님을 알지 못하고 거짓과 죄악 속에서 살아가던 백성들,
가난하고 병들고 고통과 억압으로 신음하던 이 땅에
주님의 교회를 세우셔서
십자가의 복음이 전파되게 하시니
참으로 감사를 드립니다.

평양의 작은 교회들이 모여 노회를 세운 지
100년이 되었습니다.
비록 이북의 교회들이 박해와 어려움을 당하여
잠시 디아스포라와 같은 피난의 시기를 보내고 있사오나,
복음이 침체되지 아니하고,
도리어 이 나라의 온 땅에 복음이 번져가게 하셨으니
감사를 드립니다.

전능하시고 거룩하신 하나님,
이 땅에 세우신 주님의 교회를 위하여 기도합니다.
세상의 힘에 유린당하지 아니하고, 하나님만을 온전히 예배하는
참된 교회가 되게 하여 주시옵소서.

슬퍼하는 자들을 위로하며 어려움을 당하는 사람들을 돕는
아름다운 교회가 되게 하여 주시옵소서.
아이들과 젊은이들이 하나님을 온전히 섬길 수 있도록 훈련하는
꿈이 있는 교회가 되게 하여 주시옵소서.
악한 세력의 침투를 막고 신실한 생활을 장려하며,
온 땅에 평화와 정의를 촉진하는
하나님을 기쁘시게 하는 교회가 되게 하여 주시옵소서.
복음을 전하기 위해 함께 노력하며 그리스도 안에서 한 몸을 이루는
주님의 교회가 되게 하여 주시옵소서.

역사를 주관하시는 하나님,
지나간 과거를 돌아보면서 주님께 감사를 드립니다.
이제 평양노회에 속한 주님의 교회들을 강복하셔서
교회를 반석 위에 세우시고, 주님의 일꾼들을 온전케 하여 주시옵소서.
주님의 나라를 예비하고 그 길을 닦는 교회들이 되게 하여 주시옵소서.
그리하여 주님의 이름이 이 땅에서 영원히 높임을 받으시옵소서.

우리를 구원하신 유일하신 이름,
주 예수 그리스도의 이름으로
기도하옵나이다. 아멘.

15. 찬송 / 찬미가 14장[15] / 다같이 (Auld Lang Sine 곡에 맞추어서)

1절 동해물과 백두산이 말으고 달토록 하나님이 보호하사 우리 대한 만세
2절 남산우혜 저 소나무 철갑을 두른 듯 바람이슬 불변함은 우리 긔상일세
3절 가을 하날 공활한대 구름업시 놉고 밝은 달은 우리 가슴 일편단심일세
4절 이 긔상과 이 마음으로 님군을 섬기며 괴로오나 질거우나 나라 사랑하세

---

15   윤치호의 찬미가에 나오는 찬송가 14장은 Auld Lang Sine의 곡조로 불렸으며 후일 애국가로 오랫동안 불리게 되었다.

후렴 무궁화 삼천리 화려강산 대한사람 대한으로 길이 보전하세

C. 말씀의 예전

16. 설교 전 기도 / 설교자

17. 구약성경 봉독 / 설교자

18. 찬양 / "하나님의 교회"[16] / 찬양대

19. 신약성경 봉독 / 설교자

20. 말씀의 선포 / 설교자

21. 찬송 / 찬송가 600장 "교회의 참된 터는" / 다같이

22. 교회를 위한 연도 / 집례자와 회중
집례자: 기도와 찬양으로

하나님을 예배하기 위하여

말씀을 선포하기 위하여

성례전을 베풀기 위하여

회　중: 이 교회를 들어 써 주시니 감사합니다.

집례자: 슬퍼하는 이들을 위로하기 위하여

어려움을 겪고 있는 이들을 돕기 위하여

도움을 필요로 하는 이들을 돕기 위하여

16　김두완 곡, 김용진 작사, "하나님의 교회", 『교회력에 의한 교회 예배 합창 제 2집』, (서울: 호산나 음악사, 1994), 220-229.

회　중: 이 교회를 들어 써 주시니 감사합니다.

집례자: 가족들을 후원하고

　　　　하나님의 자녀답게 양육하기 위하여

　　　　아이들을 이끌기 위하여

　　　　젊은이들이 하나님 앞에서

　　　　섬기는 삶을 살도록 부르기 위하여

회　중: 이 교회를 들어 써 주시니 감사합니다.

집례자: 악한 세력의 침투를 막고

　　　　신실한 생활을 장려하며

　　　　온 땅에 평화와 정의를 촉진하기 위하여

회　중: 이 교회를 들어 써 주시니 감사합니다.

집례자: 하나님의 진리에 대해

　　　　우리 마음을 열기 위하여

　　　　궁핍한 이들을 돕기 위하여

　　　　희망과 용기를 주기 위하여

회　중: 이 교회를 들어 써 주시니 감사합니다.

집례자: 그리스도를 믿는 이 모두가

　　　　하나 되게 하기 위하여

　　　　온 세상에 복음을 전하기 위하여

　　　　온 백성의 일치를 촉진하기 위하여

회　중: 이 교회를 들어 써 주시니 감사합니다.

집례자: 우리보다 앞서간 이들을

　　　　감사함으로 기념하고

　　　　이 교회 안에서

　　　　함께 우리의 삶을 감사하면서

　　　　삶과 섬김을 성별하기 위하여

회　중: 우리가 이 교회의 과거를 돌아보며

　　　　감사를 드립니다.

　　　　또한 하나님께서 끊임없이 복 내려주시고

이끌어 주시기를 빕니다. 아멘.[17]

23. 찬송 / 찬송가 208장 "내 주의 나라와" / 다같이

D. 성찬성례전

24. 성찬을 위한 말씀 / 시 36:7-9a(새번역) / 집례자
"하나님, 주님의 한결같은 사랑이 어찌 그리 값집니까?
사람들이 주님의 날개 그늘 아래로 피하여 숨습니다.
주님의 집에 있는 기름진 것으로 그들이 배불리 먹고,
주님이 그들에게 주님의 시내에서 단물을 마시게 합니다.
생명의 샘이 주님께 있습니다."

25. 신앙고백 / 사도신경
성찬으로 나아오는 사람들에게 필요한 것은 우리의 믿음입니다.
이제 우리 믿음의 선조들이 고백하였던 사도신경으로 우리의 신앙을 고백합니다.

"나는 전능하신 아버지 하나님,
천지의 창조주를 믿습니다.
나는 그의 유일하신 아들, 우리 주 예수 그리스도를 믿습니다.
그는 성령으로 잉태되어 동정녀 마리아에게서 나시고,
본디오 빌라도에게 고난을 받아 십자가에 못 박혀 죽으시고,
장사된 지 사흘 만에 죽은 자 가운데서 다시 살아나셨으며,
하늘에 오르시어 전능하신 아버지 하나님 우편에 앉아 계시다가,
거기로부터 살아있는 자와 죽은 자를 심판하러 오십니다.

---

17 박근원 엮음, 『믿음예식서』 (서울: 도서출판 진흥, 1994), 322-324.

나는 성령을 믿으며,

거룩한 공교회와 성도의 교제와

죄를 용서받는 것과 몸의 부활과

영생을 믿습니다. 아멘."

26. 제정의 말씀 / 고전 11:23-26 / 집례자[18]

내가 오늘 여러분에게 전하는 것은 교회를 통하여 주님으로부터 받은 것입니다.

우리 주 예수 그리스도께서 자신의 몸을 온전히 내어주시던 그 밤에

주님께서는 떡을 드시고 축복의 기도를 드리신 다음

떼어 제자들에게 나누어 주시며 말씀하셨습니다.

"이것은 너희를 위하는 내 몸이다. 이것을 행하여 나를 기억하여라."

또한 이와 같이 잔을 드시고 축복의 기도를 드리신 다음

제자들에게 나누어 주시면서 말씀하셨습니다.

"이 잔은 내 피로 세운 새 언약이다. 너희가 마실 때마다 이것을 행하여 나를 기억하여라."

그러므로 우리는 이 떡을 먹으며 이 잔을 마실 때마다 주님의 죽으심을 그의 오실 때까지 전합니다.

27. 성찬기도 / 집례자

은혜로우신 하나님,

이제 감히 주님께서 마련하신 주님의 식탁에 앉습니다.

우리의 마음을 깨끗하게 하시고

우리의 눈을 열어 주시고

성령께서 임재하여 주셔서

살아 계신 주님을 뵈옵는 귀한 은총을 허락하여 주시옵소서.

예수님의 이름으로 기도합니다. 아멘.

---

18 성찬성례전에서는 ① 떡을 들고, ② 축사하고, ③ 떼어 ④ 나누어 주는 것과 ① 포도주를 들고, ② 축사하고, ③ 나누어 주는 행위가 중요하다. 이러한 행위는 제정의 말씀이 선포되는 순간에 행하는 것이 가장 적절하다.

28. 분병분잔 / 집례자와 회중[19]

(성찬기도가 끝나면 분병분잔위원이 성찬대 앞으로 나온다. 분병분잔위원이 정렬하여 선 후에 집례자는 다음과 같이 말한다.)

집례자: 우리가 나누는 떡은 그리스도 몸과의 교제입니다. 이 떡을 받는 모든 사람은 그리스도의 지체요 한 몸입니다.(이때 집례자는 떡을 들고 모든 사람에게 보여준다.)[20]

회　중: 아멘.

(다시 집례자는 잔을 들고 다음과 같이 말한다.)

집례자: 우리가 나누는 이 잔은 그리스도 피로 맺는 새로운 언약입니다. 이 잔을 받는 사람은 그리스도께서 세우신 언약의 지체요 한 몸입니다.

회　중: 아멘.

집례자: 이제 다 함께 주님의 성찬을 받겠습니다.

29. 성찬찬송 / 찬송가 228장 "오 나의 주님 친히 뵈오니" / 다같이

30. 성찬 후 기도 / 집례자

E. 언약의 갱신과 파송

31. 언약의 갱신 / 집례자와 회중[21]

집례자: 옛 언약에서 하나님은 이스라엘 민족을 특별한 백성으로 선택하셨고

19　분병과 분잔위원이 앞에 나와서 먼저 떡과 잔을 받고, 후에 회중에게 떡과 잔을 나누어 주는 방식으로 성찬성례전을 진행한다.

20　이때 떡은 가능하면 흰색 설기떡으로 한다.

21　*Handbook of Christian Year*, 82-83.

하나님의 법을 따르게 하셨습니다.

우리 주 예수 그리스도께서는 그분의 죽음과 부활을 통해

그를 믿는 모든 사람과 새로운 언약을 맺으셨습니다.

우리는 이 언약과 함께하고 주님의 이름을 마음에 품었습니다.

한편으로 이것은 하나님의 약속입니다.

우리에게 그리스도 안에서 새로운 생명을 주시겠다는 약속입니다.

그러나 또 다른 한편으로 이것은 우리의 맹세입니다.

우리 스스로를 위해서가 아니라 하나님을 위해서 살겠다는 맹세입니다.

그러므로 오늘 우리는

하나님과 함께할 약속을 다시 새롭게 하고자 합니다.

(회중은 일어선다.)

집례자: 사랑하는 여러분, 하나님께서 그의 백성들과 맺으신 언약을 확고히 하고,

그리스도의 구속하심을 받아들이십시다.

그리스도의 구속하심을 받아들인다는 것은,

우리가 하는 모든 일과 우리 자신 속에서 그리스도의 인도하심을 받고,

그리스도만을 바라보며 사는 것을 말합니다.

그리스도는 많은 일을 하셨습니다.

어떤 것은 쉬웠고, 어떤 것은 어려웠습니다.

어떤 것은 다른 사람들로 하여금 우리를 칭찬하게 하였고,

또 어떤 것은 우리를 힘들게 하였습니다.

어떤 것은 우리의 욕심 때문에 바랐던 것들이었습니다.

어떤 것은 옳지 않은 것이었습니다.

어떤 때 우리는 우리의 욕구를 만족시키면서도 그리스도를 기쁘시게 할 수 있지만,

어떤 때 우리는 우리를 부인하지 않는다면 도저히 그리스도를 기쁘시게 할 수 없습니다.

그러나 그리스도는 우리를 강하게 하시고, 이런 모든 것을 할 수 있게 하십니다.

그러므로 이 하나님의 약속을 우리의 것으로 만듭시다.

우리를 온전히 전적으로 하나님께 바치고, 그의 약속을 믿으며,

그의 은총에 의지합시다.

회　중: 우리는 우리 자신을 하나님께 온전히 드립니다.

주님께서 계획하신 자리에 우리를 보내소서.

주님을 위해 고통도 감수하게 하소서.

주님께서 우리를 통해 이루시기 원하시는 그 일을 우리에게 주옵소서.

진심으로, 우리는 우리가 가진 모든 것과 우리 자신을 주님께 드립니다.

거룩하신 하나님 아버지, 아들과 성령,

주님은 우리의 것이고 우리는 주님의 것입니다.

땅에서 맺은 이 약속이 영원까지 계속되기를 빕니다. 아멘.

32. *찬송 / 찬송가 323장 "부름 받아 나선 이 몸" / 다같이[22]

33. *파송선언 / 살전 5:23-24[23] / 집례자

"평화의 하나님께서 친히, 여러분을 완전히 거룩하게 해 주시고, 우리 주 예수 그리스도께서 오실 때에 여러분의 영과 혼과 몸을 흠이 없이 완전하게 지켜 주시기를 빕니다. 여러분을 부르시는 분은 신실하시니, 이 일을 또한 이루실 것입니다."

34. *축도 / 민 6:24-26[24] / 집례자

"여호와는 네게 복을 주시고 너를 지키시기를 원하며 여호와는 그의 얼굴을 네게 비추사 은혜 베푸시기를 원하며 여호와는 그 얼굴을 네게로 향하여 드사 평강 주시기를 원하노라"

22　한국인이 작사 작곡한 곡으로 결단의 찬송으로 많이 사용되어 온 한국 찬송가이다.

23　본문은 고대예전에서는 사제를 안수하는 예배에서 사제를 축복하며 사제의 사역을 위해 비는 기도문에서 사용되는 본문이다. 장로교에서는 성도들 각자가 하나님의 일꾼으로 세상으로 나아가는 것(만인사제)을 강조하므로 본문을 파송의 말씀으로 사용하였으며 번역은 표준새번역 개정판에서 인용하였다.

24　축도는 목회자가 성경말씀을 읽는 것이므로 성경에 있는 문장 그대로 사용하는 것이 가장 적절하다.

교회에서 드리는 100주년 기념예배: 짧고 간단한 예식

A. 예배로 나아감(*표는 일어서서)

1. 예배선언 / 집례자
(종이나 징을 세 번 치고 예배선언을 한다.)

이 땅에 주님의 교회를 세우시고 지난 100년간 평양노회와 함께하신 하나님께 감사의 예배를 드립시다.

2. 응답송 / 찬송가 621장 "찬양하라 내 영혼아" / 찬양대

3. 예배로 부름 / 시 121:1-2, 시 117편(새번역) / 집례자
우리의 도움은 하늘과 땅을 만드신 주님의 이름에 있도다.[25]
"너희 모든 나라들아, 주님을 찬송하며, 너희 모든 백성들아, 그를 칭송하여라.
우리에게 향하신 주님의 인자하심이 크고 주님의 진실하심은 영원하다."

4. 기원 / 집례자
온 피조물들로부터 예배를 받으시기에 합당하신 하나님! 이 땅에 평양노회를 세우시고 복음이 전파되게 하신 지 100년이 되어 감사하는 마음으로 이 땅의 백성들이 주님께 예배합니다. 성령께서 이 시간 함께하셔서 오늘의 이 예배가 오직 주님께만 영광을 돌리는 귀한 예배가 되게 하여 주시옵소서. 우리를 구원하실 유일하신 이름, 예수 그리스도의 이름으로 기도하옵나이다. 아멘.

B. 찬양과 고백

---

25 본문은 칼뱅이 만든 대부분의 예배 순서에 나오는 예배 초대의 말씀으로 칼뱅 예전의 한 특징을 이룬다.

5. *경배의 찬송 / 찬송가 9장 "하늘에 가득 찬 영광의 하나님" 또는 35장 "큰 영화로신 주"[26] / 다같이

6. 죄의 고백으로 초대 / 집례자
형제자매 여러분,
여러분 모두는 이제 자신의 죄와 허물을 고백하며 주님 앞으로 나아오십시오.
통회하는 자만이, 겸손한 자만이 주님을 만날 수 있습니다.

7. 통성기도 / 다같이
이제 다 함께 1907년 평양 장대현교회에서 시작되었던 통성기도의 모범을 따라 통성으로 기도하겠습니다.

8. 민족을 위한 느헤미야의 기도 / 느 1:5-11 / 집례자
"하늘의 하나님 여호와 크고 두려우신 하나님이여 주를 사랑하고 주의 계명을 지키는 자에게 언약을 지키시며 긍휼을 베푸시는 주여 간구하나이다 이제 종이 주의 종들인 이스라엘 자손을 위하여 주야로 기도하오며 우리 이스라엘 자손이 주께 범죄한 죄들을 자복하오니 주는 귀를 기울이시며 눈을 여시사 종의 기도를 들으시옵소서
나와 내 아버지의 집이 범죄하여 주를 향하여 크게 악을 행하여 주께서 주의 종 모세에게 명령하신 계명과 율례와 규례를 지키지 아니하였나이다 옛적에 주께서 주의 종 모세에게 명하여 이르시되 만일 너희가 범죄하면 내가 너희를 여러 나라 가운데에 흩을 것이요 만일 내게로 돌아와 내 계명을 지켜 행하면 너희 쫓긴 자가 하늘 끝에 있을지라도 내가 거기서부터 그들을 모아 내 이름을 두려고 택한 곳에 돌아오게 하리라 하신 말씀을 이제 청하건대 기억하옵소서 이들은 주께서 일찍이 큰 권능과 강한 손으로 구속하신 주의 종들이요 주의 백성이니이다
주여 구하오니 귀를 기울이사 종의 기도와 주의 이름을 경외하기를 기뻐하는 종들의 기도를 들으시고 오늘 종이 형통하여 이 사람들 앞에서 은혜를 입게 하옵소서"

---

26 9장은 한국인이 작사 작곡한 곡으로 한국교회가 많이 불러 온 찬송이다. 35장은 외국곡이기는 하지만 내용상으로 백성들이 감사를 드리는 내용과 탄원으로 되어 있어서 예배에 적절하다.

9. *사죄의 확인 / 벧전 2:9-10 / 집례자

복음을 믿으라. 너희가 전에는 백성이 아니더니 이제는 하나님의 백성이요 전에는 긍휼을 얻지 못하였더니 이제는 긍휼을 얻은 자니라. 그리스도 안에서 너희는 죄 사함을 받았으니 이는 너희를 어두운 데서 불러 내어 그의 기이한 빛에 들어가게 하신 자의 아름다운 덕을 선포하게 하려 하심이라.

10. *영광송 / 찬송가 4장 "성부 성자와 성령" / 다같이

11. 교회의 기도 / 맡은 이
사랑과 자비가 풍성하시고 영원하신 하나님,
이 작고 작은 나라, 한반도의 이 땅을 위하여 베풀어 주신
하나님의 사랑과 은총에 감사를 드립니다.

외세의 침략 속에서 신음하던 나라,
하나님을 알지 못하고 거짓과 죄악 속에서 살아가던 백성들,
가난하고 병들고 고통과 억압으로 신음하던 이 땅에
주님의 교회를 세우셔서
십자가의 복음이 전파되게 하시니
참으로 감사를 드립니다.

평양의 작은 교회들이 모여 노회를 세운 지
100년이 되었습니다.
비록 이북의 교회들이 박해와 어려움을 당하여
잠시 디아스포라와 같은 피난의 시기를 보내고 있사오나,
복음이 침체되지 아니하고,
도리어 이 나라의 온 땅에 복음이 번져가게 하셨으니
감사를 드립니다.

전능하시고 거룩하신 하나님,

이 땅에 세우신 주님의 교회를 위하여 기도합니다.

세상의 힘에 유린당하지 아니하고, 하나님만을 온전히 예배하는

참된 교회가 되게 하여 주시옵소서.

슬퍼하는 자들을 위로하며 어려움을 당하는 사람들을 돕는

아름다운 교회가 되게 하여 주시옵소서.

아이들과 젊은이들이 하나님을 온전히 섬길 수 있도록 훈련하는

꿈이 있는 교회가 되게 하여 주시옵소서.

악한 세력의 침투를 막고 신실한 생활을 장려하며,

온 땅에 평화와 정의를 촉진하는

하나님을 기쁘시게 하는 교회가 되게 하여 주시옵소서.

복음을 전하기 위해 함께 노력하며 그리스도 안에서 한 몸을 이루는

주님의 교회가 되게 하여 주시옵소서.

역사를 주관하시는 하나님,

지나간 과거를 돌아보면서 주님께 감사를 드립니다.

이제 평양노회에 속한 주님의 교회들을 강복하셔서

교회를 반석 위에 세우시고, 주님의 일꾼들을 온전케 하여 주시옵소서.

주님의 나라를 예비하고 그 길을 닦는 교회들이 되게 하여 주시옵소서.

그리하여 주님의 이름이 이 땅에서 영원히 높임을 받으시옵소서.

우리를 구원하신 유일하신 이름,

주 예수 그리스도의 이름으로

기도하옵나이다. 아멘.

12. 찬송 / 찬미가 14장[27] / 다같이 (Auld Lang Sine 곡에 맞추어서)

1절 동해물과 백두산이 말으고 달토록 하나님이 보호하사 우리 대한 만세

---

27   윤치호의 찬미가에 나오는 찬송가 14장은 Auld Lang Sine의 곡조로 불렸으며 후일 애국가로 오랫동안 불리게 되었다.

2절 남산우혜 저 소나무 철갑을 두른 듯 바람이슬 불변함은 우리 긔상일세
3절 가을 하날 공활한대 구름업시 놉고 밝은 달은 우리 가슴 일편단심일세
4절 이 긔상과 이 마음으로 님군을 섬기며 괴로오나 질거우나 나라 사랑하세
후렴 무궁화 삼천리 화려강산 대한사람 대한으로 길이 보전하세

C. 말씀의 예전

13. 설교 전 기도 / 설교자

14. 구약성경 봉독 / 설교자

15. 찬양 / "하나님의 교회"[28] / 찬양대

16. 신약성경 봉독 / 설교자

17. 말씀의 선포 / 설교자

18. 찬송 / 찬송가 600장 "교회의 참된 터는" / 다같이

D. 성찬성례전

19. 성찬을 위한 말씀 / 시 36:7-9a(새번역) / 집례자
"하나님, 주님의 한결같은 사랑이 어찌 그리 값집니까?
사람들이 주님의 날개 그늘 아래로 피하여 숨습니다.

---

28 김두완 곡, 김용진 작사, "하나님의 교회", 『교회력에 의한 교회 예배 합창 제 2집』 (서울: 호산나 음악사, 1994), 220-229.

주님의 집에 있는 기름진 것으로 그들이 배불리 먹고,

주님이 그들에게 주님의 시내에서 단물을 마시게 합니다.

생명의 샘이 주님께 있습니다."

20. 제정의 말씀 / 고전 11:23-26 / 집례자[29]

내가 오늘 여러분에게 전하는 것은 교회를 통하여 주님으로부터 받은 것입니다.

우리 주 예수 그리스도께서 자신의 몸을 온전히 내어주시던 그 밤에

주님께서는 떡을 드시고 축복의 기도를 드리신 다음

떼어 제자들에게 나누어 주시며 말씀하셨습니다.

"이것은 너희를 위하는 내 몸이다. 이것을 행하여 나를 기억하여라."

또한 이와 같이 잔을 드시고 축복의 기도를 드리신 다음

제자들에게 나누어 주시면서 말씀하셨습니다.

"이 잔은 내 피로 세운 새 언약이다. 너희가 마실 때마다 이것을 행하여 나를 기억하여라."

그러므로 우리는 이 떡을 먹으며 이 잔을 마실 때마다 주님의 죽으심을 그의 오실 때까지 전합니다.

21. 성찬기도 / 집례자

은혜로우신 하나님,

이제 감히 주님께서 마련하신 주님의 식탁에 앉습니다.

우리의 마음을 깨끗하게 하시고

우리의 눈을 열어 주시고

성령께서 임재하여 주셔서

살아 계신 주님을 뵈옵는 귀한 은총을 허락하여 주시옵소서.

예수님의 이름으로 기도합니다. 아멘.

---

29 성찬성례전에서는 ① 떡을 들고, ② 축사하고, ③ 떼어 ④ 나누어 주는 것과 ① 포도주를 들고, ② 축사하고, ③ 나누어
주는 행위가 중요하다. 이러한 행위는 제정의 말씀이 선포되는 순간에 행하는 것이 가장 적절하다.

22. 분병분잔 / 집례자와 회중

(성찬기도가 끝나면 분병분잔위원이 성찬대 앞으로 나온다. 분병분잔위원이 정렬하여 선 후에 집례자는 다음과 같이 말한다.[30])

집례자: 우리가 나누는 떡은 그리스도 몸과의 교제입니다. 이 떡을 받는 모든 사람은 그리스도의 지체요 한 몸입니다.(이때 집례자는 떡을 들고 모든 사람에게 보여준다.)[31]

회 중: 아멘.

(다시 집례자는 잔을 들고 다음과 같이 말한다.)

집례자: 우리가 나누는 이 잔은 그리스도 피로 맺는 새로운 언약입니다. 이 잔을 받는 사람은 그리스도께서 세우신 언약의 지체요 한 몸입니다.

회 중: 아멘.

집례자: 이제 다 함께 주님의 성찬을 받겠습니다.

23. 성찬찬송 / 찬송가 228장 "오 나의 주님 친히 뵈오니" / 다같이

24. 성찬 후 기도 / 집례자

E. 파송

25 *찬송 / 323장 "부름 받아 나선 이 몸" / 다같이[32]

---

30 분병과 분잔위원이 앞에 나와서 먼저 떡과 잔을 받고, 후에 회중에게 떡과 잔을 나누어 주는 방식으로 성찬성례전을 진행한다.

31 이때 떡은 가능하면 흰색 설기떡으로 한다.

32 한국인이 작사 작곡한 곡으로 결단의 찬송으로 많이 사용되어 온 한국 찬송가이다.

26. *파송선언 / 살전 5:23-24[33] / 집례자

"평화의 하나님께서 친히, 여러분을 완전히 거룩하게 해 주시고, 우리 주 예수 그리스도께서 오실 때에 여러분의 영과 혼과 몸을 흠이 없이 완전하게 지켜 주시기를 빕니다. 여러분을 부르시는 분은 신실하시니, 이 일을 또한 이루실 것입니다."

27. *축도 / 민 6:24-26[34] / 집례자

"여호와는 네게 복을 주시고 너를 지키시기를 원하며 여호와는 그의 얼굴을 네게 비추사 은혜 베푸시기를 원하며 여호와는 그 얼굴을 네게로 향하여 드사 평강 주시기를 원하노라"

---

33 본문은 고대예전에서는 사제를 안수하는 예배에서 사제를 축복하며 사제의 사역을 위해 비는 기도문에서 사용되는 본문이다. 장로교에서는 성도들 각자가 하나님의 일꾼으로 세상으로 나아가는 것(만인사제)을 강조하므로 본문을 파송의 말씀으로 사용하였으며 번역은 표준새번역 개정판에서 인용하였다.

34 축도는 목회자가 성경말씀을 읽는 것이므로 성경에 있는 문장 그대로 사용하는 것이 가장 적절하다.

7장

미국장로교(PCUSA) 220주년
총회에서 드리는 대한예수교장로회(PCK)
총회 100주년 감사예배

I. 예배를 위한 안내

1. 예배의 의미

본 예배는 총회 창립 100주년을 맞이한 대한예수교장로회 교단이 지나간 시간을 회상하며 한국에 복음을 전하여 준 미국장로교 총회(220주년)와 함께 드리는 감사예배이다.

2. 예배 참석 범위

본 예배는 대한예수교장로회(PCK) 교단의 대표들과 미국장로교(PCUSA)에 속한 한인목회자들과 임원단들이 참여하여 드릴 수 있도록 준비되었다.

3. 예배 장소와 소요시간

예배 장소는 총회 장소 중 크지 않은 집회 장소 또는 지역의 예배당이며, 소요시간은 약 1시간 전후이다.

4. 예배의 주제

1) 한국에 복음이 전파된 이후 한국교회가 걸어온 발자취를 돌아보면서 한국에 복음을

전해 준 선교국들에 대한 형제자매로서의 우애를 표현한다.

2) 한국교회와 함께하셨던 하나님을 기억하고 감사를 드린다.

5. 예배의 기본적인 방향

1) 한국적 문화를 반영하도록 노력한다.

2) 초대 한국교회가 그러했듯이 애국적인 관점에서 접근한다.

3) 예배의 집례에 있어서 다양한 지체가 참여할 수 있도록 배려한다.

4) 장로교 전통을 따른 예배 순서의 틀을 기본으로 한다.

Ⅱ. 예배의 실제

A. 예배의 준비

예배를 시작하기 전 회중이 입장하여 자리에 앉는 동안 한국선교와 관련한 동영상을 보여준다. 동영상의 자체 배경음악은 없애고 현장에서 가야금으로 Amazing Grace를 연주한다. 이것이 불가능하다면 동영상의 음악으로 가야금 연주를 사용하는 것도 좋다.

B. 예배로 나아감 (*표는 일어서서)

1. *입장과 행진 / 기수단과 집례자

(맨 앞에 창호지로 만든 두 개의 등이 입장하고, 뒤로 태극기와 성조기, 그리고 각 교단의 총회기가 입장하고 뒤를 따라 집례자가 입장한다. 두 개의 등은 성찬대 옆에 놓는다. 이때 처음으로 미국선교사들이 미국교회에 보고한 보고서를 함께 들고 입장할 수 있다. 입장할 때 스톨은 한국적인 의미를 담은 색동으로 통일한다.[1])

---

1 색동으로 된 스톨은 총회에서 사용하는 것으로 하고, 그곳에서 미국 집례자들에게는 나누어 주도록 한다. 그리고 창호지로 만든 등은 평양노회 100주년 기념대회에서 사용했던 것을 사용하는 것도 좋겠다.

(동영상이 끝나고 가야금 연주가 작아지면 북이 잠시 울리고 점차 일정한 박자로 입장을 유도한다. 북소리를 들으면서 기수단이 입장한다. 이때 한국의 여러 악기를 가지고 "아리랑"을 연주한다. 이것이 불가능하다면 오르간이나 다른 악기로 "아리랑"을 연주한다.)

2. 예배선언 / 집례자

복음을 알지 못하던 조용한 아침의 나라에 하나님의 복음이 전파되고, 하나님을 알지 못하던 한반도의 백성들이 주님의 이름을 부르게 되었습니다. 복음을 먼저 받은 사람들이 복음을 들고 가난하고 소망 없는 나라를 찾아주었습니다. 오늘 우리는 한국에 조선교회가 세워지고 총회가 설립된 지 100주년을 맞이하면서 한국에 복음을 전하여 준 미국장로교(PCUSA)의 목회자들과 한마음으로 감사의 예배를 드리고자 합니다. 그동안 미국장로교회는 총회가 세워진 지 220년이 되었고, 한국교회는 100년이 되었습니다. 지난 시간 동안 하나님께서 한국교회를 위하여 행하신 일들이 오묘하고 놀라울 뿐입니다. 이제 우리의 마음과 뜻과 정성을 모아 선교사들을 통하여 한국에 주님의 교회를 세우시고 지난 100년간 한국교회와 함께하신 하나님께 감사의 예배를 드립시다.

(이때 종이나 징을 세 번 쳐서 시작을 알린다.)

3. 응답송 / 찬송가 621장 "찬양하라 내 영혼아" / 찬양대

4. 예배로 부름 / 시 121:1-2, 117편(새번역) / 집례자
우리의 도움은 하늘과 땅을 만드신 주님의 이름에 있도다.[2]
"너희 모든 나라들아, 주님을 찬송하며, 너희 모든 백성들아, 그를 칭송하여라. 우리에게 향하신 주님의 인자하심이 크고 주님의 진실하심은 영원하다."

5. 기원 / 집례자
온 피조물들로부터 예배를 받으시기에 합당하신 하나님! 한국에 복음이 전파되어 교회

---

2   본문은 칼뱅이 만든 대부분의 예배 순서에 나오는 예배 초대의 말씀으로 칼뱅 예전의 한 특징을 이룬다.

들의 연합체인 총회를 설립한 지 100년이 되어 감사하는 마음으로 복음을 전하여 준 미국 장로교회와 함께 감사하는 마음으로 주님께 예배합니다. 성령께서 이 시간 함께하셔서 오늘의 이 예배가 오직 주님께만 영광을 돌리는 귀한 예배가 되게 하여 주시옵소서. 우리를 구원하실 유일하신 이름, 예수 그리스도의 이름으로 기도하옵나이다. 아멘.

C. 찬양과 고백

6. *경배의 찬송 / 찬송가 38장 "예수 우리 왕이여" / 다같이

7. *죄의 고백으로 초대와 응답 / 렘 3:22 / 집례자와 회중
집례자: 배역한 자식들아 돌아오라 내가 너희의 배역함을 고치리라
회 중: 보소서 우리가 주께 왔사오니 주는 우리 하나님 여호와이심이니이다

8. *민족을 위한 느헤미야의 기도 / 느 1:5-11 / 집례자
"하늘의 하나님 여호와 크고 두려우신 하나님이여 주를 사랑하고 주의 계명을 지키는 자에게 언약을 지키시며 긍휼을 베푸시는 주여 간구하나이다 이제 종이 주의 종들인 이스라엘 자손을 위하여 주야로 기도하오며 우리 이스라엘 자손이 주께 범죄한 죄들을 자복하오니 주는 귀를 기울이시며 눈을 여시사 종의 기도를 들으시옵소서

나와 내 아버지의 집이 범죄하여 주를 향하여 크게 악을 행하여 주께서 주의 종 모세에게 명령하신 계명과 율례와 규례를 지키지 아니하였나이다 옛적에 주께서 주의 종 모세에게 명하여 이르시되 만일 너희가 범죄하면 내가 너희를 여러 나라 가운데에 흩을 것이요 만일 내게로 돌아와 내 계명을 지켜 행하면 너희 쫓긴 자가 하늘 끝에 있을지라도 내가 거기서부터 그들을 모아 내 이름을 두려고 택한 곳에 돌아오게 하리라 하신 말씀을 이제 청하건대 기억하옵소서 이들은 주께서 일찍이 큰 권능과 강한 손으로 구속하신 주의 종들이요 주의 백성이니이다

주여 구하오니 귀를 기울이사 종의 기도와 주의 이름을 경외하기를 기뻐하는 종들의 기도를 들으시고 오늘 종이 형통하여 이 사람들 앞에서 은혜를 입게 하옵소서"

9. *죄의 고백(통성기도) / 다같이

1907년 한국의 평양 장대현교회에서 시작되었던 통성기도의 예를 따라 다 함께 통성으로 기도하겠습니다.

10. *사죄의 확인 / 벧전 2:9-10 / 집례자

복음을 믿으라. 너희가 전에는 백성이 아니더니 이제는 하나님의 백성이요 전에는 긍휼을 얻지 못하였더니 이제는 긍휼을 얻은 자니라. 그리스도 안에서 너희는 죄 사함을 받았으니 이는 너희를 어두운 데서 불러 내어 그의 기이한 빛에 들어가게 하신 자의 아름다운 덕을 선포하게 하려 하심이라.

11. *영광송 / 찬송가 4장 "성부 성자와 성령" / 다같이

12. 교회의 기도 / 맡은 이
사랑과 자비가 풍성하시고 영원하신 하나님,
지난 100년간
참으로 작고 작은 나라, 한반도에서 일어난
기적과 같은 일들을 바라보며
하나님께 찬양과 감사를 드립니다.

외세의 침략 속에서 신음하던 나라,
하나님을 알지 못하고 거짓과 죄악 속에서 살아가던 백성들,
가난하고 병들고 고통과 억압으로 신음하던 한반도에
준비된 복음의 전사들을 보내시고
그들의 피와 땀과 희생 위에
주님의 교회를 세우셔서
십자가의 복음이 전파되게 하셨으니
참으로 감사를 드립니다.

이제 조선의 백성들이 복음을 받아 교회를 세우고

그 교회들이 모여 총회를 세운 지

100년이 되었습니다.

비록 이북의 교회들이 박해와 어려움을 당하여

잠시 디아스포라와 같은 피난의 시기를 보내고 있사오나,

복음이 침체되지 아니하고,

도리어 한국을 통하여 온 땅에 복음이 번져가게 하셨으니

감사를 드립니다.

오늘

이 귀한 복음을 전하여 준 나라 미국에서

복음으로 한 형제자매 된 우리가 함께 모여 주님을 찬양합니다.

총회 설립 220주년을 맞이하는 미국의 그리스도인들과

총회 설립 100주년을 맞이하는 한국의 그리스도인들이 함께 모여

주님을 찬양합니다.

주님, 간구하오니,

그동안 복음을 위하여 헌신한 미국의 귀한 선교사들,

주님의 종들과 그들의 후손들을 위로하시고 강복하여 주시옵소서.

그들의 헌신이 하늘나라에서 영원히 기억될 것을 믿사오니

그 후손들이 살아가는 이 땅에서 그들의 삶이 평안하게 하여 주시옵소서.

전능하시고 거룩하신 하나님,

이 땅에 세우신 주님의 교회를 위하여 기도합니다.

특별히 한국과 미국에 세워진 주님의 교회를 위하여 간절히 기도합니다.

세상의 힘에 유린당하지 아니하고, 하나님만을 온전히 예배하는

참된 교회가 되게 하여 주시옵소서.

슬퍼하는 자들을 위로하며 어려움을 당하는 사람들을 돕는

아름다운 교회가 되게 하여 주시옵소서.
아이들과 젊은이들이 하나님을 온전히 섬길 수 있도록 훈련하는
꿈이 있는 교회가 되게 하여 주시옵소서.
악한 세력의 침투를 막고 신실한 생활을 장려하며,
온 땅에 평화와 정의를 촉진하는
하나님을 기쁘시게 하는 교회가 되게 하여 주시옵소서.
복음을 전하기 위해 함께 노력하며 그리스도 안에서 한 몸을 이루는
주님의 교회가 되게 하여 주시옵소서.

역사를 주관하시는 하나님,
지나간 과거를 돌아보면서 주님께 감사를 드립니다.
이제 미국장로교회와 한국장로교회에 속한 모든 주님의 교회 위에 강복하셔서
교회를 반석 위에 세우시고, 주님의 일꾼들을 온전케 하여 주시옵소서.
주님의 나라를 예비하고 그 길을 닦는 교회들이 되게 하여 주시옵소서.
그리하여 주님의 이름이 이 땅에서 영원히 높임을 받으시옵소서.

주 예수 그리스도의 이름으로
기도하옵나이다. 아멘.

13. 찬송 / 찬미가 14장[3] / 다같이
1절 동해물과 백두산이 말으고 달토록 하나님이 보호하사 우리 대한 만세
2절 남산우혜 저 소나무 철갑을 두른 듯 바람이슬 불변함은 우리 긔상일세
3절 가을 하날 공활한대 구름업시 놉고 밝은 달은 우리 가슴 일편단심일세
4절 이 긔상과 이 마음으로 님군을 섬기며 괴로오나 질거우나 나라 사랑하세
후렴 무궁화 삼천리 화려강산 대한사람 대한으로 길이 보전하세

---

3   윤치호의 찬미가에 나오는 찬송가 14장은 Auld Lang Sine의 곡조로 불렸으며 후일 애국가로 오랫동안 불리게 되었다.

D. 말씀의 예전

14. 설교 전 기도 / 설교자

15. 구약성경 봉독 / 설교자

16. 찬양 / "하나님의 교회"[4] / 찬양대

17. 신약성경 봉독 / 설교자

18. 말씀의 선포 / 설교자

19. 찬송 / 찬송가 600장 "교회의 참된 터는" / 다같이

E. 성찬성례전

20. 성찬으로의 초대 / 집례자

"너희는 내가 시련을 겪는 동안에 나와 함께한 사람들이다. 내 아버지께서 내게 왕권을 주신 것과 같이, 나도 너희에게 왕권을 준다. 그리하여 너희가 내 나라에 들어와 내 밥상에서 먹고 마시게 하고, 옥좌에 앉아서 이스라엘 열두 지파를 심판하게 하겠다"(눅 22:28-30).

사랑하는 형제자매 여러분, 이 자리는 하나님 백성들이 누리는 기쁨의 잔치자리입니다. 하나님의 나라에서 우리는 함께 모여 주님께서 베풀어 주시는 잔치에 참여합니다.

이것은 주님의 식탁입니다.

---

4   김두완 곡, 김용진 작사, "하나님의 교회", 『교회력에 의한 교회 예배 합창 제 2집』 (서울: 호산나 음악사, 1994), 220-229.

우리 주님께서 선택하신 백성들을 위하여 친히 준비해 놓으신 하늘의 잔치입니다.

주님께서 주님의 이름을 위하여 함께 시련을 겪은 여러분을 이 자리로 초대하십니다.

21. 신앙고백 / 사도신경 / 집례자와 회중

집례자: 성찬으로 나아오는 사람들에게 필요한 것은 온전한 믿음입니다.

이제 우리의 선조들이 주님께 고백하였던 그 고백을 따라 사도신경으로 우리의

신앙을 고백합시다.

회 중: 나는 전능하신 아버지 하나님,

천지의 창조주를 믿습니다.

나는 그의 유일하신 아들, 우리 주 예수 그리스도를 믿습니다.

그는 성령으로 잉태되어 동정녀 마리아에게서 나시고,

본디오 빌라도에게 고난을 받아 십자가에 못 박혀 죽으시고,

장사된 지 사흘 만에 죽은 자 가운데서 다시 살아나셨으며,

하늘에 오르시어 전능하신 아버지 하나님 우편에 앉아 계시다가,

거기로부터 살아있는 자와 죽은 자를 심판하러 오십니다.

나는 성령을 믿으며,

거룩한 공교회와 성도의 교제와

죄를 용서받는 것과 몸의 부활과

영생을 믿습니다. 아멘.

22. 제정의 말씀 / 고전 11:23-26 / 집례자

내가 오늘 여러분에게 전하는 것은 교회를 통하여 주님으로부터 받은 것입니다.

우리 주 예수 그리스도께서 자신의 몸을 온전히 내어주시던 그 밤에

주님께서는 떡을 드시고 축복의 기도를 드리신 다음

떼어 제자들에게 나누어 주시며 말씀하셨습니다.

"이것은 너희를 위하는 내 몸이다. 이것을 행하여 나를 기억하여라."

또한 이와 같이 잔을 드시고 축복의 기도를 드리신 다음

제자들에게 나누어 주시면서 말씀하셨습니다.

"이 잔은 내 피로 세운 새 언약이다. 너희가 마실 때마다 이것을 행하여 나를 기억하여라."

그러므로 우리는 이 떡을 먹으며 이 잔을 마실 때마다 주님의 죽으심을 그의 오실 때까지 전합니다.

23. 성찬기도 / 집례자

은혜로우신 하나님,
이제 감히 주님께서 마련하신 주님의 식탁에 앉습니다.
우리의 마음을 깨끗하게 하시고
우리의 눈을 열어 주시고
성령께서 임재하여 주셔서
살아 계신 주님을 뵈옵는 귀한 은총을 허락하여 주시옵소서.
예수님의 이름으로 기도합니다. 아멘.

24. 분병분잔 / 집례자, 성찬위원

〈분병〉

우리가 나누는 빵은 그리스도 몸과의 교제입니다. 그리스도께서 자신의 몸을 여러분을 위해 주셨습니다. 이제 주님의 몸을 받겠습니다.

〈분잔〉

우리가 나누는 이 잔은 그리스도 피로 맺는 새로운 언약입니다. 그리스도께서 자신의 피를 여러분을 위해 주셨습니다. 이제 주님의 피를 받겠습니다.

집례자: 이제 다 함께 주님의 성찬을 받겠습니다.

(이때 분병과 분잔을 함께하여 빵과 포도주를 한꺼번에 회중에게 나누어 주도록 한다.)

25. 성찬찬송 / 찬송가 377장 "전능하신 주 하나님" / 다같이

26. 성찬 후 기도 / 집례자

F. 파송

27. *찬송 / 581장 "주 하나님 이 나라를 지켜주시고"[5] / 다같이

28. 결단의 기도 / 다같이

천지를 창조하신 하나님 아버지,

만물을 새롭게 하시며 낡은 가지에서 새순이 트게 하시는 주님,

오늘 미국과 한국에서 태어난 주님의 백성들이 한마음이 되어 함께 예배하게 하심을 감사드립니다.

지난 100년간을 돌아보며, 그리고 220년의 세월을 돌아보며, 이제 새로운 신앙의 여정, 순례의 여정, 훈련의 여정을 시작케 하심을 감사합니다. 이 민족의 지나온 길을 인도하셨듯이 앞으로의 길도 주님께서 인도하여 주실 것을 믿습니다.

새로운 시간을 주셨사오니, 주님, 이제 우리에게 새로운 마음을 주시기를 빕니다. 보다 경건하고, 보다 열정적이며, 보다 아름다운, 그리고 보다 순수한 마음을 주시옵소서.

우리를 귀한 주님의 일꾼으로 부르셨으니, 참으로 향기롭고 맛이 나는 주님의 일꾼으로 정금과 같이 빚어 주시옵소서.

우리를 구원하신 예수 그리스도의 이름으로 기도드리옵나이다. 아멘.

29. *파송선언 / 시 121:1-3, 5-8 / 집례자

"내가 산을 향하여 눈을 들리라 나의 도움이 어디서 올까

나의 도움은 천지를 지으신 여호와에게서로다

여호와께서 너를 실족하지 아니하게 하시며 너를 지키시는 이가 졸지 아니하시로다

여호와는 너를 지키시는 이시라 여호와께서 네 오른쪽에서 네 그늘이 되시나니

---

5   한국인이 작사 작곡한 곡으로 민족을 위한 탄원의 기도의 형태의 찬송가이다.

낮의 해가 너를 상하게 하지 아니하며 밤의 달도 너를 해치지 아니하리로다

여호와께서 너를 지켜 모든 환란을 면하게 하시며 또 네 영혼을 지키시리로다

여호와께서 너의 출입을 지금부터 영원까지 지키시리로다"

30. *축도 / 민 6:24-26 / 집례자

"여호와는 네게 복을 주시고 너를 지키시기를 원하며 여호와는 그의 얼굴을 네게 비추사 은혜 베푸시기를 원하며 여호와는 그 얼굴을 네게로 향하여 드사 평강 주시기를 원하노라"

8장

대한예수교장로회 총회
100주년 감사예배

I. 예배를 위한 안내

1. 예배의 의미

본 예배는 총회 창립 100주년을 맞이하는 대한예수교장로회(통합) 교단이 지나간 시간을 회상하며 하나님께 감사드리는 예배이다.

2. 예배의 주제

1) 한국에 복음이 전파된 이후 한국교회가 걸어온 발자취를 돌아보면서 한국교회의 잘못된 모습들을 회개한다.
2) 한국교회와 함께하셨던 하나님을 기억하고 감사를 드린다.
3) 새로운 세기를 맞이하면서 하나님께서 주시는 새로운 소명을 받아 우리의 다짐을 새롭게 한다.

3. 예배의 기본적인 방향

1) 한국적 문화를 반영하도록 노력한다.
2) 초대 한국교회가 그러했듯이 애국적인 관점에서 접근한다.

3) 예배의 집례에 있어서 다양한 지체가 참여할 수 있도록 배려한다.

4) 장로교 전통을 따른 예배 순서의 틀을 기본으로 한다.

4. 예배와 기념 및 축하의 순서 분리

정부대표 등의 축사와 해외대표들의 축사, 그리고 100년 교회사에서 큰 족적을 남기신 분들과 교회들, 그리고 선교사 가문을 위한 표창 순서는 예배 후에 2부 순서로 진행하는 것을 원칙으로 한다. 이는 예배는 철저하게 하나님께 감사와 영광을 돌려야 하기 때문이며, 예배 중간에 축사나 표창 등을 하는 것은 하나님께 돌려야 할 감사와 영광이 잘못하면 사람에게 돌아갈 수 있기 때문이다.

5. 예배 기획자

주승중 목사(장로회신학대학교 예배설교학)

김경진 목사(장로회신학대학교 예배설교학)

유재원 목사(장로회신학대학교 예배설교학)

6. 예배 집례

1부 예배 집례: 제97회기 총회장 손○○ 목사

물의 예전 집례: 신임 목사부총회장

성찬성례전 집례: 직전총회장 박○○ 목사

II. 예배의 실제

A. 예배의 준비

예배를 시작하기 전 회중이 입장하여 자리에 앉는 동안 한국 장로교회의 역사와 관련한 동영상을 보여준다. 동영상의 자체 배경음악은 없애고 현장에서 가야금으로 찬송가 582장 "어둔 밤 마음에 잠겨" 또는 "Amazing Grace"를 연주한다. 이것이 불가능하다면 동영상의 음악으로 가야금 연주를 사용하는 것도 좋다.

B. 예배로 나아감(*표는 일어서서)

1. *입장과 행진 / 기수단과 집례자

(맨 앞에 창호지로 만든 두 개의 등을 들고 입장하고, 그 뒤로 태극기와 교단의 총회기를 들고 입장한 다음 그 뒤를 따라 집례자가 입장한다. 이때에는 제97회 총회 주제인 "그리스도인, 작은 이들의 벗"을 살리기 위해 장애인, 가난한 이웃, 다문화 가족, 탈북민을 대표하는 분들이 집례자의 뒤를 이어 입장하고, 그 뒤에 해외 교회를 대표하는 분들이 입장하도록 한다. 이와 같은 순서로 입장한 다음 예배당 앞부분에 미리 배치해 둔 좌석에 앉는다. 두 개의 등은 성찬대 옆에 놓는데, 처음 총회에서 사용하였던 고퇴〈의사봉〉와 총회록을 함께 성찬대 앞에 놓도록 한다. 입장할 때 스톨은 한국적 의미를 담은 색동으로 통일한다.[1])

(동영상이 끝나고 가야금 연주가 작아지면 북이 잠시 울리고 점차 일정한 박자로 입장을 유도한다. 북소리를 들으면서 기수단이 입장한다. 이때 한국의 여러 악기를 가지고 "아리랑"을 연주한다. 이것이 불가능하다면 오르간이나 다른 악기로 "아리랑"을 연주한다.)

2. 예배선언 / 집례자

복음을 알지 못하던 조용한 아침의 나라에 하나님의 복음이 전파되고, 하나님을 알지 못하던 이 땅의 백성들이 주님의 이름을 부르게 되었습니다. 이제 이 땅에 조선교회가 세워지고 총회가 설립된 지 100주년이 되었습니다. 지난 100년 동안 하나님께서 한국교회를 위하여 행하신 일들이 오묘하고 놀라울 뿐입니다. 이제 우리는 지나간 시간을 돌아보며 우리의 주인이신 하나님께 감사의 예배를 드리고자 합니다.

우리의 마음과 뜻과 정성을 모아 이 땅에 주님의 교회를 세우시고 지난 100년간 한국교회와 함께하신 하나님께 감사의 예배를 드립시다.

---

1 색동으로 된 스톨은 새로 만들거나 현재 총회에서 사용하는 것으로 한다. 그리고 창호지로 만든 등은 평양노회 100주년 기념대회에서 사용한 것을 참고하거나 그대로 사용하는 것도 좋다.

(이때 징[2]을 세 번 쳐서 시작을 알린다.)

3. 응답송 / 찬송가 621장 "찬양하라 내 영혼아" / 찬양대

4. 예배로 부름 / 시 121:1-2, 117편(새번역) / 집례자
우리의 도움은 하늘과 땅을 만드신 주님의 이름에 있도다.[3]
"너희 모든 나라들아, 주님을 찬송하며, 너희 모든 백성들아, 그를 칭송하여라. 우리에게 향하신 주님의 인자하심이 크고 주님의 진실하심은 영원하다."

5. 기원 / 집례자
온 피조물로부터 예배를 받으시기에 합당하신 하나님! 한국에 복음이 전파되어 교회들의 연합체인 총회를 설립한 지 100년이 되어 감사의 마음으로 이 땅의 백성들이 주님께 예배합니다. 성령께서 이 시간 함께하셔서 오늘의 이 예배가 오직 주님께만 영광을 돌리는 귀한 예배가 되게 하여 주시옵소서. 우리를 구원하실 유일하신 이름, 예수 그리스도의 이름으로 기원합니다. 아멘.

C. 찬양과 고백

6. *경배의 찬송 / 찬송가 38장 "예수 우리 왕이여" / 다같이

7. *죄의 고백으로 초대와 응답 / 렘 3:22 / 집례자와 회중
집례자: 배역한 자식들아 돌아오라 내가 너희의 배역함을 고치리라
회　중: 보소서 우리가 주께 왔사오니 주는 우리 하나님 여호와이심이니이다

---

2 강단에 놓인 예배 종의 기원은 한국교회에서 교회학교를 마치고 예배를 시작하기 전에 주의를 집중하기 위하여 사용되었던 것에서 유래한 것으로 여겨지는데, 한국교회의 독특한 형태이므로 이곳에서 사용하였다.

3 본문은 칼뱅이 만든 대부분의 예배 순서에 나오는 예배 초대의 말씀으로 칼뱅 예전의 한 특징을 이룬다.

8. *민족을 위한 느헤미야의 기도 / 느 1:5-11 / 집례자

"하늘의 하나님 여호와 크고 두려우신 하나님이여 주를 사랑하고 주의 계명을 지키는 자에게 언약을 지키시며 긍휼을 베푸시는 주여 간구하나이다 이제 종이 주의 종들인 이스라엘 자손을 위하여 주야로 기도하며 우리 이스라엘 자손이 주께 범죄한 죄들을 자복하오니 주는 귀를 기울이시며 눈을 여시사 종의 기도를 들으시옵소서

나와 내 아버지의 집이 범죄하여 주를 향하여 크게 악을 행하여 주께서 주의 종 모세에게 명령하신 계명과 율례와 규례를 지키지 아니하였나이다 옛적에 주께서 주의 종 모세에게 명하여 이르시되 만일 너희가 범죄하면 내가 너희를 여러 나라 가운데에 흩을 것이요 만일 내게로 돌아와 내 계명을 지켜 행하면 너희 쫓긴 자가 하늘 끝에 있을지라도 내가 거기서부터 그들을 모아 내 이름을 두려고 택한 곳에 돌아오게 하리라 하신 말씀을 이제 청하건대 기억하옵소서 이들은 주께서 일찍이 큰 권능과 강한 손으로 구속하신 주의 종들이요 주의 백성이니이다

주여 구하오니 귀를 기울이사 종의 기도와 주의 이름을 경외하기를 기뻐하는 종들의 기도를 들으시고 오늘 종이 형통하여 이 사람들 앞에서 은혜를 입게 하옵소서"

9. *죄의 고백과 통성기도 / 다같이

1907년 한국의 평양 장대현교회에서 시작되었던 통성기도의 예를 따라 각자의 죄악을 통성으로 기도하겠습니다.

10. *사죄의 확인 / 벧전 2:9-10 / 집례자

복음을 믿으라. 너희가 전에는 백성이 아니더니 이제는 하나님의 백성이요 전에는 긍휼을 얻지 못하였더니 이제는 긍휼을 얻은 자니라. 그리스도 안에서 너희는 죄 사함을 받았으니 이는 너희를 어두운 데서 불러 내어 그의 기이한 빛에 들어가게 하신 자의 아름다운 덕을 선포하게 하려 하심이라.

11. *영광송 / 찬송가 4장 "성부 성자와 성령" / 다같이

12. 교회의 기도 / 신임 장로부총회장

사랑과 자비가 풍성하시고 영원하신 하나님!

지난 100년간 참으로 작고 작은 나라, 한반도에서 일어난 기적과 같은 일들을 바라보며 하나님께 찬양과 감사를 드립니다.

외세의 침략 속에서 신음하던 나라, 하나님을 알지 못하고 거짓과 죄악 속에서 살아가던 백성들, 가난하고 병들고 고통과 억압으로 신음하던 한반도에 준비된 복음의 전사들을 보내시고 그들의 피와 땀과 희생 위에 주님의 교회를 세우셔서 십자가의 복음이 전파되게 하셨으니 참으로 감사를 드립니다.

이제 조선의 백성들이 복음을 받아 교회를 세우고 그 교회들이 모여 총회를 세운 지 100년이 되었습니다. 비록 이북의 교회들이 박해와 어려움을 당하여 잠시 디아스포라와 같은 피난의 시기를 보내고 있사오나, 복음이 침체되지 아니하고, 도리어 한국을 통하여 온 땅에 복음이 번져가게 하셨으니 감사를 드립니다.

오늘 주님의 은총 가운데 긍휼함을 입은 조선의 백성들이 대한예수교장로회 총회 창립 100주년을 맞이하여 주님을 찬양합니다.

주님, 간구하오니, 그동안 이 작고 작은 땅에 복음을 전하기 위하여 헌신한 선교사들, 주님의 종들과 그들의 후손들을 위로하시고 강복하여 주시옵소서. 그들의 헌신이 하늘나라에서 영원히 기억될 것을 믿사오니 그 후손들의 삶이 이 땅에서, 그리고 하나님의 나라에서 평안하게 하여 주시옵소서.

전능하시고 거룩하신 하나님, 이 한반도에 세우신 주님의 교회를 위하여 기도합니다.

세상의 힘에 유린당하지 아니하고, 하나님만을 온전히 예배하는 참된 교회가 되게 하여 주시옵소서. 슬퍼하는 자들을 위로하며 어려움을 당하는 사람들을 돕는 아름다운 교회가 되게 하여 주시옵소서. 아이들과 젊은이들이 하나님을 온전히 섬길 수 있도록 훈련하는 꿈이 있는 교회가 되게 하여 주시옵소서. 악한 세력의 침투를 막고 신실한 생활을 장려하며, 온 땅에 평화와 정의를 촉진하는 하나님을 기쁘시게 하는 교회가 되게 하여 주시옵소서. 복음을 전하기 위해 함께 노력하며 그리스도 안에서 한 몸을 이루는 주님의 교회가 되게 하여 주시옵소서.

역사를 주관하시는 하나님, 지나간 과거를 돌아보면서 주님께 감사를 드립니다.

이제 대한예수교장로회에 속한 모든 주님의 교회 위에 강복하셔서 교회를 반석 위에 세우시고, 주님의 일꾼들을 온전케 하여 주시옵소서. 주님의 나라를 예비하고 그 길을 닦는 교회들이 되게 하여 주시옵소서. 그리하여 주님의 이름이 이 땅에서 영원히 높임을 받으시옵소서. 주 예수 그리스도의 이름으로 기원하옵나이다. 아멘.

13. 찬송 / 찬미가 14장[4] / 다같이(Auld Lang Syne 곡에 맞추어서)

1절 동해물과 백두산이 말으고 달토록 하나님이 보호하사 우리 대한 만세

2절 남산우혜 저 소나무 철갑을 두른 듯 바람이슬 불변함은 우리 긔상일세

3절 가을 하날 공활한대 구름업시 놉고 밝은 달은 우리 가슴 일편단심일세

4절 이 긔상과 이 마음으로 님군을 섬기며 괴로오나 질거우나 나라 사랑하세

후렴 무궁화 삼천리 화려강산 대한사람 대한으로 길이 보전하세

D. 말씀의 예전

14. 설교 전 기도 / 설교자

15. 구약성경 봉독 / 총회 회계

16. 찬양 / "하나님의 교회"[5] / 찬양대

17. 신약성경 봉독 / 총회 부회계

18. 말씀의 선포[6] / 증경총회장 방 ○○ 목사

19. 찬송 / 찬송가 600장 "교회의 참된 터는" / 다같이

---

4 윤치호의 찬미가에 나오는 찬송가 14장은 Auld Lang Syne의 곡조로 불렸으며 후일 애국가로 오랫동안 불리게 되었다.

5 김두완 작곡, 김용진 작사, "하나님의 교회", 『교회력에 의한 교회 예배 합창』 제 2집 (서울: 호산나 음악사, 1994), 220-229.

6 총회 주제 "그리스도인, 작은 이들의 벗"(마 25:40; 레 19:18)과 해당 성경본문에 적합한 설교를 준비하도록 한다.

E. 물의 예전(언약의 갱신)

20. 초청의 말씀(Invitation) / 집례자(신임 목사부총회장)

사랑하는 대한예수교장로교회 성도 여러분!

오늘은 하나님의 은혜로 대한예수교장로교회 총회가 창립된 지 100주년을 맞이하는
참으로 복된 날입니다.

하나님께서는 나라를 잃어버리고,

죄와 사망 가운데서 방황하던 우리 민족을 긍휼히 여기사

127년 전에 선교사들을 통하여 십자가의 복음을 전해 주시고

우리를 죄와 사망에서 구원하시고 해방시켜 주셨습니다.

우리 믿음의 선조들은 선교사들이 전해 준 십자가의 복음을 듣고

주님 앞에 나와 죄를 회개하고 세례를 받아 영원한 생명을 누리게 되었습니다.

"그러므로 우리가 그의 죽으심과 합하여 세례를 받음으로 그와 함께 장사되었나니 이는
아버지의 영광으로 말미암아 그리스도를 죽은 자 가운데서 살리심과 같이 우리로 또한 새
생명 가운데서 행하게 하려 함이라"(롬 6:4-5).

그렇습니다. 우리는 모두 세례를 받음으로 우리의 옛사람을 십자가에 못 박고

또한 그의 부활에 동참하는 영원한 생명을 누리게 되었습니다.

그러므로 이 시간 여러분의 세례를 기억하십시오.[7]

우리는 세례를 통해서 언약의 백성이 되었습니다.

그러나 우리는 매 순간 주님과 맺은 언약을 잊어버립니다.

하나님 나라의 백성으로서 빛 된 삶을 살지 못합니다.

그러므로 부활하신 주님 앞에서

다시 한 번 우리의 믿음을 새롭게 갱신하는 여기 이 자리에 여러분을 초청합니다.

---

7   이 말을 할 때에 집례자는 단 위에 준비된 커다란 세례대에서 물을 손으로 떠올리는 동작을 반복해서 한다. 이때 사용할
    세례대는 장신대 박물관이나 총회 박물관의 유물 검토 후 결정하도록 한다.

F. 세례의 갱신(Baptismal Renewal)

21. 참회의 기도(Prayer of Confession) / 다같이

죄인들을 불쌍히 여기시는 하나님!

지나간 100년을 돌이켜보며 주님께 회개합니다. 주님께서 베풀어 주신 많은 은혜에도 불구하고 저희는 교권다툼과 교단분열의 현장 속에 있었습니다. 신사참배의 부끄러운 현장에도 있었습니다. 이런 어리석은 죄악과 행동을 때로는 따르고, 때로는 묵인하고, 때로는 충실한 일꾼들을 정죄하는 자리에 서 있기도 했습니다. 하나님! 우리의 죄악과 어리석음을 다시 한 번 자복하오니 이 모든 죄악을 용서하여 주시옵소서.

군사독재 시절에는 교회가 독재자들의 불의와 악행을 지적하고 하나님의 의를 부르짖기보다는 그들의 악행에 눈감고 침묵으로 동조하였음을 고백하고 회개합니다. 그리고 그 후에는 교회가 자신들의 이해관계에 얽혀서 사분오열되어 그리스도의 몸된 교회를 분열하는 죄악을 저질렀습니다. 우리의 이기심에 의한 분열과 다툼을 회개하오니 용서하여 주옵소서.

우리는 또한 교회의 본연의 사명인 소외되고 가난한 자를 돌아보는 것도 게을리했습니다. 교회성장에만 집착해서 지역사회를 돌보지 못하고 나눔과 봉사의 삶을 제대로 실천하지 못했습니다. 또한 우리의 뿌리인 저 북한 지역을 위해 피를 통하는 심정으로 기도하지 못하고 오늘 우리의 삶에만 몰두하였습니다. 뿐만 아니라 한국교회가 우리 사회 안에서 빛과 소금의 역할을 제대로 감당하지 못했던 것을 참회합니다. 우리의 잘못된 행동이 하나님의 영광을 가렸고 우리의 이기심이 주님의 십자가를 다시 욕되게 하였습니다.

하나님! 이 모든 것을 회개하오니 용서하여 주시옵소서. 예수님의 이름으로 기원합니다. 아멘.

22. 언약의 갱신(Reaffirmation of the Baptismal Covenant) / 집례자와 회중

집례자: 우리는 하나님의 백성으로서 살지 못했던 부족함과 죄를 고백했습니다. 이제 다시 한 번 예수 그리스도를 향한 우리의 믿음을 고백함으로 주님과 우리가 맺은 언약을 새롭게 하기를 바랍니다. 한국장로교회 성도들이여, 여러분들은 악을 부인하고, 하나님의 의와 사랑을 저버리게 하는 세상의 힘과 권세를 부인하시겠

습니까?

회　중: 예, 부인하겠습니다.

집례자: 한국장로교회 성도들이여, 하나님의 사랑으로부터 여러분을 분리되게 하는 죄
　　　의 길에서 온전히 떠나시겠습니까?

회　중: 예, 떠나겠습니다.

집례자: 한국장로교회 성도들이여, 다시 한 번 예수 그리스도를 여러분의 주님과 구주
　　　로 고백하고 여러분의 삶의 방향을 예수님께 돌리기로 다짐하시겠습니까?

회　중: 예, 다짐합니다.

집례자: 한국장로교회 성도들이여, 예수님의 신실한 제자로서 말씀에 순종하고, 그의 사
　　　랑을 실천하며, 섬김의 삶과 소금과 빛 된 삶을 살 것을 결단하시겠습니까?

회　중: 예, 결단합니다.

23. 중보와 결단의 기도(Intercessions)[8] / 인도자와 회중

1) 한국교회를 위하여(신○○ 목사 / 서울강남노회 춘계노회시 목사 임직자 중 최연소)

인도자: 교회의 주인 되신 하나님!

　　　이제 한국교회가 잃어버린 첫사랑을 회복하고, 참된 복음을 들고 세상을 향해
　　　담대히 나아가려 합니다. 잃어버린 한 마리 양을 찾기 위해 애썼던 선한 목자 예
　　　수님을 본받아 한 생명의 소중함을 가슴에 새기며 나아가는 한국교회가 될 수
　　　있도록 인도하여 주시옵소서. 개 교회 이기주의에 사로잡혀 어려운 이웃과 세
　　　상을 외면하는 교회가 아니라, 하나님이 가르쳐 주신 사랑을 품고 이웃을 향해
　　　겸손히 섬기며 나아가는 교회가 될 수 있도록 인도하여 주시옵소서. 화해와 일
　　　치의 영, 그리고 진리의 영을 허락하여 주셔서 담대히 주님의 십자가 복음을 선
　　　포하며 나아가는 하나님의 자랑스런 한국교회가 될 수 있도록 인도하여 주시옵
　　　소서. 이처럼 눈에 보이는 교회만이 아니라 눈에 보이지 않는 교회 사역에 애쓰
　　　는 이들의 수고와 눈물을 기억하여 주셔서, 선교사와 수많은 신앙의 선조들의
　　　피땀 아래 세워진 한국교회가 믿음과 소망과 사랑의 빛을 환하게 밝히며 새롭

8　중보와 결단의 기도는 각 직능을 대표하는 이들이 하는 것으로 한다. 즉, 목사, 장로, 권사, 집사, 청년, 어린이를 포함하
　도록 한다.

게 나아갈 수 있는 은혜를 허락하여 주시옵소서. 교회의 머리 되신 예수 그리스도 이름으로 기원합니다. 아멘.

회　중: 주여, 우리의 기도를 들으시고, 우리에게 자비를 베푸소서.[9]

2) 나라와 민족을 위하여 (강 ○○ 장로 / 남선교회전국연합회장)

인도자: 역사의 주인 되신 하나님!

우리에게 허락하신 이 나라와 이 민족을 위하여 간절한 마음으로 기도드립니다. 혼탁한 정치이권과 경제논리에 휘말려 이 나라가 갈 바를 알지 못하고 위태로이 헤매고 있음을 고백합니다. 이 나라의 위정자들과 권세자들을 불쌍히 여겨주시고, 이기적이고 근시안적인 자세에서 벗어나 혜안을 가지고 현명한 결정을 내려 이 나라와 민족을 올바른 방향으로 잘 이끌어 나갈 수 있도록 도와주시옵소서. 우리 믿는 자조차 나라와 민족을 위한 기도를 제대로 드리지 못하고 있습니다. 성경에 기록된 디아스포라 유대인의 역사를 기억합니다. 이 나라가 주권도 없이 억압받고 고통 받고 있을 때 복음을 허락하신 하나님의 은혜를 기억하며, 다시금 마음을 가다듬고 역사적 책임감을 가지고 나라와 민족을 위해 기도하는 우리 모두가 될 수 있도록 인도하여 주시옵소서. 자유를 허락하신 예수 그리스도 이름으로 기원합니다. 아멘.

회　중: 주여, 우리의 기도를 들으시고, 우리에게 자비를 베푸소서.

3) 소외되고 고통 가운데 있는 이들을 위하여 (민 ○○ 장로 / 여전도회전국연합회장)

인도자: 약한 자를 세우시는 하나님!

아직도 이 세상에는 가장 기본적인 의식주조차 해결되지 못한 채 하루하루를 버티고 있는 연약한 사람들이 많습니다. 먼저, 지친 그들의 육신을 채워 줄 수 있게 도와주시고, 나아가서 그들의 공허하고 결핍된 마음과 영혼이 풍성한 하나님의 말씀으로 채워질 수 있는 기적을 베풀어 주시옵소서. 가족으로부터 소외된 사람들이 있습니다. 육신의 고통으로 신음하는 사람들이 있습니다. 절대적

9　이때 종교개혁자 칼뱅이나 부처가 불렀던 키리에송(kyrie song)을 부르게 하는 것도 의미 있는 회중 응답이 된다.

가난에 시달리며 벼랑 끝에 내몰린 채 죽음의 위기 앞에 서 있는 사람들도 있습니다. 학교폭력과 가정폭력에 시달려 황폐한 심령을 안고 힘들게 살아가는 사람들도 있습니다. 상한 갈대를 꺾지 않으시는 하나님께서 그들을 보살펴 주시고 그들이 혼자가 아니라는 사실을 깨닫고 하나님 앞으로 천천히 나아올 수 있도록 도와주시옵소서. 상대적으로 무관심했던 우리의 불친절함과 무지함을 하나님께 내려놓습니다. 그들의 소리없는 절규에 귀 기울이며 실제 우리가 해야 할 바를 가르쳐 주셔서 그들의 손을 함께 잡고 일으켜 세워 하나님 앞으로 나아갈 수 있도록 도와주시옵소서. 연약한 자의 한숨소리를 들으시고 눈물을 닦아 주시는 예수 그리스도 이름으로 기원합니다. 아멘.

회　중: 주여, 우리의 기도를 들으시고, 우리에게 자비를 베푸소서.

4) 평화통일과 탈북민과 북한의 고통 받는 이들을 위하여(마 ○○ 목사 / 평양노회 새희망 샛별교회, 탈북민 대표)

인도자: 위로의 하나님!

처음 복음이 전해졌고, 1907년 부흥의 불길이 일어났으며 순교의 귀한 피가 뿌려진 곳이 바로 북한 땅이었음을 기억합니다. 그러나 지금은 이념의 장벽에 막혀 황무지와도 같이 척박한 땅이 되어 스러져 가고 있습니다. 가혹한 현실로 말미암아 개인의 존엄성이 무너지고, 가정이 무너지고, 하루하루 숨쉬기조차 힘들 정도로 살아가는 북한 땅을 굽어 살피시사 그들의 눈물을 닦아 주시옵소서. 목숨 걸고 그 땅을 탈출한 동포들은 가족들과 헤어진 채 여기저기 의심의 눈초리가 거둬지지 않는 곳에서 다시금 적응하며 살아가야만 하는 절박함이 있습니다. 그들 모두가 우리의 동포이며, 하나님의 형상대로 지음 받은 또 하나의 우리의 가족임을 알고 그리스도의 사랑으로 품어나갈 수 있도록 인도하여 주시옵소서. 참된 평화가 바로 하나님의 주도하심이 없이는 불가능하다는 사실을 깨닫고 필요한 부분을 하나님께 간구하면서 그들의 움츠린 손을 잡아 함께 일어설 수 있는 용기를 허락하여 주시옵소서. 이 나라를 사랑하셔서 복음을 허락해 주신 예수 그리스도 이름으로 기원합니다. 아멘.

회　중: 주여, 우리의 기도를 들으시고, 우리에게 자비를 베푸소서.

5) 세계의 평화와 하나님의 나라가 이 땅에 이루어지도록(○○○○ 목사 / 프랑스개혁교회 총회장)

인도자: 평화의 하나님!

완벽했던 하나님의 창조의 세계가 잘못된 인간의 욕심과 헛된 욕망으로 인해 뒤틀리고 고통에 신음하고 있습니다. 각종 경제논리와 권력을 내세우고, 자국의 종교만을 절대시하여 약소국과 다른 종교를 가진 민족과 나라와의 전쟁을 합리화시키고 있습니다. 또한 세속에 물든 교만한 사상의 주입으로 인해 절대 진리이신 하나님을 부인하는 범신론과 상대주의가 지식인의 표상으로 여겨지는 일이 당연시 되고 있습니다. 언제나 전쟁과 기근에 대한 공포가 세계 도처에 자리 잡고 있으며, 잔인한 대형 살상무기와 화학전의 약품을 경쟁적으로 개발하는 가슴 아픈 현실을 접하고 있습니다. 사랑의 하나님께서 왜곡된 이 세상의 질서를 회복시켜 주시고, 하나님의 나라를 온전히 이 땅 위에 세워 나갈 수 있도록 인도하여 주시옵소서. 평화를 위협하는 소수의 나라와 지도자들의 마음을 돌이키시어 그들이 만유의 주이신 하나님 앞에 무릎 꿇고 본연의 자세로 돌아올 수 있도록 인도하여 주시옵소서. 참된 평화이시고 일치가 되신 예수 그리스도 이름으로 기원합니다. 아멘.

회　중: 주여, 우리의 기도를 들으시고, 우리에게 자비를 베푸소서.

6) 이 민족의 다음세대와 다문화 가족, 북한의 어린이들을 위하여(너 ○ 어린이 / 서울노회 나섬교회, 다문화가정 어린이 대표)

인도자: 어린이를 사랑하시는 하나님!

비록 우리가 약하고 힘은 없지만 날마다 하나님과 예수님과 성령님을 믿으며 지혜와 믿음을 달라고 기도드려요. 이제는 교회만이 아니라 학교나 다른 곳을 가면 나와 다른 피부색을 가진 친구들도 많아지고 있어요. 어렵게 북한을 탈출해서 이곳 우리나라에 온 친구들도 있어요. 또한 안타깝게도 몸이 불편해서 잘 걷거나 뛰지 못하고, 말을 잘 못하거나 듣지 못하고, 생각도 잘 못하는 친구들도 있어요. 하지만 저희들은 기억하고 있어요. 예수님께서 바로 우리 어린이와 같은 자들이 천국에 들어갈 수 있다고 하시고, 우리처럼 약한 자들을 너무너무 사랑하신다는 사실을요. 먼저 예수님을 믿은 우리가 그러한 친구들을 향해 먼저 손을 뻗으며 친구가 될 수 있도록 도와주세요. 우리말이 서툴다고 놀리기보다 시간을 내어 가르쳐 줄 수 있는 우정을 키워나갈 수 있도록 도와주세요. 그리하여 우리가 그런 친구들에게 예수님의 십자가 사랑을 전하여서 하나님 앞으로 함께 손잡고 기쁘게 나아갈 수 있는 그날이 빨리 올 수 있도록 인도하여 주세요. 나와 같은 어린이를 부르신 예수님 이름으로 기도드려요. 아멘.

회 중: 주여, 우리의 기도를 들으시고, 우리에게 자비를 베푸소서.

G. 성찬성례전

24. 성찬으로의 초대 / 눅 22:28-30(새번역) / 집례자(직전총회장 박○○ 목사)

"너희는 내가 시련을 겪는 동안에 나와 함께한 사람들이다. 내 아버지께서 내게 왕권을 주신 것과 같이, 나도 너희에게 왕권을 준다. 그리하여 너희가 내 나라에 들어와 내 밥상에서 먹고 마시게 하고, 옥좌에 앉아서 이스라엘 열두 지파를 심판하게 하겠다."

사랑하는 형제자매 여러분!
이 자리는 복음의 빛도 없이 어둠 속에서 헤매던 조선의 백성들을
하나님이 불쌍히 여겨 빛의 자녀로 삼아 주셨기에 참석할 수 있는 기쁨의 자리입니다.
교회라는 공동체가 노회로, 총회로 100년 동안 이어질 수 있도록 허락해 주신
하나님의 은혜를 기억하기 위해 모인 감사의 자리입니다.
아울러 이제는 가난한 이웃, 작은 이들의 벗으로 살겠다고 다짐하는 결단의 자리입니다.
이제 우리는 기쁜 마음으로 주인 되신 하나님의 나라에 함께 모여
주님께서 베풀어 주시는 잔치에 참여합니다.

이곳이 바로 한국에 복음을 허락하신 주님의 식탁입니다.
우리 주님께서 빛의 자녀로 선택하여 부르신 백성들을 위하여 친히 준비해 놓으신
하늘의 잔치입니다.

주님의 이름을 위하여 함께 시련을 겪고 인내해 온 여러분을

바로 주님께서 지금 이 자리로 초대하십니다.

25. 신앙고백 / 사도신경 / 집례자와 회중

집례자: 성찬으로 나아오는 사람들에게 필요한 것은 온전한 믿음입니다.

이제 우리의 선조들이 주님께 고백하였던 그 고백을 따라 사도신경으로 우리의

신앙을 고백합시다.

회 중: 나는 전능하신 아버지 하나님,

천지의 창조주를 믿습니다.

나는 그의 유일하신 아들, 우리 주 예수 그리스도를 믿습니다.

그는 성령으로 잉태되어 동정녀 마리아에게서 나시고,

본디오 빌라도에게 고난을 받아 십자가에 못 박혀 죽으시고,

장사된 지 사흘 만에 죽은 자 가운데서 다시 살아나셨으며,

하늘에 오르시어 전능하신 아버지 하나님 우편에 앉아 계시다가,

거기로부터 살아있는 자와 죽은 자를 심판하러 오십니다.

나는 성령을 믿으며,

거룩한 공교회와 성도의 교제와

죄를 용서받는 것과 몸의 부활과

영생을 믿습니다. 아멘.

26. 제정의 말씀 / 고전 11:23-26 / 집례자[10]

내가 오늘 여러분에게 전하는 것은 교회를 통하여 주님으로부터 받은 것입니다.

우리 주 예수 그리스도께서 자신의 몸을 온전히 내어주시던 그 밤에

주님께서는 떡을 드시고 축복의 기도를 드리신 다음

떼어 제자들에게 나누어 주시며 말씀하셨습니다.

"이것은 너희를 위하는 내 몸이다. 이것을 행하여 나를 기억하여라."

---

10 로스 번역본으로 대체할 예정이다.

또한 이와 같이 잔을 드시고 축복의 기도를 드리신 다음
제자들에게 나누어 주시면서 말씀하셨습니다.
"이 잔은 내 피로 세운 새 언약이다. 너희가 마실 때마다 이것을 행하여 나를 기억하여라."
그러므로 우리는 이 떡을 먹으며 이 잔을 마실 때마다 주님의 죽으심을 그의 오실 때까
지 전합니다.

27. 성찬 기도 / 집례자
은혜로우신 하나님,
이제 감히 주님께서 마련하신 주님의 식탁에 앉습니다.
우리의 마음을 깨끗하게 하시고
우리의 눈을 열어 주시고
성령께서 임재하여 주셔서
살아 계신 주님을 뵈옵는 귀한 은총을 허락하여 주시옵소서.
예수님의 이름으로 기도합니다. 아멘.

28. 분병분잔 / 집례자와 성찬위원
〈분병〉
우리가 나누는 빵은 그리스도 몸과의 교제입니다. 그리스도께서 자신의 몸을 여러분을
위해 주셨습니다. 이제 주님의 몸을 받겠습니다.

〈분잔〉
우리가 나누는 이 잔은 그리스도 피로 맺는 새로운 언약입니다. 그리스도께서 자신의 피
를 여러분을 위해 주셨습니다. 이제 주님의 피를 받겠습니다.

집례자: 이제 다 함께 주님의 성찬을 받겠습니다.

(이때 분병과 분잔을 함께하여 빵과 포도주를 한꺼번에 회중에게 나누어 주도록 한다.)

29. 성찬 중 특송 / 박동진의 판소리 예수전 중에서 성찬 부분 / 맡은 이[11]

30. 성찬찬송 / 찬송가 377장 "전능하신 주 하나님" / 다같이

31. 성찬 후 감사기도 / 집례자

H. 파송

32. *평화의 인사(The Peace) / 다같이

33. *찬송 / 581장 "주 하나님 이 나라를 지켜주시고"[12] / 다같이

34. 결단의 기도 / 다같이

천지를 창조하신 하나님 아버지,

만물을 새롭게 하시며 낡은 가지에서 새순이 트게 하시는 주님,

오늘 조용한 아침의 나라 한국에서 주님께서 사랑하시는 주님의 백성들이 한마음이 되어 함께 예배하게 하심을 감사드립니다.

지난 100년간을 돌아보며, 이제 새로운 신앙의 여정, 순례의 여정, 훈련의 여정을 시작케 하심을 감사합니다. 이 민족의 지나온 길을 인도하셨듯이 앞으로의 길도 주님께서 인도해 주실 것을 믿습니다.

새로운 시간을 주셨사오니, 주님, 이제 우리에게 새로운 마음을 주시기를 빕니다. 우리를 귀한 주님의 일꾼으로 부르셨으니, 예수 그리스도가 세상의 유일한 소망임을 증언하며, 믿지 않는 이들에게 예수 그리스도의 복음을 전파하는 데 전력을 다하게 하시옵소서.

갈등과 대립을 조장하는 세계에서 일치와 화해의 복음을 증거하는 조정자와 화해자 역

---

11 부를 사람이 없을 때에는 동영상을 미리 준비하여 틀어주도록 한다.

12 한국인이 작사 작곡한 곡으로 민족을 위한 탄원기도 형태의 찬송가이다.

할을 담당하게 하시옵소서. 가난한 이웃과 사회적 약자를 살피며 그들과 함께하는 섬김과 나눔의 사역에 헌신하게 하시옵소서. 파괴적이고 폭력적인 문화가 득세하는 세계에서 생명과 평화를 선포하는 일에 전심을 다하게 하시옵소서.

우리를 구원하신 예수 그리스도의 이름으로 기원하옵나이다. 아멘.

35. *파송선언 / 시 121:1-3, 5-8 / 집례자
"내가 산을 향하여 눈을 들리라 나의 도움이 어디서 올까
나의 도움은 천지를 지으신 여호와에게서로다
여호와께서 너를 실족하지 아니하게 하시며 너를 지키시는 이가 졸지 아니하시로다
여호와는 너를 지키시는 이시라 여호와께서 네 오른쪽에서 네 그늘이 되시나니
낮의 해가 너를 상하게 하지 아니하며 밤의 달도 너를 해치지 아니하리로다
여호와께서 너를 지켜 모든 환란을 면하게 하시며 또 네 영혼을 지키시리로다
여호와께서 너의 출입을 지금부터 영원까지 지키시리로다"

36. *축도 / 증경총회장 림○○ 목사
"여호와는 네게 복을 주시고 너를 지키시기를 원하며 여호와는 그의 얼굴을 네게 비추사 은혜 베푸시기를 원하며 여호와는 그 얼굴을 네게로 향하여 드사 평강 주시기를 원하노라"(민 6:24-26)

"주 예수 그리스도의 은혜와 하나님의 사랑과 성령의 교통하심이 너희 무리와 함께 있을지어다"(고후 13:13)

37. *송영(Gloria) / 찬양대

38. *후주(Postlude) / 반주자

9장

마삼락 협동학장 추모예식

I. 예식을 위한 안내

본 추모예식은 2015년 3월 10일 장로회신학대학교 한경직기념예배당에서 거행된 추모예식이다. 장로회신학대학교 설립자인 마펫 선교사의 아들이며 장로회신학대학교의 교수와 협동학장을 역임한 마삼락(Samuel Hugh Moffett) 선교사가 미국에서 세상을 떠난 후에 소식을 접한 한국장로교회가 그를 추모하기 위해 마련한 예식이다. 본 예식은 장례예식이 아니므로 장례의 절차는 생략되었으며, 관을 놓거나 유물을 놓는 예식 등도 생략되어 있다. 다만 1,500여 명 이상이 모이는 예배당에서 거행되는 예식이므로 그를 추모하는 사진과 그의 행적을 기리는 영상 등을 사용하여 추모예식의 격을 높이고자 하였다.

본 추모예식에서 중요하게 다룬 부분은 예식의 순서라기보다는 예식의 분위기를 만드는 것이었다. 추모예식은 그 형태가 일반화되어 있고 학교와 교단에서 공식적으로 교계의 지도자들을 모시고 거행되는 것이므로 새로운 예전적인 변화는 시도하지 않았다.

추모예식의 분위기를 적절히 만들기 위한 꾸밈의 작업은 우선 예배당에 큰 영정사진을 마련하는 것이었다. 하지만 본 예식에서는 프린트된 사진을 사용하기보다는 PPT를 사용하여 영정사진이 예배 중에 변하도록 고안하였다. 우선 사진의 틀을 크게 만들고 그 안을 스크린으로 사용하도록 하고 사진틀의 옆에는 꽃모양의 또 다른 스크린을 만들어서 두 개의 스크린이 추모예식 중에 돌아가면서 영상을 보여주도록 하였다. 예배당의 조명은 스크린의 사용을 위해 약간 어둡게 하였고 강단에는 흰색 천을 깔고 20여 개의 초를 놓아서 정중한 추모예식의 분위기를 만들었다. 영정사진을 담은 스크린에서 예배가 진행되는 중에 마삼락 협동학장이 책에서나 강연에서 한국교회를 위하여 했던 어록들을 띄워서 추모예식에 참여한 사람들이 볼 수 있도록 하였다.

II. 예식의 실제

1. 시작하는 말 / 김○○ 총장[1]

고 마삼락 협동학장님은 본 장로회신학대학교의 출발이었던 대한예수교장로회신학교를 설립하신 마포삼열(S. A. Moffett) 목사님의 아드님이십니다. 1959년부터 장로회신학대학교의 교수님이셨으며, 은퇴 후에는 협동학장님으로 세상을 떠나시는 날까지 장로회신학대학교의 협동학장님이셨습니다. 56년간 장신대를 위해서 헌신하셨던 마삼락 박사님께서 지난 2015년 2월 9일 98세를 일기로 하나님의 품에 안기셨습니다.

따라서 오늘 우리는 고 마삼락 박사님을 추모하는 추모예식을 거행하려고 합니다. 마삼락 박사님은 신학교육에 큰 공헌을 하셨고, 아시아 교회사 부분에서 영향력 있는 학자이셨고, 또 우리 학교뿐만 아니라 한국의 선교를 위해서, 또 아시아 선교를 위해서 엄청난 공헌을 남기셨습니다.

오늘의 추모예식은 본 교단인 대한예수교장로회 총회와 장로회신학대학교가 함께 거행하고자 합니다. 따라서 본 교단 총회장이신 정영택 목사님께서 본 예식을 인도하실 것입니다. 오늘의 설교는 마삼락 박사님과 평생을 동거동락하시면서 우리 학교를 위해 헌신해 오신 우리 학교 13대 학장이신 박창환 박사님께서 맡아 주시겠습니다. 이제 경건한 마음으로 예식에 함께해 주시길 바랍니다. 총회장님께서 나오셔서 본 추모예식을 인도해 주시겠습니다.

---

1 일반적으로 예식 전에 시작하는 말을 하는 것은 적절하지 않으나 본 예식이 장로회신학대학교 채플시간에 거행된 점과 많은 지도자들이 참여한 점을 고려하여 예식을 시작하기 전에 장로회신학대학교 총장이 학생들에게 마삼락 협동학장을 간단히 소개하고 예식을 위한 준비를 할 수 있도록 배려하였다.

2. 예식사 / 정 ○○ 목사(대한예수교장로회 통합 제99회기 총회장)

하나님께 예배하는 거룩한 시간에 우리는 하나님의 종으로 이 땅에서 사시다가 하나님의 품으로 돌아가신 마삼락 선교사님을 기억하면서 그분이 이 땅에 남기신 삶의 열매들을 축하하고 감사하면서 이 예식을 갖고자 합니다. 마삼락 선교사님은 우리에게 하나님께서 보내 주신 귀한 선물이셨습니다. 그분을 통하여 이루어 내신 하나님의 역사들이 우리 장로회신학대학교 안에, 그리고 한국교회 안에 보석처럼 빛나고 있습니다. 이제 맡겨 주신 사명을 마치고 하나님의 품안에서 안식을 누리시는 고 마삼락 선교사님을 기억하면서 하나님께 감사의 예배를 드리겠습니다.

3. 예배로 부름 / 시 125:1-2, 4, 5b / 인도자

"여호와를 의지하는 자는 시온 산이 흔들리지 아니하고 영원히 있음 같도다 산들이 예루살렘을 두름과 같이 여호와께서 그의 백성을 지금부터 영원까지 두르시리로다 여호와여 선한 자들과 마음이 정직한 자들에게 선대하소서 이스라엘에게는 평강이 있을지어다"

4. 예배송 / 반주자(오르간 박○○ 교수)

5. 기원 / 인도자

거룩하시고 자비로우신 하나님, 하나님께서는 주님의 마음에 합당한 사람들을 부르시어 주님의 일을 맡기시고 그들을 통하여 주님의 뜻을 이루어 가십니다. 오늘 고 마삼락 선교사님을 기억하며 감사하는 이 자리에 태초부터 계셨으며 그의 일생동안 함께하셨던 성령님께서 임재하시고 우리 모두가 천상의 예배에 참여하는 은혜를 내려주시옵소서. 이제 이 모든 일과 우리의 모든 생각을 가지고 하나님 앞에 예배하오니 하나님께서 위로해 주시며 영원한 안식과 평안을 허락하여 주옵소서. 함께 예배하는 주님의 나타나심을 사모하며 이곳에 모인 모든 사람에게 하나님의 위로와 은혜를 내려주시옵소서. 우리 주 예수 그리스도의 이름으로 기원하옵나이다. 아멘.

6. *찬송 / 찬송가 482장 "참 즐거운 노래를" / 다같이

7. *신앙고백 / 사도신경 / 다함께

나는 전능하신 아버지 하나님, 천지의 창조주를 믿습니다.

나는 그의 유일하신 아들, 우리 주 예수 그리스도를 믿습니다.

그는 성령으로 잉태되어 동정녀 마리아에게서 나시고,

본디오 빌라도에게 고난을 받아 십자가에 못 박혀 죽으시고,

장사된 지 사흘 만에 죽은 자 가운데서 다시 살아나셨으며,

하늘에 오르시어 전능하신 아버지 하나님 우편에 앉아 계시다가,

거기로부터 살아있는 자와 죽은 자를 심판하러 오십니다.

나는 성령을 믿으며, 거룩한 공교회와 성도의 교제와

죄를 용서받는 것과 몸의 부활과

영생을 믿습니다. 아멘.

8. 기도 / 이○○ 목사(전 주안대학원대학교 총장)

하나님 아버지, 감사합니다. 125년 전에 마포삼열 목사님을 이 땅에 선교사로 보내 주셔서 감사합니다. 하나님께서 캄캄한 밤과 같이 어둡고 무지했던 우리 민족을 불쌍히 여기셔서 마펫 선교사를 보내 주시고, 우리에게 복음을 전해 주심으로 교회와 학교를 세워 주셨사오니 감사를 드립니다. 대를 이어서 한국선교를 위하여 헌신하게 해 주셔서 저희에게 신앙과 삶의 본을 삼게 하시니 감사 또 감사를 드립니다. 특별히 마삼락 목사님을 높이 세우시고 크게 들어 써 주셔서 하나님 너무너무 감사합니다. 하나님 아버지, 오늘 우리가 여기에 모인 것은 슬퍼하거나 울려는 것이 아닙니다. 우리는 부활을 믿습니다. 우리는 하늘나라에 먼저 가신 마삼락 목사님을 그리워합니다. 생각합니다. 추모합니다. 그러나 사랑하며 존경하며 하나님 아버지께 예배를 드립니다. 이 모든 영광은 오직 아버지 하나님께 돌립니다. 이 예배를 통하여 우리에게 복음을 전해 주시고 예수 믿게 해 주신 선교사님께 감사하고 그 은혜를 보답하겠다는 결심과 우리도 남은 여생이 얼마나 길지 짧을지 모르지만은 선교에 헌신하도록 결단하는 시간이 되게 하여 주시옵소서. 마삼락 학장님이 그토록 원하셨던 남북통일을 꿈꾸는 것 같이 이루어 주시옵소서. 주님, 저희도 마박사님 같은 학자와 교수, 목사와 선교사, 신실하고 경건한 그리스도인이 되게 하여 주시옵소서. 주님, 아버지의 뜻이 하늘에서 이루어진 것 같이 이 땅 위에서도 저희를 통해서 이루어지게 하옵

소서. 이제 우리에게 박목사님을 통해서 들려주고 싶은 하나님의 음성을 들려주옵소서. 듣겠나이다. 이 모든 말씀 우리 구주 예수 그리스도의 이름으로 간절히 기도하옵나이다. 아멘.

9. 응답송 / 맡은 이

10. 성경봉독 / 엡 1:7-10 / 조○○ 학생
"우리는 그리스도 안에서 그의 은혜의 풍성함을 따라 그의 피로 말미암아 속량 곧 죄 사함을 받았느니라 이는 그가 모든 지혜와 총명을 우리에게 넘치게 하사 그 뜻의 비밀을 우리에게 알리신 것이요 그의 기뻐하심을 따라 그리스도 안에서 때가 찬 경륜을 위하여 예정하신 것이니 하늘에 있는 것이나 땅에 있는 것이 다 그리스도 안에서 통일되게 하려 하심이라"

11. 찬양 / "오직 예수" / 맡은이

12. 설교 / "때가 찬 경륜" / 제13대 학장 박창환 목사

13. 고인약력소개 / 대학원장 윤○○ 목사
고 마삼락 협동학장님의 약력을 소개하겠습니다. 마삼락 협동학장님은 1916년 4월 7일 마포삼열 선교사 3남으로 평양에서 출생하셨습니다. 학력으로는 1938년 미국 휘튼대학교 최우등으로 졸업하셨습니다. 1942년 미국 프린스턴신학대학교 신학대학원을 졸업하셨습니다. 1945년 미국 예일대학교 교회사 박사학위를 취득하셨습니다. 경력으로는 1947년 중국 북경 옌친 유니버시티 교수를 역임하셨습니다. 1949년 중국 난칭 티얼러지컬 세미나리 교수를 역임하셨습니다. 1953년에서 1955년 동안에는 미국 프린스턴신학대학교 강사를 역임하셨고, 1955년 미국 장로교 선교사로 한국에 파송되셨습니다. 1956년 9월에 서울 연동교회에서 아일린 플라워 양, 지금의 아일린 마펫 사모님과 결혼하셨습니다. 1956년에서 1958년 경북 안동지역에서 선교사로 사역을 시작하셨고, 경북 안동 서부교회의 제3대 담임목사로 봉직하셨습니다. 1959년에서 1981년까지 장로회신학대학교에서 교수로

봉직하시면서 아시아 교회사와 에큐메니스를 가르치셨습니다. 1966년에서 1970년 장로회신학대학교 대학원장을 역임하셨습니다. 1970년에서 2015년 돌아가실 때까지 장로회신학대학교 협동학장님으로 계셨습니다. 1981년에서 1982년 사이에는 미국 프린스턴신학교의 헨리루스 석좌교수로 계셨고, 1977년에는 미국 프린스턴신학대학교 자랑스러운 동문에 선출되셨습니다. 그리고 1981년에는 대한민국 정부로부터 국민훈장 모란장을 수상하셨습니다. 저서로는 1992년 『아시아교회사 1권』을 출간하셨고, 2005년 『아시아교회사 2권』을 출간하셨습니다. 마삼락 협동학장님은 2015년 2월 9일 12시 20분 하나님의 품으로 돌아가셨습니다.

14. 추모사 / 정 ○○ 목사(전 한일장신대학교 총장)

우리의 영원한 스승님, 스승님이 하나님의 부르심을 받아 우리 곁을 떠나셨다는 소식 앞에 우리 모두는 옷깃을 여미고 새롭게 스승님 생각에 깊이 잠기고 있습니다. 우리 눈앞에는 아직도 스승님이 아차산 선지동산의 기슭을 거닐고 계시는데, 그 인자한 미소와 고결한 인품으로 우리 앞에서 아시아 교회사를 열강하고 계시는데, 한국어가 어렵다고 말씀하시면서도 그 뜨거운 가슴으로 우리를 가르치고 계시는데 스승님이 그렇게도 사랑하셨던 한국교회의 문하생들에게 얼굴도 보여주시지 않고 이렇게 우리 곁은 떠나시다니 믿어지지 아니합니다. 한국교회를 지극히 사랑하셨던 스승님, 스승님은 한국교회의 특수성으로 예배를 위한 모임, 성경공부, 전도, 기도, 그리고 십일조를 언급하셨습니다. 이 한국교회의 특성은 어느 나라의 교회에서도 찾아볼 수 없음을 상기시켜 주셨습니다. 그리고 한국교회가 이 특성을 뜨거운 열정으로 품고 있음을 세계교회 앞에 늘 자랑하셨습니다. 최근에 이르러 한국교회가 하강에 접어들자 스승님은 우울한 모습을 보이시면서 괴로워하셨습니다. 그러시면서 선친께서 세우신 우리의 선지동산만은 흔들림 없이 뻗어나가기를 그렇게도 원하시며 기도하셨습니다. 유난히도 장신대를 사랑하셨던 스승님, 장로회신학대학교는 스승님의 홈이었고, 생의 의미를 간직한 스테이지였습니다. 그래서 간직하고 계신 유품은 늘 장신대의 것이라고 말씀하셨습니다. 스승님의 모든 것을 보여주는 마펫기념홀에서부터 전수된 스승님의 이러한 얼은 우리의 가슴을 울리고 숙연한 자세로 머리를 숙이게 합니다. 스승님의 한국교회 사랑의 얼, 선친이 세운 본교를 아끼시는 얼, 장신대 출신으로 유학길에 오른 젊은이들을 향한 기대어린 사랑의 얼 어느 것 하나 잊을 수 없는 항목들입니다. 울지 말라 하셨던 스승님, 2006년 스승님의 선친 마포삼열 박사의 유해를 장신대 교정에 모실 때에 스승님은 "여러분, 울지 마십시오. 저희 아버지는 지금 하나님 품에 안겨 나는 행복하다고 말씀하실 것입니다"라고 말씀하셨습니다. 스승님, 스승님을 보내는 우리도 울지 않으렵니다. 스승님도 지금 하나님의 품에서 행복한 미소를 짓고 계실 줄을 믿기 때문입니다. 평화와 사랑의 사도이신 스승님, 그러나 주신 사랑 되새기면서 스승님을 향한 따뜻한 진짓상 하나 차려 드리지 못한 후회와 슬픔이 이 순간 가득합니다. 하오나 스승님을 사랑하는 우리의 심장은 언제나 변함없이 뛰고 있습니다. 스승님을 기리는 우리의 증언은 세월이 흐를수록 더욱 진하게 여겨질 것입니다. 마삼락, 그 이름은 결코 한국교회와 세계교회에서 사라지지 않고 영원히 생생할 것입니다. 우리 모두는 스승님을 변함없이 존경합니다. 사랑합니다. 보고싶습니다.

주후 2015년 3월 10일

15. 추모영상 / 다함께

16. 인사 / 유족대표 마애린(Eileen F. Moffett) 여사, 총회 사무총장 이○○ 목사

17. 광고 / 대외협력처장 김○○ 목사

18. *찬송 / 찬송가 242장 "황무지가 장미꽃같이" / 다함께

19. *축도 / 이사장 손○○ 목사

20. 후주 / 반주자

10장

세월호 참사 극복을 위한 기도회

I. 기도회를 위한 안내

2014년 4월 16일에 발생한 세월호 사건은 모든 국민을 극도의 고통으로 몰아넣었다. 아이들을 구하지 못한 죄책감과 더불어 정부와 기성세대에 대한 원망 등으로 한국사회는 깊은 수렁으로 들어가는 것 같았다. 세월호 사건에 대한 정부의 무성의한 대처가 도마 위에 오르면서 여론이 나뉘는 상황 속에서 세월호 유가족들을 위로하고 이러한 사고가 우리 모두의 잘못이었음을 인지하고 하나님께 회개하고자 하는 기도회를 드려야 할 필요성이 장로회신학대학교 내부에서 제기되었다. 이에 장로회신학대학교는 5월 1일 세월호 참사 극복을 위한 기도회를 갖기로 하고 기도회를 기획하게 되었다.

본 기도회는 장로회신학대학교 한경직기념예배당에서 거행되었으며, 기도회의 성격을 보다 분명히 하기 위해 기도의 순서를 많이 배치한 것이 특징이라고 할 수 있다. 다만 기도의 내용은 많은 지문을 넣지 않고 원칙적인 내용으로만 간단히 기도하도록 하였는데, 그 이유는 당시 세월호에 대한 다양한 시각들이 있어서 기도회가 사람들을 분열시킬 수도 있다는 우려 때문이었다.

참회의 기도는 성경말씀을 근거로 하여 우리의 현실을 돌아보도록 기획하였고 모든 사람이 함께 기도하도록 하였다. 본교 졸업생으로 학교 강의를 맡고 있던 백하슬기의 곡인

"세월호에게"가 본 기도회에서 교회음악학과 전체 합창으로 초연되었다. 또한 안산지역에서 목회를 하고 있는 안산제일교회 고훈 목사님을 강사로 초청하여 세월호 사건의 중심에서 울려오는 슬픔과 위로를 경험하고자 하였다.

기도회에 참여하는 모든 학우는 검정색과 흰색 옷을 착용하고 입장하도록 하였으며, 노랑리본은 논란이 되고 있던 터라 예배당 외부에만 설치를 하되 기도회에서는 노랑리본을 달거나 게시하지는 않았다. 예배당의 조명은 어둡게 하였고, 기도회 시작시에 자발적으로 참여한 150명의 학생들이 행진하여 강단에 붉은색 양초를 올려놓으면서 기도회가 시작되도록 하였다. 기도회의 순서는 단순하게 하였으며, 주로 참회와 탄원에 초점을 맞추어 진행되었다.

II. 기도회의 실제

1. 촛불입장 / 배○○ 교수 외 학생 150명
(예배당 입구에서부터 양초를 들고 정숙하게 입장한다. 입장시에 모두는 침묵으로 기도한다.)

2. 추모곡 / "세월호에게" / 교회음악학과 전체 합창

세월호에게

2014.4/17

백하슬기

1.차 가운 바 다 그 속 에 서 너 희 는 지 금 얼 마 나 추 — 울 까 우 리 는
2.세 월 이 가 면 우 린 다 시 서 로 를 보 며 웃 을 수 있 — 겠 지 그 때 가

차 마 상 상 할 수 도 — 없 는 고 통 이 너 희 들 — 짓 누 를 — 텐 데 미 안 하
되 면 너 에 게 말 할 — 꺼 야 지 켜 주 지 못 해 — 미 안 했 — 다 고

다 — 아 무 것 도 해 주 지 못 해 서 정 말 사 랑 한

다 사 랑 한 다 사 랑 한 다 사 랑 한 다

3. 예배로 부름 / 시 146:5 / 인도자

"야곱의 하나님을 자기의 도움으로 삼으며 여호와 자기 하나님에게 자기의 소망을 두는
자는 복이 있도다"

4. 찬양 / "내가 주께로" / ○○○ 중창단

5. 참회의 기도 / 인도자와 회중

인도자: 지나온 길을 돌이켜 살펴보고, 우리 모두 주님께로 돌아가자. 하늘에 계신 하나님께 우리의 마음을 열고 손을 들어서 기도하자. "우리가 주님을 거슬러 죄를 지었고 주님께서는 우리를 용서하지 않으셨나이다"(애 3:40-42, 새번역).

회　중: 하늘로부터 굽어살펴 주십시오. 주님이 계시는 거룩하고 영화로우신 곳에서 굽어보아 주십시오. 주님의 열성과 권능은 이제 어디에 있습니까? 이제 나에게는 주님의 자비와 긍휼이 그쳤습니다(사 63:15). 주님께서 진노하신 것은 우리가 오랫동안 죄를 지었기 때문입니다. 우리가 어찌 구원을 받겠습니까? 우리는 모두 부정한 자와 같고 우리의 모든 의는 더러운 옷과 같습니다. 우리는 모두 나뭇잎처럼 시들었으니, 우리의 죄악이 바람처럼 우리를 휘몰아 갑니다. 아무도 주님의 이름을 부르지 않습니다. 주님을 굳게 의지하려고 분발하는 사람도 없습니다. 그러기에 주님이 우리에게서 얼굴을 숨기셨으며, 우리의 죄악 탓으로 우리를 소멸시키셨습니다. 그러나 주님, 주님은 우리의 아버지이십니다. 우리는 진흙이요, 주님은 우리를 빚으신 토기장이이십니다. 우리 모두가 주님이 손수 지으신 피조물입니다. 주님, 진노를 거두어 주십시오. 우리의 죄악을 영원히 기억하지 말아주십시오. 주님, 보십시오. 우리는 다 주님의 백성입니다(사 64:5b-9).[1]

6. 침묵기도 / 다같이

7. 찬송 / 찬송가 618장 "나 주님을 사랑합니다" 후렴 / 다같이

(찬송가 618장 후렴 "한맘으로 찬양하오니 우리들의 기도 들으소서"를 2회 반복한다.)

1　죄의 고백으로 아래의 기도문도 고려되었으나, 너무 직접적인 표현이 들어 있어서 사용하지는 않았다. 사용하지 않았던 기도문을 이곳에 실어둔다.
　　회중: 우리가 주님을 거슬러 죄를 지었고 주님께서는 우리를 용서하지 않으셨습니다. 주님께서 몹시 노하셔서, 우리를 쫓으시고, 사정없이 죽이셨습니다. 주님께서 구름을 두르셔서, 우리의 기도가 주님께 이르지 못하게 하셨습니다. 주님께서 우리를 뭇 민족 가운데서 쓰레기와 오물 더미로 만드셨으므로, 우리의 모든 대적이 우리를 보고서 입을 열어 놀려댔습니다. 우리에게 남은 것이라고는 두려움과 함정과 파멸과 폐허뿐입니다. 내 백성의 도성이 파멸되니, 나의 눈에서 눈물이 냇물처럼 흐릅니다. 눈물이 걷잡을 수 없이 쉬지 않고 쏟아집니다. 주님께서 하늘에서 살피시고, 돌아보시기를 기다립니다. 도성에 사는 모든 여자가 겪은 일을 보니, 내 마음은 슬픔을 달랠 길이 없습니다(애 3:42-51, 새번역). 그러나 주님, 주님은 우리의 아버지이십니다. 우리는 진흙이요, 주님은 우리를 빚으신 토기장이이십니다. 우리 모두가 주님이 손수 지으신 피조물입니다. 주님, 진노를 거두어 주십시오. 우리의 죄악을 영원히 기억하지 말아 주십시오. 주님, 보십시오. 우리는 다 주님의 백성입니다(사 64:8-9, 새번역).

8. 기도 / 이 ○○(신대원 목연과 학우회장)

이웃사랑의 큰 계명을 입술로만 고백하고 행동으로 실천하지 못했음을 고백합니다. 아파하고 죽어 가는 이웃에 대한 관심보다는 종교적인 의를 드러내기에 바빴음도 회개합니다. 너무도 무심하고 무신경했던 우리의 불의함을 용서하여 주옵소서.

(침묵기도-1분간)

9. 찬송 / 찬송가 618장 "나 주님을 사랑합니다" 후렴 / 다같이
(찬송가 618장 후렴 "한맘으로 찬양하오니 우리들의 기도 들으소서"를 2회 반복한다.)

10. 기도 / 조 ○○(대학부 총학생회장)

무고한 희생을 불러일으킨 이 사고에 '구조적인 부조리함'과 '불법'이 있음을 봅니다. 하나님! 이런 사회를 만든, 방관하며 무관심했던 우리의 책임과 우리 것만 찾았던 이기심과 탐욕을 용서하여 주옵소서.

(침묵기도-1분간)

11. 찬송 / 찬송가 618장 "나 주님을 사랑합니다" 후렴 / 다같이
(찬송가 618장 후렴 "한맘으로 찬양하오니 우리들의 기도 들으소서"를 2회 반복한다.)

12. 성경봉독 / 요 21:15 / 이 ○○(신학대학원 신학과 학우회장)

"그들이 조반 먹은 후에 예수께서 시몬 베드로에게 이르시되 요한의 아들 시몬아 네가 이 사람들보다 나를 더 사랑하느냐 하시니 이르되 주님 그러하나이다 내가 주님을 사랑하는 줄 주께서 아시나이다 이르시되 내 어린 양을 먹이라 하시고"

13. 찬송 / "고요히 머리 숙여"(찬송가 62장 편곡) / 교음과 합창단 선창 후 다같이

1.고 요 히 — 머 리 숙 여 — 주 님 을 생 각 합 니 다
2.고 요 히 — 머 리 숙 여 — 이 웃 을 생 각 합 니 다

머 리 도 — 둘 곳 없 이 — 고 생 하 신 예 수 님
슬 픔 과 — 괴 롬 중 에 — 시 달 리 는 사 람 들

쉴 곳 을 주 — 시 오 니 — 깊 이 감 사 — 합 니 다 —
하 늘 의 평 — 강 으 로 — 고 이 감 싸 — 주 소 서 —

고 요 히 머 — 리 숙 여 — 하 루 를 생 각 합 니 다
고 요 히 머 — 리 숙 여 — 나 를 생 각 합 니 다

14. 설교 / "어린 양을 먹이라" / 고 ○ 목사(안산제일교회)

15. 응답의 찬송 / 찬송가 375장 "나는 갈 길 모르니" / 다같이

16. 중보기도 / 교수, 직원 및 외국인 학생 대표

17. 기도 / 고 ○○ 교수
세월호 사고로 무고히 죽은 사람들의 유가족을 위로하여 주소서. 가족을 잃은 상심한 마음에 주님의 평강을 부어 주소서.

(침묵기도-1분간)

18. 찬송 / 찬송가 631장 "우리 기도를" / 다같이

19. 기도 / 임 ○○ 직원
하나님! 세월호에서 구조된 사람들이 느끼는 슬픔과 죄책감을 덜어 주시고, 그들의 삶이 주님 주시는 새로운 소명으로 다시 살아나게 하소서.

(침묵기도-1분간)

20. 찬송 / 찬송가 631장 "우리 기도를" / 다같이

21. 기도 / 판 ○○○○○ 학우
이 사건으로 인해 어그러진 것들이 펴지며, 부조리함이 하나님의 공의로움으로 가득 차게 하소서. 한국교회가 이 사회 속에서 가진 책임을 회복하고 사명대로 행할 수 있는 믿음을 회복하게 하소서.

(침묵기도-1분간)

22. 찬송 / 찬송가 631장 "우리 기도를" / 다같이

23. 주기도문송 / 찬송가 635장 "하늘에 계신" / 다같이

11장

제114회 장로회신학대학교
개교기념 감사예배(1901-2015)

I. 예배를 위한 안내

본 예배는 2015년 5월 12일에 거행된 제114회 장로회신학대학교 개교기념 감사예배이다. 본 예배는 긴 역사 속에서 장로회신학대학이 한국사회와 교회에 어떠한 공헌을 해 왔는지를 되짚어보고 감사하는 의미를 담도록 하였다. 특별히 오랜 시간 동안 사회에 울림을 주어왔다는 의미로 "울림"의 이미지를 담아서 예배를 기획하게 되었다. 114년 전에 조그마한 씨앗이 심기어져서 이제는 무성한 가지를 내고 울창한 숲을 이루게 된 장로회신학대학교를 감사한 마음으로 되돌아보며 예배를 드리고자 하였다.

이러한 "울림"의 의도를 담아서 장로회신학대학교에 오랫동안 비치되어 온 큰 종을 강단에 설치하였고 현재 학교에 있는 사람 중에서 가장 나이가 많은 분(1924년생 박창환 전학장)과 가장 어린 사람(1997년생 최지찬 학생)이 함께 타종을 하도록 하였다. 전체적으로 장로회신학대학교의 정체성을 다시 되새기며 감사할 수 있도록 예배를 기획하였다.

예배에서 사용되는 찬양곡들은 대부분 본 대학 졸업생들이 작곡하거나 작사한 것으로 하여 장로회신학대학교의 역사성을 부각시키고자 하였다. 본 개교기념 감사예배는 특성상 특별하게 기획하기 어려운 측면이 있었으므로 예배당의 분위기를 만드는 부분에 주안점을 두었다. 먼저 앞에서 이야기한 것처럼 학교의 오래된 종을 강단 앞에 배치하였고, 그 옆에는 장신대를 상징하는 종탑을 만들고 그 아래에 50인치 정도의 LCD 패널을 붙여서 다양한 이미지들이 보이도록 하였다. 장로회신학대학교의 옛 마크로부터 시작하여 평양 신학교의 전경이나 수업하는 장면 등을 담아내도록 하였다.

II. 예배의 실제

1. 전주 / 찬송가 62장 "고요히 머리 숙여"[1] / 반주자

2. 영상[2] / 장로회신학대학교의 어제와 오늘 / 맡은 이

3. 예배선언 / 인도자

개교 114주년 기념예배를 시작하면서 복음 종을 먼저 타종하도록 하겠습니다. 한국 땅에 우리 신학교가 설립되면서 복음이 삼천리 반도에 전파되기 시작했습니다. 이것을 기념해서 복음 종을 타종하도록 하겠습니다. 복음 종은 우리 공동체 안에서 가장 연세가 높으신 박창환 학장님과 가장 나이가 어린 기독교교육과 1학년 학생인 최 ○○ 학생이 나와서 복음 종을 치겠습니다. 박학장님은 1924년생이시고, 최 ○○ 학생은 1997년생입니다. 2.5 세대의 간격이 있는 두 사람이 함께 복음 종을 타종하도록 하겠습니다.

1　찬송가 62장을 편곡하여 만든 전주곡은 장로회신학대학교 제60회 졸업생(1966년)인 서정운(본교 명예총장)이 작사한 것을 본 대학 교회음악학과 14회 졸업생(1998년)인 김신웅(본교 작곡과 교수)이 작곡하였으며 이날 초연되었다.

2　장로회신학대학교의 어제와 오늘의 모습과 자랑스런 졸업생들의 사진을 영상으로 담았다.

4. 복음 종 타종 / 박창환 목사(제13대 학장), 최 ○ ○ 학생(기독교교육과 1학년)

5. 예배로 부름 / 사 6:8; 요 4:24 / 인도자

"내가 또 주의 목소리를 들으니 주께서 이르시되 내가 누구를 보내며 누가 우리를 위하여 갈꼬 하시니 그때에 내가 이르되 내가 여기 있나이다 나를 보내소서 하나님은 영이시니 예배하는 자가 영과 진리로 예배할지니라"

6. 예배송 / 맡은 이

7. 기원 / 인도자

1901년 죽음의 불모지인 이 땅에 마포삼열 목사님을 통해서 장로회신학대학교를 세워주시고 파란만장한 역사 속에 함께하셔서 오늘처럼 세계적인 신학대학교로, 세계 선교의 중심지로, 세계를 이끌어 나가는 훌륭한 신학교로 발전할 수 있도록 하나님께서 함께하시고 역사하심을 감사합니다. 하나님 아버지, 이 시간 친히 이 자리에 임재하여 주시옵소서. 저희들에게 친히 말씀하여 주시옵소서. 저희의 기도를 들어주시고 앞으로 우리가 가야 할 길을 친히 저희에게 말씀하여 주시옵소서. 우리 구주 예수 그리스도의 이름으로 기원하옵나이다. 아멘.

8. 경배의 찬송 / 찬송가 11장 "홀로 한 분 하나님께", 길선주(제1회 졸업) 작사 / 다같이

9. 기도 / 이사 오 ○ ○ 목사

만물을 창조하시고 이 땅 위에 하나님 나라를 이루어 가시는 하나님! 114년 전에 장로회신학대학교를 세우시고 주님을 뜨겁게 따르기로 결단한 저희를 통해 오늘의 한국교회를 세우신 하나님께 찬양과 영광과 감사를 드리옵나이다. 하나님 아버지, 반만년의 역사를 지나면서 우리나라가 수많은 크고 작은 침략을 받아 헐벗고 굶주림에 시달렸지만 이 백성들을 불쌍히 여기셔서 우상의 관습을 버리고 전능하신 창조주 하나님을 경외하는 나라로 하나님의 복을 받게 하심을 감사드리옵나이다. 하나님 나라의 확장에 앞장섰던 선배들을 많이 배출한 평양신학교의 기독정신을 계승하여 114년 동안 한국교회의 부흥과 성

장을 주도하고 하나님의 은혜로 우리 장로회신학대학교가 세계적 신학대학으로 세움 받게 됨도 감사드리옵나이다. 이렇게 세워 주신 것은 세계적, 시대적, 민족적 사명이 있음을 두려움으로 깨닫습니다. 전능하신 아버지 하나님, 개교 114주년을 맞는 오늘 현 시대를 잘 분별하게 하시고 마지막 종말의 때를 살아가는 저희를 깨어 있게 하셔서 주님 다시 오시는 그날까지 주님의 거룩하신 뜻과 역사에 쓰임 받게 되기를 원합니다. 하나님을 뜨겁게 사랑하는 목사, 한 영혼을 귀히 여기며 아흔아홉을 두고 다니시는 예수님의 심장을 가진 목사, 갈릴리와 변방을 찾아가서 가난한 자, 병든 자, 손가락질 받는 자, 천대받는 자들에게 복음을 전하셨던 예수님의 사역을 본받는 목사를 배출하는 장로회신학대학교가 되게 하옵소서. 삯꾼이 아닌 말꾼과 정치꾼도 아닌 한 영혼을 가슴에 품고 몸부림치며 하나님 나라를 위해서라면 생명까지도 바칠 참된 목사를 배출하는 장로회신학대학교가 되게 하옵소서. 하나님, 시대적 사명을 감당하는 목사를 양육하는 책임을 맡은 총장님을 비롯한 모든 교수님께도 직업이 아닌 주님을 사랑하며 주님의 사역을 감당하는 사명자로 우뚝 서게 하옵소서. 모든 행정직원에게도 주님을 뜨겁게 사랑하는 심장을 가지고 하나님 나라 확장의 위대한 사명으로 알고 성실하게 감당할 수 있도록 도와주시옵소서. 하나님, 평생을 다해 주님을 사랑하고 모교의 발전과 영예를 드러내시고 오늘 명예신학박사를 받으시는 분들께도 하나님의 은혜와 복을 충만하게 내려주옵소서. 특별히 선지동산을 졸업하고 전국을 넘어 세계 곳곳에 나가 하나님이 맡겨 주신 사역을 감당하고 25년 만에 모교를 찾은 신학대학원 83기 졸업생들을 통하여 영광을 받으시고, 더불어 모든 목사님에게 하나님의 크신 은혜와 복으로 채워 주시옵소서. 하나님, 하나님의 말씀을 전하시는 총회장님을 붙드셔서 하나님의 말씀이 전해지게 하시되 그 말씀을 듣는 우리 모두를 성령님의 강권하심으로 역사하여 주시옵소서. 모든 예배와 예식이 끝날 때까지 성삼위일체 하나님께만 영광되게 하여 주시옵소서. 교회의 머리가 되시고 장로회신학대학교의 머릿돌이 되시는 예수님의 이름으로 기도드리옵나이다. 아멘.

10. 주기도 / 다같이

11. 응답송 / 맡은 이

12. 성경봉독 / 잠 1:7; 빌 3:8-9 / 임○○ 교수

13. 찬양 / "전능하신 하나님" / 교회음악학과 학생 전체[3]

14. 설교 / "경건과 학문의 기본" / 총회장 정○○ 목사

15. 결단의 찬송 / 찬송가 541장 "꽃이 피는 봄날에만", 손양원(제31회 졸업) 작사 / 다같이

16. 축도 / 이사장 손○○ 목사

17. 축도송 / 맡은 이

---

3   찬양은 교회음악학과 전체 학생 200명이 웅장하게 찬양하도록 하였다.

12장

2014년 감사절 예배

I. 최초의 추수감사절

1620년 9월 6일 영국의 플리머스(plymouth)를 떠난 메이플라워(Mayflower)호에는 총 102명의 승객과 26명의 선원들이 타고 있었다. 그들 중 종교의 자유를 찾아 떠난 사람은 35명뿐이었으며 나머지 사람들은 직업을 찾거나 모험을 즐기기 위한 사람들이었다.

승선한 승객의 평균나이는 32세였으며 가장 나이가 많은 사람은 64세였다. 플리머스를 떠난 102명의 승객을 분류해 보면, 어른은 총 71명(남자 51명, 여자 20명)이었으며, 어린이는 31명(소년 21명, 소녀 10명)이었다. 항해 중 한 어린아이가 배에서 태어났는데 그 이름을 오시아누스(Oceanus Hopkins)로 하였다. 또한 항해 중 거친 파도로 인해 파도에 휩쓸려 희생된 사람이 있었는데 그 이름은 존 호우란드(John Howland)였다.

그들이 본래 도착하려던 목적지는 허드슨 강이 흐르는 노스 버지니아(North Virginia)로서 지금의 뉴욕(New York)이었으나 거친 파도로 닻을 내리지 못하고 다시 북쪽으로 향하여 케이프코드(Cape Cod)에 11월 11일 닻을 내리게 되었다. 그들이 출항을 시작한 지 66일만이었다. 그들이 항해한 거리가 2,750마일이었으니 시간당 2마일, 즉 3킬로미터 정도로 항해를 한 셈이었다.

그들은 1620년 11월 12일 첫 번째 주일예배를 드렸으나 바로 육지에 정착하지는 못하였다. 그들에게 닥친 혹독한 겨울을 그들은 그들이 타고 온 배에서 보내야 했다. 1621년 4월 5일 메이플라워호가 영국으로 다시 떠날 때까지 그들은 그곳에 있었다. 첫해 겨울을 보내는 동안 12월 22일 산모인 알러톤(Allerton)이 아이를 낳다가 사산한 것을 시작으로 수많은 사람들이 목숨을 잃었다. 그해 겨울이 지났을 때 53명의 승객과 13명의 선원만이 살아남아 있었다.

그렇게 남은 53명의 필그림들이 봄과 여름을 보내며 농사를 짓고 고기를 잡았다. 1621년 추수 때가 되었을 때 53명의 필그림은 그들에게 옥수수를 심도록 도와주었던 왐파노아그(Wampanoag) 인디언들 90여 명과 함께 3일 동안 생선(대구, 장어, 농어)과 조개, 가재류(바닷가재)와 야생 가금(오리, 거위, 백조, 칠면조), 그리고 인디언들이 가지고 온 다섯 마리의 사슴고기와 수확한 곡물(콩과 보리, 밀, 옥수수) 등을 먹으며 감사의 예배와 축제를 벌이게 되었는데 이것이 바로 첫 번째 추수감사절(Thanksgiving day)이다.

II. 예배를 위한 안내-세월호 사건과 2014년 감사절

2014년 추수감사절을 맞으면서 예배기획팀은 많은 고민에 빠졌다. 그해 4월 16일에 발생한 세월호 침몰사고는 온 나라를 슬프게 만들었으며 많은 사람들을 고통 속에 몰아넣었기 때문이다. 추수감사절은 다가오지만 온 나라와 백성들이 슬퍼하는 때에 기쁘게 추수감사절을 보내기는 쉽지 않았다. "이렇게 슬픈 일을 당한 사람들도 과연 하나님께 감사할 수 있을까?" "그럼에도 불구하고 우리는 무엇을 감사할 수 있을까?" 그리고 우리는 이러한 상황 속에서도 하나님께 감사를 드렸던 첫 번째 추수감사절을 다시 생각해 보게 되었다.

아이러니하게도 우리에게 슬픈 세월호가 있었다면 필그림들에게는 메이플라워호라는 배가 있었다. 그리고 그 배의 이미지는 죽음과 쉽게 연결이 되고 있음을 알게 되었다. 앞의 내용에서도 밝혔듯이 첫 번째 추수감사절을 맞이하기 전 필그림들은 메이플라워호에서 첫 겨울을 보냈으며 그 안에서 약 절반의 사람들이 죽었음에도 불구하고 첫 번째 추수감사절을 지켰기 때문이다. 예배기획팀은 "배"라는 주제를 잡고 예배를 기획하기 시작하였다. 특별히 망망대해에서 폭풍을 만나고 모든 것을 잃고 항구로 돌아오는 배의 이미지와 폭풍 속에서 절규하는 이미지를 담아서 감사절 예배를 기획하기로 하였다.

본 감사절 예배는 이러한 배경 가운데서 세월호 사건이 있었던 해인 2014년 장로회신학대학교에서 11월 20일 드려진 특별 감사예배이다. 본 예배는 "배와 바다"라는 이미지로 감사절을 드리게 되므로 기존의 "추수"라는 단어는 빼고 "감사절 예배"로 칭하기로 하였다. 예배당의 장식도 과일이나 곡식 없이 배 한 척과 뒤의 영상을 통해 폭풍치는 바다를 이미지로 사용하였다. 예배의 분위기는 처음에는 단순하고 차분한 분위기로 시작하여서 점차 감사의 마음이 고조될 수 있도록 준비하였다. 설교자는 장로회신학대학교 졸업 후 본교 예배당에서 한 번도 설교를 하지 않은 목사님 중에서 올해 은퇴하시는 목사님으로 정하였고, 예배 후의 식사는 학교 주변 모든 식당에서 식사를 할 수 있도록 하여 학교만의 즐거운 날이 아니라 온 동네가 즐거운 날이 되도록 배려하였다.

III. 예배의 실제

1. 예배를 위한 안내[1] / 집례자

2014년 감사절 예배를 함께 드리려고 합니다.

예배를 시작하기 전에 여러분에게 예배를 위한 안내말씀을 드리겠습니다.

오늘 예배는 예년의 추수감사절 예배와는 많이 다릅니다.

우선 늘 강단에 장식되어 있었던 풍성한 곡식과 과일들, 그리고 열매들이 없습니다. 풍성한 열매가 없어도 우리는 감사할 수 있을까요?

지난 4월 16일에 일어났던 세월호의 아픈 기억을 생각하면서 올해 도저히 감사할 수 없을 것 같은 사람들과 함께하는 감사절 예배를 준비하게 되었습니다.

망망한 바다를 항해하면서 폭풍을 만나고 결국은 빈 배로 겨우 항구로 돌아오는 모습을 떠올리면서 그래도 항구로 돌아오게 하시는 하나님, 궁극적으로 하나님 나라에 들어갈 소망을 가진 것을 감사하는 시간을 함께 갖고자 합니다.

오늘 여러분에게 나누어 준 순서지에는 작은 식권이 들어 있습니다. 학교 식당을 비롯한 이 지역에 있는 식당에 가서 지역분들과 함께 우리가 한 공동체로 살아가고 있는 그

---

1 추수감사절에 대한 기대를 가지고 들어오는 예배자들에게 예배의 주제와 진행방향 등을 알림으로써 원활하게 예배가 진행될 수 있도록 특별히 예배를 시작하기 전에 예배를 위한 안내를 하도록 하였다.

기쁨을 나눌 수 있었으면 좋겠습니다.

오늘 예배 중에 기도하시는 분은 어려운 환경 속에서도 그보다 더 어려운 이웃들을 돌보며 감사의 삶을 살아온 분들입니다. 수년 동안 이어져 온 그분들의 행적을 저희가 짧지만 영상에 담았고, 그 영상 이후에 기도를 하게 됩니다. 의미 있는 기도일 것입니다. 여러분이 마음을 모아서 함께해 주시면 좋겠습니다.

오늘 예배의 설교자는 영주교회에서 27년간 목회를 하시고, 생애 가운데에서 35년의 목회를 마치고 65세로 은퇴하시는 성 ○○ 목사님이십니다. 성목사님께서는 지금까지 우리 학교에서 설교를 하신 적이 한 번도 없으신데, 이번 은퇴를 하시며 목회 추수를 하시는 마음으로 오셔서 설교를 맡아 주시고 우리 학생들에게 따뜻한 점심을 대접해 주십니다.

예배 중에 교수님께서 감사의 떡과 과일을 나누어 주시는 시간이 있습니다. 이전에는 나갈 때 나누어 드렸는데 이번에 조금은 복잡하지만 성찬 받을 때처럼, 교수님들께서 지정된 자리에 서 계시면 나오셔서 떡과 과일을 받으시도록 하겠습니다. 여러분은 만나를 받듯이 일용할 양식을 받는 마음으로 풍성하지는 않지만 하루하루를 살아가게 하시는 하나님께 감사하는 마음으로 떡과 과일을 받아 주시면 감사하겠습니다. 떡과 과일의 분배는 감사의 찬송과 나눔 시간에 신대원 찬양팀의 인도로 "논밭의 오곡백과" 등의 찬양을 함께 부를 때에 교수님들께서 여러분에게 나누어 주실 것입니다.

A. 예배로 나아감

2. 초청 / 집례자
마음의 준비가 되셨습니까? 이제 2014년 장로회신학대학교 감사절 예배를 시작하겠습니다.

3. 전주 / "날 구원하신 주 감사" / 오르간 박 ○○ 교수

4. 예배로 부름 / 시 107:1-3, 23-32; 요 4:24 / 집례자
"여호와께 감사하라 그는 선하시며 그 인자하심이 영원함이로다 여호와의 속량을 받은

자들은 이같이 말할지어다 여호와께서 대적의 손에서 그들을 속량하사 동서남북 각 지방에서부터 모으셨도다 배들을 바다에 띄우며 큰 물에서 일을 하는 자는 여호와께서 행하신 일들과 그의 기이한 일들을 깊은 바다에서 보나니 여호와께서 명령하신즉 광풍이 일어나 바다 물결을 일으키는도다 그들이 하늘로 솟구쳤다가 깊은 곳으로 내려가나니 그 위험 때문에 그들의 영혼이 녹는도다 그들이 이리저리 구르며 취한 자같이 비틀거리니 그들의 모든 지각이 혼돈 속에 빠지는도다 이에 그들이 그들의 고통 때문에 여호와께 부르짖으매 그가 그들의 고통에서 그들을 인도하여 내시고 광풍을 고요하게 하사 물결도 잔잔하게 하시는도다 그들이 평온함으로 말미암아 기뻐하는 중에 여호와께서 그들이 바라는 항구로 인도하시는도다 여호와의 인자하심과 인생에게 행하신 기적으로 말미암아 그를 찬송할지로다 하나님은 영이시니 예배하는 자가 영과 진리로 예배할지니라"

5. 기원 / 집례자

자비로우신 하나님! 2014년을 보내며 주님께 감사의 예배를 드립니다. 맨처음 청교도들이 배를 타고 종교의 자유를 찾아 떠났던 모습을 기억합니다. 모진 풍랑 속에서, 그리고 추위와 질병 속에서 절반의 사람들이 죽어 나가는 슬픔 속에서도 하나님을 기억하고 하나님께 감사의 예배를 드렸던 것처럼, 오늘 우리도 주님 앞으로 찬송을 부르며 나아갑니다. 우리를 구원하신 주님, 우리가 하나님의 뜻을 모두 알지 못하나 믿음을 가지고 주님을 붙잡습니다. 오늘 이 시간 우리와 함께하시고, 우리의 감사가 넘치게 하시고, 우리의 기쁨이 충만케 하여 주시옵소서. 우리의 유일한 소망이 되시는 예수 그리스도의 이름으로 기원하옵나이다. 아멘.

6. 고백 / "거친 바다 위를 가는" / 백○○[2]

1절 거친 바다 위를 가는 외로운 배처럼 우리 모두 홀로 이 길 걸어가고 있네
　　　 곧 폭풍이 지나가고 추수할 때가 되어 주를 만날 때 내 기쁨 넘치리

2절 나의 모든 괴로움을 다 아시는 주님 신실하게 내 눈물 닦아 주시네
　　　 세상이 조롱하여 날 바보라 해도 오직 주님만 엎드려 경배하리

2　이때 강단에 마련된 배에 돛이 움직이며 영상은 바다에서 폭풍을 만나고 다시 돌아오는 영상을 보여준다. 노래의 중간 부분에 그림자극의 형식으로 바닷속에서 애통하는 사람이 등장하고 예수님께서 그를 일으키시는 장면을 묘사하도록 한다.

후렴 험한 이 세상에 내 피난처 되시며 망망한 바다의 다리 되시네

주 나의 구원자 하늘의 문 되시네 오 예수 나는 믿네 오 예수 예수

주님만이 나의 삶의 모든 대답 되시오니 바른 길 가도록 내 맘 붙드소서

7. 찬양 / 찬송가 301장 "지금까지 지내온 것" / 교회음악학과 학생 전체[3]

B. 말씀의 선포

8. 성경봉독 / 신 33:26-29 / 조 ○○○(직원)

오늘 우리에게 주신 말씀은 신명기 33장 26절에서 29절 말씀입니다. 하나님의 말씀을 경청하십시오.

"여수룬이여 하나님 같은 이가 없도다 그가 너를 도우시려고 하늘을 타고 궁창에서 위엄을 나타내시는도다 영원하신 하나님이 네 처소가 되시니 그의 영원하신 팔이 네 아래에 있도다 그가 네 앞에서 대적을 쫓으시며 멸하라 하시도다 이스라엘이 안전히 거하며 야곱의 샘은 곡식과 새 포도주의 땅에 홀로 있나니 곧 그의 하늘이 이슬을 내리는 곳에로다 이스라엘이여 너는 행복한 사람이로다 여호와의 구원을 너 같이 얻은 백성이 누구냐 그는 너를 돕는 방패시요 네 영광의 칼이시로다 네 대적이 네게 복종하리니 네가 그들의 높은

---

3 교회음악학과 전체 학생 200명의 찬양으로 웅장한 찬양이 되도록 하였다.

곳을 밟으리로다"

9. 설교 / "행복한 사람의 찬양" / 성 ○○ 목사(영주교회 담임목사)

10. 찬송 / 찬송가 310장 "아 하나님의 은혜로" / 다같이

C. 찬양과 감사

11. 감사하는 사람들 / "풍성한 열매" / 영상[4]

12. 감사의 기도 / 맡은 이
1) 김 ○○(신대원3)

생명과 평화의 하나님, 농부 하나님의 사랑의 손길로 풍성한 먹을거리를 주셔서 사람과 자연이 함께 생명의 기쁨을 맛보게 해 주심을 감사드립니다. 하나님의 형상을 입은 우리에게는 서로 온전한 관계 회복을 위한 샬롬의 책임이 있음을 고백합니다. 주님은 이리가 어린 양과 함께 살며 사자가 소처럼 풀을 먹으며 젖 뗀 어린아이가 독사 굴에 손을 넣어도 물지 않는 세상, 강한 자와 약한 자가 한데 어우러져 모든 곳에서 해됨도 없고 상함도 없는 세상을 바라셨습니다. 특별히 사회 구조적인 불평등과 부정이 무관심으로 인해 변두리로 내몰린 이 땅 위의

나그네들이 많이 있습니다. 간구하옵기는 서로 다른 사람들이 사는 세계에서 낯선 이들을 받아들이시는 하나님의 사랑을 회복하게 하여 주시옵소서. 그리하여 사회 곳곳의 다양한 아픔을 끌어안고 정의와 평화와 사랑이 넘치는 공동체가 되어 하나님께 더욱 큰 기쁨과

4　학교의 교수와 직원, 그리고 학생 중에서 어려운 가운데서 나눔을 실천하고 있는 사람들의 영상을 편집하여 보여준다.

감사로 보답하는 우리가 되게 하여 주옵소서.

2) 최 ○○(신대원1)

내게 주신 모든 은혜를 내가 여호와께 무엇으로 보답할까?

사랑의 하나님, 한 해를 돌아보니 하나님께 감사할 것밖에 없습니다. 모든 것이 하나님의 은혜였습니다. 순간순간 어렵고 힘들어서 하나님은 어디 계신지, 무엇을 하고 계신지, 왜 날 도우시지 않는 것인지 탄식할 때가 많았습니다. 그러나 항상 하나님은 우리 곁에 계셨고, 우리를 위해 일하고 계셨으며, 우리의 마음을 위로하고 계셨습니다. 우리는 그런 하나님을 아버지로 믿는 자들이면서도 미련하게 이제야 깨달으며 새롭게 감사의 기도를 드립니다. 하나님, 지금은 곳간을 채운 기쁨의 계절임과 동시에 그렇지 못한 어떤 이들에게는 더 춥고 외로운 계절입니다. 우리의 주위에 그러한 어려움을 겪는 이들이 너무나 많이 있음을 봅니다. 하나님께서 우리의 눈으로 보게 하신 어려운 이웃을 우리 스스로 눈을 가려 냉정히 외면하면서 하나님의 영광을 보여달라고 기도하고 하나님을 찾고자 애써 노력하는 우를 범하지 않는 공동체가 되기를 원합니다. 그들은 하나님께서 우리에게 맡겨 주신 우리의 이웃이오니 우리 장신공동체가 하나님께 받은 은혜와 사랑을 감사하며 나눌 수 있게 되기를 기도합니다. 혹 추워지는 날씨에 따라 우리의 마음이 차갑게 얼어붙었다면 이 시간 저 태양보다 뜨거운 하나님의 사랑으로 우리의 마음이 뜨겁게 타오르길 소원합니다. 그리하여 하나님이 기뻐하시는 경건의 장신공동체가 되기를 소망합니다.

3) 이 ○○(기교과3)

하나님 사랑해 주시고 또 사랑을 가르쳐 주셔서서 감사합니다. 승우를 만나면서 사랑이 무엇인지, 그리고 사랑은 어떻게 하는 것인지 배웁니다. 승우를 불쌍한 존재로 보는 것이 아니고, 나와 같은 존재로 보는 것에서 사랑이 시작되었습니다. 있는 그대로 받아들이고 어르고 달래고 때로는 엄격하게 "안 돼!"라고 해야 하는 것이 어렵기도 합니다. 하루에 30번씩 떼를 쓸 때면 도망가고 싶은 생각도 들었습니다. 그때 저절로 탄식과 기도가 나왔습니다. 함께해 주셔서 감사합니다. 승우와 함께하면서 나는 하나님께 어떤 아들인지 생각해 봅니다. 하나님 앞에서 나는 어떤 존재인지 돌아볼 수 있는 시간을 주셔서 감사합니다. 그리고 또 조금은 하나님의 그 안타까운 마음을 알게 해 주셔서 감사합니다. 이제는 내 안에 갇혀 사는 것이 아니라 크신 하나님을 바라보며 그 인도하심을 따라 살아가길 원합니다. 아버지, 여기에 모인 우리는 다 하나님의 은혜로 이곳에 왔음을 기억합니다. 그 은혜를 갚고 싶은 마음에 어떻게 하면 하나님이 원하시는 일을 할 수 있을지 고민하며 왔습니다. 첫 마음 그대로 마음을 다하고 목숨을 다하고 뜻을 다하고 힘을 다하여 하나님을 사랑하고 이웃을 나 자신과 같이 사랑함으로 우리가 그 은혜를 기억하고 천국 잔치를 누리게 해 주세요. 주님 주신 그 사랑을 갖고만 있으면 잊게 되고 내 안에서 작아지지만, 나누면 그 사랑 더욱 커지고 내 안에 흔적으로 남음을 알았습니다. 하나님 우리가 받은 그 사랑 나누게 해 주세요. 그 사랑을 나눠서 이 나라를 넘어 아시아를, 열방을 품을 수 있게 해 주세요. 북녘에 있는 우리 동포들과 이 땅에서 같이 사는 동포들, 자녀와 가족, 친구를 잃은 슬픔에 아파하는 세월호 유가족들과 생존자들, 지금도 부당한 해고를 당해 농성하는 노동자들, 이 순간에도 자살을 고민하는 우리의 형제, 자매들, 고향을 떠나 차별당하며 이 땅에서 살아가는 이주민 노동자들, 소수이기 때문에 차별당하는 사람들, 인간답게 살고 싶다고 이야기하는 장애인들과 이외에도 우리와 함께하는 이웃들에게 우리의 사랑이 주님의 따뜻함으로 전달될 수 있게 인도해 주세요. 사랑이 필요한 곳에 가서 사랑하게 해 주세요. 사랑하기에 낮은 곳으로 가고, 사랑하기에 불의와 싸우고, 사랑하기에 희생하는 우리가 되게 해 주세요. 우리가 사랑할 때 열매 주심을 믿으며 천국잔치를 소망하며, 또 그리하지 않을지라도 나의 사랑이고 가장 큰 사랑 주시는 예수님의 이름으로 기도드립니다. 아멘.

13. 나눔을 위한 감사헌금 / 다같이
이제 우리가 정성으로 준비한 헌금을 함께 봉헌하도록 하겠습니다.

14. 헌금찬송 / "거룩하신 하나님" / 김○○(시각장애인 학생)

15. 봉헌기도 / 하○○ 교수
거룩하신 하나님, 2014년 베풀어 주신 은혜에 감사하여 감사예물을 드립니다. 추위와 비바람을 견디고 얻어진 풍성한 수확이 오직 하나님의 은혜로 된 것임을 기억하며 감사함으로 드리오니 기쁘게 받아 주옵소서. 눈물을 흘리며 씨를 뿌리는 자는 기쁨으로 거두리라는 말씀대로 눈물과 땀으로 뿌린 씨 뿌림이 풍성한 열매로 맺게 하심을 감사드립니다. 하지만 우리 가운데는 아직도 울며 씨 뿌리는 자들이 많이 있습니다. 기쁨의 열매가 맺히기를 애타게 기다리지만 아직 수확의 때를 맛보지 못한 자들이 많이 있습니다. 소망의 주님, 그들에게 새 힘과 믿음 주셔서 마침내 풍성한 수확을 하게 하시는 하나님을 바라보게 하옵소서. 울며 씨를 뿌리러 나가는 자는 반드시 기쁨으로 그 곡식단을 가지고 돌아오리라 하신 말씀을 기억하며 소망의 확신을 얻게 하여 주옵소서. 또한 오늘 드려진 예물을 광장동 학내외 어려운 이웃들에게 나누어 주고자 합니다. 저희의 작은 정성이 나누어질 때 슬픔과 고통 가운데 있는 자들이 위로받게 하시고, 우리와 함께하시는 하나님의 사랑을 체험하는 복된 시간 되게 하옵소서. 존귀하신 예수님의 이름으로 기도합니다. 아멘.

16. 우리의 감사 제목들 / "감사송" / 대학부 1학년 학생 150명[5]

---

5   감사송은 백하슬기 곡으로 2014년에 입학한 대학부 신입생들이 모두 강단으로 나와 찬송을 한다. 이때 학생들은 감사송에 맞추어서 다양한 감사의 내용이 담긴 피켓들을 들고 찬양하도록 한다.

17. 감사의 찬양과 나눔 / 인도: 신대원 찬양팀[6]

"논밭에 오곡백과"

"나의 슬픔을 주가 기쁨으로 변화시키시네"

"무화과 나뭇잎이 마르고"

"주님 큰 영광 받으소서"

---

6 신대원 찬양팀이 나와서 찬양을 인도한다. 찬양의 시작과 더불어 학생들은 옆사람과 인사를 나누고 교수님들은 지정된 자리로 나와서 떡과 과일을 앞으로 나오는 학생들에게 나누어 준다. 마치 잔치와 같은 분위기를 만들도록 한다.

D. 위탁과 파송

18. 위탁의 말씀 / 총장 김○○ 목사

오늘 감사절을 맞이해서 특별하게 여러분에게 한마디 위탁의 말씀을 드리려고 합니다. 감사를 하면 마귀가 쫓겨나갑니다. 저는 이 감사가 가장 높은 영성이고 가장 높은 거룩이라 생각합니다. 여러분, 감사하는 마음으로 마귀를 몰아내고 사랑과 평화와 생명의 세계를 만들어 가는 귀한 주님의 일꾼들이 되시길 바랍니다.

19. 축도 / 총장 김○○ 목사

우리 구주 예수 그리스도의 크신 은혜와 하나님 아버지의 한량없으신 사랑하심과 감사가 없는 이 세상을 감사의 세계로 바꾸시는 성령의 감화 감동하심과 충만케 하심이 감사절을 맞이해서 주님 앞에 고개 숙이고 있는 이 자리에 모여 있는 사랑하는 귀한 주의 종들 머리 위에 이제로부터 영원무궁까지 함께하시기를 축원하옵나이다.

20. 후주 / "감사하는 성도여" / 오르간 박○○ 교수

13장

제498주년 종교개혁 및
얀 후스 순교 600주년 기념예배
-밀알의 기다림

I. 예배를 위한 안내

본 예배는 2015년 10월 21일 장로회신학대학교 한경직기념예배당에서 드린 종교개혁 기념예배이다. 특별히 2015년은 종교개혁을 한 지 498주년이 되는 해이자 얀 후스가 화형을 당한 지 600주년이 되는 해였다. 따라서 본 예배는 이러한 두 개의 종교개혁을 하나로 묶어서 그 의미를 되새기는 예배를 기획하게 되었다.

얀 후스의 종교개혁과 루터의 종교개혁 사이에는 약 100년의 시간차가 있으므로 얀 후스의 종교개혁이 루터의 종교개혁의 씨앗과 같은 역할을 하였음을 밝히고 기억하고자 하였다. 즉, 100여 년의 기다림 끝에 루터를 통해 종교개혁이라는 열매를 맺은 얀 후스의 삶과 죽음을 '밀알'로 표현하고자 한 것이다.

특별히 본 예배에서 중요하게 다룬 것은 얀 후스의 생애와 종교개혁 내용에 대한 소개였다. 일반 회중에게 얀 후스가 잘 알려지지 않았기에 개혁의 밀알로서 화형으로 순교를 당한 초기의 종교개혁자를 기억하는 것은 매우 귀중한 일이라고 생각되었기 때문이다. 또한 우리 역시 세상 속에서 한 알의 밀알이 되어 교회의 개혁에 앞장설 것을 다짐코자 하였다.

본 예배는 종교개혁 당시를 기억할 수 있도록 다양한 이미지를 사용하였는데, 특히 이

종배찬(빵과 포도주의 배찬)을 주장하다가 순교한 얀 후스를 기억하기 위하여 강단에 큰 잔
이 보이도록 배치하였으며, 성찬상은 종교개혁 당시의 큰 성찬상을 나무로 만들어서 당시
의 느낌이 나도록 하였다. 성찬상 뒤에는 스크린을 두어 뒤에서 PPT를 통해 다양한 종교
개혁과 관련한 이미지들과 성찬의 이미지들이 드러나도록 하였다.

예배는 종교개혁 당시의 성찬을 재연하기 위하여 존 칼뱅(John Calvin)과 존 낙스(John
Knox)의 예전을 참고하여 현장에 맞게 편집하여 배치하였다. 특별히 종교개혁자들이 선
호하였던 성찬시의 권면의 말씀이 현장성이 있게 잘 드러나도록 하였다. 얀 후스의 성찬
예전에 대한 자료가 부족하여 어쩔 수 없이 다른 종교개혁자들의 성찬성례전을 차용하였
으나 장로교의 입장에 도리어 이러한 시도가 장로교회의 성찬 전통을 다시 생각해 보게
하는 효과가 있었을 것으로 판단된다.

예배의 집례자의 복장은 종교개혁의 의미를 담아서 검정색 가운으로 준비하였고 스톨
이나 다른 장식은 배제하였다. 또한 성찬성례전의 배찬의 경우 회중이 자리에 앉아서 받
을 수 있도록 전통적인 장로교적인 성찬 집례를 시행하도록 하였다.

II. 예배의 실제

A. 예배로 나아감

1. 전주 / 반주자

2. Kyrie eleison[1] / 맡은 이

3. 예배로 부름 / 요 12:24, 4:24 / 집례자
"내가 진실로 진실로 너희에게 이르노니 한 알의 밀이 땅에 떨어져 죽지 아니하면 한 알 그대로 있고 죽으면 많은 열매를 맺느니라 하나님은 영이시니 예배하는 자가 영과 진리로 예배할지니라"

4. 기원 / 집례자
하나님!

오직 하나님께 영광(Soli Deo Gloria)이 되는 예배가 되기 위하여 오직 은혜(Sola Gratia)로 부름 받은 주의 자녀들이 모였습니다. 이 시간 오직 예수(Solus Christus)를 오직 믿음(Sola Fide)으로 하나님 보좌 앞에 담대히 나아가오니, 우리의 예배를 받아 주옵소서. 주 성령께서 친히 임재하셔서 오직 성경(Sola Scriptura)을 통해 하나님의 현존을 경험하는 예배 되게 하옵소서. 주 예수 그리스도 이름으로 기원하옵나이다. 아멘.

B. 찬양과 참회

5. 찬송[2] / 찬송가 563장 "예수 사랑하심을" / 다같이

---

1   얀 후스가 화형을 당할 때에 "주여, 우리를 불쌍히 여기소서"(Kyrie eleison)를 부르며 죽었다고 한다. 한 알의 밀알이 되어 말 그대로 자기 몸을 불사르게 내어주었던 얀 후스의 간구처럼 우리를 향한 주의 긍휼을 요청하며 예배를 시작하고자 한다.

2   얀 후스는 자국어로 성경을 번역했을 뿐 아니라 천 곡 이상의 자국어 회중 찬송을 작사하여 보급함으로써 성도들이 예배

6. 참회의 기도[3] / 딤전 1:15 / 다같이

회   중: 미쁘다 모든 사람이 받을 만한 이 말이여 그리스도 예수께서 죄인을 구원하시
         려고 세상에 임하셨다 하였도다 죄인 중에 내가 괴수니라

집례자 : 우리 각자의 형언할 수 없는 죄악과 탐욕을 우리를 위해 십자가 지신 주님 앞에
         침묵으로 고백합시다.

(침묵기도)

7. 용서의 확신[4] / 벧전 2:9-10 / 집례자

복음을 믿으라. 너희가 전에는 백성이 아니더니 이제는 하나님의 백성이요 전에는 긍휼
을 얻지 못하였더니 이제는 긍휼을 얻은 자니라. 그리스도 안에서 너희는 죄 사함을 받았
으니 이는 너희를 어두운 데서 불러 내어 그의 기이한 빛에 들어가게 하신 자의 아름다운
덕을 선포하게 하려 하심이라.

8. 응답송 / 반주자

9. 경배의 찬송 / 찬송가 14장 "주 우리 하나님" / 다같이

C. 말씀의 선포

10. 설교 전 기도 / 집례자

에 참여할 수 있는 문을 열어 주었고, 이러한 자국어 회중 찬송의 전통은 독일 경건주의로 이어져 이후 많은 개신교파의
전통이 되었습니다. 오늘 부르는 이 찬송은 한국에서 가장 사랑받는 찬송이자 한국교회 초기부터 불리던 찬송입니다. 오
늘은 특별히 얀 후스 이후 독일, 미국, 중국을 거쳐 한국 땅에 복음이 전해져 온 그 발자취를 따라 이 찬송을 각국의 언어
(독일어, 영어, 중국어, 한국어)로 찬양하고자 합니다(신대원2 허성민, 신대원2 한현크리스틴, 학부3 좌량).

3   1524년 슈바르츠의 스트라스부르 예전이다.

4   1538년 칼뱅의 스트라스부르 예전이다.

11. 성경봉독 / 출 32:13-19 / 맡은 이

12. 찬양대 찬양 / "내 주는 강한 성이요" / 신대원 찬양대

13. 설교 / "소리치는 뿔 달린 사람"/김 ○○ 목사

D. 성찬성례전[5]

14. 성찬찬송 / Jesus Christus[6] / 1절 선창자, 2-4절 다같이

15. 성찬의 말씀 / 집례자

16. 신앙고백 / 사도신경 / 다함께

17. 성찬기도 / 집례자

위로와 자비의 하나님 아버지, 모든 사람은 하나님이 통치자이시요 주님이심을 알고 인정합니다. 하나님께서 우리로 하나님의 작품이 되게 하시어, 우리가 하나님의 형상대로 지음 받은 것에 대하여 언제나 하나님의 신성한 위엄을 찬송하며 경배하게 하셨나이다. 첫째로는 우리가 하나님의 형상대로 지음 받은 것에 대하여 찬송할 것이며, 무엇보다도 하나님께서는 사단이 이끄는 영원한 죽음과 영벌에서 우리를 건져 주셨음을 찬송하나이다.

자비가 풍성하시며 그 선하심이 무한하신 하나님께서는 우리를 구원하시기 위해 사랑하는 외아들을 내어주셨습니다. 하나님께서는 하나님의 사랑 그 자체인 외아들을 죄는 없으시되 우리와 같은 사람으로 만드시사, 우리의 범죄로 인하여 형벌을 받게 하시고, 그의 죽으심으로 하나님의 공의가 충족되게 하셨으며, 그의 부활하심으로 사망의 권세를 깨트

---

5 오늘의 성찬예전문은 1556년 존 낙스(J. Knox)가 제네바의 마리 라 노브교회에서 고안한 기도 예식문을 오늘의 상황에 맞도록 수정한 것이다.

6 얀 후스의 성찬찬송이다.

리셨습니다. 그럼으로써 아담의 후손들에게 허락되지 않았던 생명이 다시금 세상에 들어 오게 하셨습니다.

주님, 아무에게도 하나님의 자비를 받을 만한 자격이 없음에도 하나님께서 자비를 보이시고자 완전하신 사랑을 베풀어 주셨사오나, 어느 누구도 그 길이와 넓이, 깊이와 높이를 측량할 수 없음을 고백합니다. 하나님께서는 죽음이 있던 곳에 생명을 주셨으며, 우리가 하나님의 공의에 오직 반역하기만 할 때에도 하나님의 은혜로 우리를 구원해 주셨습니다. 주님, 우리의 부패한 본성에서 말미암은 어리석음이 하나님의 풍성하신 은혜로부터 우리를 멀어지게 할 수 없습니다.

구주 예수 그리스도의 명령에 따라 우리에게 자유와 생명이 주어졌음을 온 세상에 선포하기 위하여, 우리는 다시 오실 때까지 죽으심을 기억하게 하실 주님의 식탁에 나아왔습니다. 오직 그리스도로 인해 하나님께서는 우리를 하나님의 자녀요 상속자로 인정해 주시고, 오직 그리스도로 인해 우리가 하나님의 은혜의 보좌로 들어갈 수 있게 되었으며, 오직 그리스도에 의해 우리가 영적 왕국에 들어가 그분의 식탁에서 먹고 마실 수 있습니다. 그리고 그분과 함께 오늘 우리는 천국에서 함께 교제하며, 주님의 능력에 힘입어 우리의 몸이 티끌 가운데서 들어 올려져서 주님의 끝없는 사랑 안에서 함께할 것입니다. 이는 세상에 기초가 놓이기 전에 하나님의 택하심 가운데 예비된 것입니다. 그리고 이 측량 못할 은혜는 오직 하나님께서 사랑하시는 외아들 예수 그리스도에 의해서 하나님의 자유로우신 은혜와 자비 가운데 주어진 것임을 알고 고백합니다. 그러므로 우리 하나님의 성도들은 성령의 감화를 받아 하나님께 모든 감사와 찬양과 영광을 세세무궁토록 돌리옵나이다. 예수님의 이름으로 기도드립니다. 아멘.

18. 제정의 말씀 / 고전 11:23-29 / 집례자

사도 바울이 고린도전서 11장에서 행하였던 바에 따라, 예수 그리스도께서 어떻게 성찬을 제정하셨는지 생각합시다.

"내가 너희에게 전한 것은 주께 받은 것이니 곧 주 예수께서 잡히시던 밤에 떡을 가지사 축사하시고 떼어 이르시되 이것은 너희를 위하는 내 몸이니 이것을 행하여 나를 기념하라 하시고 식후에 또한 그와 같이 잔을 가지시고 이르시되 이 잔은 내 피로 세운 새 언약이니 이것을 행하여 마실 때마다 나를 기념하라 하셨으니 너희가 이 떡을 먹으며 이 잔을 마실

때마다 주의 죽으심을 오실 때까지 전하는 것이니라 그러므로 누구든지 주의 떡이나 잔을 합당하지 않게 먹고 마시는 자는 주의 몸과 피에 대하여 죄를 짓는 것이니라 사람이 자기를 살피고 그 후에야 이 떡을 먹고 이 잔을 마실지니 주의 몸을 분별하지 못하고 먹고 마시는 자는 자기의 죄를 먹고 마시는 것이니라"

19. 권면의 말씀 / 집례자

주님 안에서 사랑하는 자들이여, 지금 우리는 우리를 구원하신 그리스도의 몸과 피의 성찬을 받기 위해 모였습니다. 우리는 사도 바울이 고린도교회 성도들에게 떡을 받고 잔을 마시기 전에 자기 자신을 애써 시험해 보고 살펴보도록 권면하였던 말씀을 숙고해 봅니다. 우리가 진정으로 참회하는 마음과 살아 있는 믿음을 가지고 성찬을 받는다면 여기에는 큰 유익이 있습니다. 우리가 영적으로 그리스도의 살을 먹고 그의 피를 마심으로써, 우리가 그리스도 안에 거하고 그리스도가 내 안에 거하시며, 우리가 그리스도와 하나인 것같이 그리스도가 우리와 하나가 되십니다. 그러므로 주님의 몸과 피를 합당치 않게 받게 되면 큰 위험이 있습니다. 주님의 몸을 분별하지 못하고 먹고 마시는 사람은 우리의 구원자이신 그리스도의 몸과 피를 범하는 죄를 짓는 것입니다. 그러므로 만약 여러분 중 누구라도 하나님을 모독하는 자이거나, 하나님의 말씀을 훼방하거나, 성범죄를 범하거나, 죄악 중에 거하거나, 어떠한 중한 범죄를 저질렀거든 여러분의 죄를 뉘우치고 이 거룩한 식탁으로 나아오지 마십시오. 이 거룩한 성찬이 행해진 이후에도 사탄이 유다 안으로 들어갔던 것처럼 사탄이 당신 안으로 들어가서 육체와 영혼을 멸하는 일이 없도록 주의하십시오.

그러므로 형제들이여, 주님으로부터 판단받지 않기 위하여 여러분이 자신을 스스로 판단하십시오. 여러분의 과거의 죄에 대하여 진심으로 참회하고, 우리 구주 예수 그리스도 안에서 신실한 산 믿음을 가지십시오. 그리스도의 죽음과 수난의 공로에 의지하여 구원을 간구하며, 일평생 성도 간에 우애 있는 친교와 신령한 교제 가운데서 살아가려는 의지를 품고서 모든 원한이나 논쟁은 끊어버리십시오. 우리 자신은 연약함과 비참함을 느낍니다.

우리의 믿음은 온전하지도 일정하지도 못하며, 우리의 부패한 본성으로 인해 하나님의 선하심을 신뢰하지 못합니다. 그리고 하나님을 섬기는 데 전적으로 헌신하지 못하였고, 우리에게 요구되는 의무인 하나님의 영광을 나타내는 일에 열심을 품지도 못했습니다. 우리 안에는 여전히 하나님을 반역하는 본성이 있기에 우리는 매일 육신의 정욕과 싸웁니다.

그럼에도 불구하고 우리 주님께서 우리를 긍휼히 여기셔서 우리 마음에 그리스도의 복음을 심어 주심으로, 우리가 절망과 불신에 빠지지 않도록 보호하십니다. 또한 주님께서는 우리에게 의지를 부여하시고, 주님의 정의를 갈망하고 주님의 명령을 준행하면서 우리의 정욕을 버리고 이를 거스르기를 원하십니다. 주님께서 우리를 그분의 영적 식탁으로 나아오도록 하시는 것을, 우리 안에 있는 불완전함이 더 이상 방해할 수 없음을 우리는 이제 확실히 압니다. 이것은 우리가 정직하다거나 우리의 삶이 의롭다는 말이 아니라, 우리는 진노와 저주의 자녀였으나 예수 그리스도 안에서 생명과 온전함을 얻게 되었다는 의미입니다.

주님의 성찬은 모든 불쌍하고 병든 자들을 위한 유일한 치료약이며, 연약한 영혼들을 위한 넉넉한 도움입니다. 그리고 주님은 우리에게 다른 것을 요구하시지 않고 우리의 무력함과 불완전함을 인정하기를 원하신다는 점을 기억합시다. 그럴 때에 우리는 그분의 공로와 가장 큰 유익을 힘입게 됩니다. (유익이라면 그의 육체와 피를 진정으로 먹고 마시는 것입니다.) 주님께서 빵과 포도주 안에 계신다거나 성물이 주님의 살과 피의 실체로 변화하는 것으로 여겨서 주님이 성찬에 몸으로 현존하신다고 봄으로써, 세상적인 썩어질 것들, 곧 우리가 현재 우리 눈으로 보고 우리의 손으로 느끼는 것들에 대해 생각하느라 우리 마음이 고통당하지 않게 하십시오.

우리의 영혼이 풍성함과 평안을 얻기 위한 유일한 길은, 세상적이고 감각적인 모든 것으로부터 떠나 믿음에 의해 우리의 마음을 드높이는 것이며, 그럼으로써 천국에 들어가서 우리가 그리스도를 찾고 그분의 참된 음식을 받는 것입니다. 천국에서 주님은 아버지의 무한하신 영광 안에서 완전한 하나님인 동시에 완전한 인간으로 계실 것이니, 그에게 영광과 존귀와 찬양이 이제로부터 영원까지 있을 것입니다. 아멘.

20. 분병분잔 / 다함께

21. 성찬 후 기도 / 집례자

자비로우신 하나님 아버지, 우리를 그리스도와의 교제 가운데로 들어오게 하시고자 이 비참한 죄인들에게 완전하신 선물을 주심에, 그리고 우리에게 필요한 양식이요 영원한 생명으로 인도하는 양분으로서 우리에게 그분을 주심에 찬양과 감사와 영광을 돌리옵나이다. 하나님 아버지, 우리가 그 고귀한 은혜를 잊어버리는 무정한 자들이 되지 않게 하옵시기를 간구합니다. 우리가 그 은혜를 마음에 새겨서 선한 방식에 따라 훈련된 참된 믿음 안에서 우리가 날마다 성장하게 하시고, 이 위험한 시대와 사탄의 격분 가운데서도 우리를 견고케 하여 주시옵소서. 영광이 모든 만물 위에 하나님께 영원히 있사옵나이다. 예수님의 이름으로 기도드립니다. 아멘.

E. 파송

22. 응답의 찬송[7] / "밀알" / 다같이

23. 결단의 기도[8] / 다같이

집례자: 오 사랑하는 주님 우리를 이끄소서.

---

7   온 세상의 회복을 위해 밀알이 되셨던 예수님처럼, 종교개혁을 위해 밀알이 되었던 얀 후스처럼, 우리도 개혁이 요구되는 오늘의 교회를 향한 밀알이 되겠다는 응답의 의미로 이 찬양을 드리고자 한다.

8   임종 전 친구에게 보낸 편지에 쓴 얀 후스의 기도이다.

우리 약한 자들을 당신 뒤로 이끄소서.

당신이 우리를 이끄시지 않으신다면

우리는 당신을 따를 수 없습니다.

회　중: 우리에게 예비된 용감한 성령을 주옵소서.

집례자: 육체는 비록 약하나 당신의 은혜가 앞서게 하시고,

그 가운데 가게 하시며, 그 뒤를 따르게 하소서.

회　중: 당신 없이는 우리는 아무것도 할 수 없습니다.

다같이: 우리에게 예비된 성령을, 두려움 없는 마음을, 올바른 믿음을,

확실한 소망을, 그리고 완전한 사랑을 허락하소서.

그래서 당신을 위해 우리가 우리의 삶을

인내와 기쁨으로 내려놓게 하소서.

24. 축도 / 아론의 축도[9] / 설교자

25. 송영 / 반주자

9　아론의 축도는 종교개혁자들이 사용했던 것으로 1542년 칼뱅의 제네바 예전에 수록되어 있다.

14장
장신대 리더십아카데미
세족식과 파송예식

I. 예식을 위한 안내

장로회신학대학교 리더십아카데미는 평신도 지도자를 위한 교육기관으로서 섬김의 리더십을 훈련하기 위하여 운영되고 있다. 대부분 부부가 참여하게 되며 12-15주 정도의 교육을 마친 후에 졸업식과 더불어 세족식과 파송예식을 거행한다. 본 예식은 2009년 제9기 리더십아카데미에서 행한 세족식과 파송예식 순서이다.

예식의 구조는 크게 세 부분으로 나누어진다. 1막은 "예수 그리스도의 보혈을 경험"하는 순서로서 세족식 전에 예수 그리스도의 보혈을 통한 속죄의 은혜를 깨닫게 하는 순서이다. 2막은 "씻기심과 새롭게 하심"의 순서로 오늘도 일꾼을 찾으시며 섬김의 종으로 세우기 위해 제자들을 씻기시는 주님의 손길을 경험케 하며 동시에 주님의 식탁에서 부부가 함께 주님의 몸과 피를 먹고 마시며 새로운 소명을 받도록 하는 순서이다. 마지막 3막은 "섬김의 리더로 보내심"의 순서인데 이는 섬김의 리더로서 각자의 삶의 자리로 주님의 보내심을 경험하고 결단하는 순서이다.

예식을 원활하고 은혜롭게 진행하기 위하여 많은 준비와 노력이 필요한데 우선 세족식을 위한 대야와 수건 등이 필요하며 적절한 시간에 물을 공급해 주고 처리해 줄 도우미들이 필요하다. 세족식이 끝난 이후에 자리를 정돈하고 다시 성찬성례전을 준비해야 하는 일도 시간을 다투는 일이어서 많은 연습과 준비가 필요하다. 순서 중에 그리스도로 옷 입는 순서가 있는데 이는 세족식 후에 각자에게 섬김의 상징으로 앞치마를 입혀 주는 순서이다. 세족식이 끝나고 바로 이어지는 순서이므로 원활한 진행을 위해서는 도우미들의 사전 연습이 필요하다.

성찬상은 일반적인 상이 아니라 옛날 밥상과 같이 앉아서 먹을 수 있는 높이의 식탁으로 준비된다. 이는 성찬을 받을 때에 부부가 함께 주님의 식탁에 나와서 무릎을 꿇고 빵과 잔을 받도록 하기 위함이다. 이러한 성찬을 통해서 새로운 소명을 경험하도록 하였다.

세족식과 성찬식이 진행되는 동안에, 그리고 세족식 전에 주님의 속죄의 은총을 경험토록 하기 위하여 잘 준비된 찬양팀과 악기팀이 필요하다. 이들은 예식이 진행되는 동안에 끊김없이 음악을 연주하면서 예식이 잘 진행되도록 돕게 된다. 적절한 영상의 사용도 예식의 분위기를 만들어 가는 데 도움이 될 것이다.

II. 예식의 실제

A. 1막: 예수 그리스도의 보혈을 경험

1. 준비 찬양 / "우리 때문에"(회복 21 worship 3집 남궁송옥) / 찬양팀
(찬양이 진행되는 동안 십자가에 조명이 집중되며 점차 예배실이 어두워지도록 조명을 조절한다.)

2. 초대사 / 집례자
사랑하는 9기 리더십아카데미 원우 여러분! 지난 14주 동안 수고 많이 하셨습니다. 우리는 지난 한 학기 동안 우리 주님께서 보여주신 섬김의 리더십에 대하여 깊이 배우고 묵상할 기회를 가졌습니다. 이제 그 마지막 날이 되었습니다.

마지막 예배를 드리면서 우리는 오늘 우리 주님께서 제자들과 마지막으로 보내셨던 그 밤에 주목하려고 합니다. 우리 주님께서 제자들에게 마지막으로 무엇을 말씀하셨으며, 무엇을 행하셨는지를 요한의 증언을 따라 깊이 묵상하려고 합니다.

말라기 1장에 보면 사람들의 이런 호소가 나옵니다. "주님께서 우리를 사랑하신다는 증거가 어디에 있습니까?" 이 물음에 대하여 요한일서 4장 9절은 이렇게 대답합니다. "하나님의 사랑이 우리에게 이렇게 드러났으니, 곧 하나님이 자기 외아들을 세상에 보내 주셔서 우리로 하여금 그로 말미암아 살게 해 주신 것입니다. 사랑은 이 사실에 있으니, 곧 우리가 하나님을 사랑한 것이 아니라, 하나님이 우리를 사랑하셔서, 자기 아들을 보내어 우리의 죄를 위하여 화목제물이 되게 하신 것입니다"(새번역). 요한복음 3장 16절은 말합니다. "하나님이 세상을 이처럼 사랑하셔서 외아들을 주셨으니, 이는 그를 믿는 사람마다 멸망하지 않고 영생을 얻게 하려는 것이다"(새번역).

여러분을 이 사랑의 자리로 초대합니다. 먼저 우리 하나님께서 얼마나 우리를 사랑하시는지 생각합시다.

3. 영상을 통한 묵상 / 다같이
(패션 오브 크라이스트의 장면 중 예수님의 십자가 처형의 장면을 약 5분간 상영한다.)

4. 촛불점화 / 지도교수와 학생들
(영상이 끝나면 자연스럽게 찬양팀은 예수님의 수난과 관련한 찬양을 부르기 시작한다. 이때 지도교수들이 앞으로 나와서 준비된 초에 불을 붙이면 수료생들은 한 사람씩 나와서 자기의 초를 들로 강단 한쪽에 자신의 촛불을 놓고 강단 위에 준비된 세족의 자리로 올라간다.)

B. 2막: 씻기심과 새롭게 하심

5. 세족식을 위한 말씀 / 집례자
우리 주님께서는 자기가 이 세상을 떠나서 아버지께로 가야 할 때가 된 것을 아시고 자기의 사람을 사랑하시되 끝까지 사랑하셨습니다. 마지막으로 제자들과 식사를 하셨는데, 식사를 하시던 중에 잡수시던 자리에서 일어나 겉옷을 벗으시고, 수건을 가져다가 허리에 두르셨습니다. 그리고 대야에 물을 담아다가, 제자들의 발을 씻기시고, 그 두른 수건으로 닦아 주셨습니다. 이것이 우리 주님께서 자신의 사랑하는 사람들에게 마지막으로 보여주신 자신의 모습입니다. 이제 우리는 주님께서 행하셨던 그 모습을 따라 서로의 발을 씻겨주며, 주님께서 남겨주신 이 예식의 의미가 무엇인지를 깊이 생각하려고 합니다. 이 예식으로 여러분을 초대합니다.

6. 기도 / 집례자

사랑의 근원이 되시는 하나님, 오늘 이 시간 주님께서 친히 보여주시고 베풀어 주신 예를 따라 세족의 예식을 행하고자 합니다. 이 예식을 통하여 주님의 뜻을 깨닫게 하시고 주님께서 주시는 소명을 알게 하옵소서. 우리 주 예수 그리스도의 이름으로 기도하옵나이다. 아멘.

7. 세족식 / 세족위원과 수료생

(기도가 바로 끝난 후 찬양팀이 찬양을 시작하면 먼저 수료생이 의자에 앉는다. 세족위원이 먼저 세족을 한 후 바꿔서 같은 방법으로 세족한다. 세족위원은 세족 후에 수료생의 발목을 잡고 수료생을 위해서 간절히 기도한다. 이때 명찰의 이름을 확인하여 가능하면 이름을 부르며 기도하도록 한다. 이때 찬양팀은 "사명"과 "눈물로 씻은 발" 등의 찬양을 부르도록 한다.)

8. 그리스도로 옷 입고 / 세족위원과 수료생

(세족식을 마친 후에 세족위원들은 도우미로부터 앞치마를 받아 든다. 이때 집례자는 다음과 같이 말한다.)

집례자: 예수께서는 제자들의 발을 씻겨 주신 뒤에 옷을 입으시고 식탁에 다시 앉으셔서 이렇게 말씀하셨습니다. "너희가 나를 선생님 또는 주님이라고 부르는데, 그것은 옳은 말이다. 내가 사실로 그러하다. 주이며 선생인 내가 너희의 발을 씻겨 주었으니, 너희도 서로 남의 발을 씻겨 주어야 한다. 내가 너희에게 한 것과 같이 너희도 이렇게 하라고 내가 본을 보여준 것이다. 종이 주인보다 높지 않으며, 보냄을 받은 사람이 보낸 사람보다 높지 않다"(요 13:13-15, 16b, 새번역). 그리고 주님께서 다시 이렇게 말씀하셨습니다. "이제 나는 너희에게 새 계명을 준다.

서로 사랑하여라. 내가 너희를 사랑한 것 같이, 너희도 서로 사랑하여라. 너희가 서로 사랑하면, 모든 사람이 그것으로써 너희가 내 제자인 줄을 알게 될 것이다"(요 13:34-35, 새번역). 이제 우리는 주님께서 제자들의 발을 씻겨주신 후에 옷을 입으신 모습을 재연하려고 합니다. 주님께서 입으신 이 옷은 섬김의 옷이며, 종의 옷이었습니다. 갈라디아서 3장 27절은 이렇게 말합니다. "누구든지 그리스도와 합하기 위하여 세례를 받은 자는 그리스도로 옷 입었느니라." 또한 로마서 13장 14절에서 주님께서는 바울을 통하여 이렇게 말씀하십니다. "오직 주 예수 그리스도로 옷 입고 정욕을 위하여 육신의 일을 도모하지 말라." 주님의 이 명령을 마음에 새기며 주님께서 입으셨던 섬김의 옷을 입도록 하겠습니다.

(이때 세족위원들은 앞치마를 수료생들에게 입혀 준다. 그리고 세족위원들과 수료생은 하단하도록 한다. 이때 찬양팀은 "하나님의 은혜" 등의 찬양을 부르고 도우미들은 세족식에 사용된 의자와 대야를 모두 치우고 성찬성례전을 위하여 성찬상을 차리고 강단을 정리한다.)

9. 주님의 식탁 / 집례자와 수료생

10. 성찬초대사 / 집례자

요한복음에 따르면 주님께서 제자들과 함께하신 마지막 식사는 자세히 나오지 않습니다. 대신에 요한의 증언은 예수님께서 부활하신 후에 제자들과 만나신 디베랴 바닷가의 식사를 자세히 설명하고 있습니다. 지금도 디베랴 바닷가의 사건을 기념하는 그곳에는 조그만 교회가 있고 그곳에 이런 문구가 돌 위에 새겨져 있습니다. "mensa Christi" 주님의 식탁이라는 라틴어입니다.

여러분을 그 식탁으로 초대합니다.

3번이나 주님을 부인했던 베드로를 향하여서 "네가 나를 사랑하느냐?"라고 세 번이나 물으셨던 치유와 회복, 그리고 용서의 식탁입니다.

배신자를 향하여 "내 양을 먹이라"고 다시 부르시는 소명의 식탁입니다. 주님께서 세우신 이 식탁으로 사랑하는 여러분을 초대합니다.

11. 제정의 말씀 / 집례자

내가 오늘 여러분에게 전하는 것은 교회를 통하여 주님으로부터 받은 것입니다.

우리 주 예수 그리스도께서 자신의 몸을 온전히 내어주시던 그 밤에 주님께서는 떡을 드시고 축복의 기도를 드리신 다음 떼어 제자들에게 나누어 주시며 말씀하셨습니다.

"이것은 너희를 위하는 내 몸이다. 이것을 행하여 나를 기억하여라."

또한 이와 같이 잔을 드시고 축복의 기도를 드리신 다음 제자들에게 나누어 주시면서 말씀하셨습니다.

"이 잔은 내 피로 세운 새 언약이다. 너희가 마실 때마다 이것을 행하여 나를 기억하여라. 그러므로 우리는 이 떡을 먹으며 이 잔을 마실 때마다 주님을 기억하며 주님의 죽으심을 그의 오실 때까지 전합니다"(고전 11:23-26).

12. 성찬기도 / 집례자

은혜로우신 하나님, 이제 감히 주님께서 마련하신 주님의 식탁에 앉습니다. 우리의 마음을 깨끗하게 하시고, 우리의 눈을 열어 주시고, 성령께서 임재하여 주셔서 용서하시며, 치유하시고, 새로운 소명을 주시는 주님을 뵈옵는 귀한 은총을 허락하여 주시옵소서.

예수님의 이름으로 기도합니다. 아멘.

13. 주기도 / 다같이

14. 성찬참여 / 다같이

15. 분병선언 / 집례자

우리가 나누는 이 떡은 생명을 주는 떡입니다. 주님께서 말씀하시길, "나는 생명의 떡이니 내게 오는 자는 결코 주리지 아니할 것이라"고 말씀하셨습니다. 또 말씀하시길, "나는 하늘에서 내려온 살아 있는 떡이니 사람이 이 떡을 먹으면 영생하리라. 내가 줄 떡은 곧 세상의 생명을 위한 내 살이니라"고 말씀하셨습니다. 그리스도께서 이렇게 자신의 몸을 생명의 떡으로 우리를 위해 주셨습니다.

16. 분잔선언 / 집례자

우리가 나누는 이 잔은 그리스도의 피로 맺는 새로운 언약입니다. 주님께서 말씀하시길, "내가 진실로 진실로 너희에게 이르노니 인자의 살을 먹지 아니하고 인자의 피를 마시지 아니하면 너희 속에 생명이 없느니라 내 살을 먹고 내 피를 마시는 자는 영생을 가졌고 마지막 날에 내가 그를 다시 살리리니 내 살은 참된 양식이요 내 피는 참된 음료로다"라고 말씀하셨습니다.

그리스도께서 자신의 보혈을 우리를 위해 주셨습니다.

이제 주님께서 주시는 떡과 잔을 받겠습니다. 한 가정씩 주님의 식탁으로 나오시기 바랍니다.

(이때 찬양팀은 찬양을 하도록 하며 한 가정씩 주님의 식탁으로 나와서 빵과 잔을 받고 자리로 돌아간다.)

17. 성찬 후 기도 / 집례자

은혜로우신 하나님,

주께서 우리를 하늘과 땅의 모든 주님의 백성들과 하나 되게 하셨습니다. 주께서 우리를 생명의 양식으로 먹여 주시고 주님의 사역을 위하여 우리를 새롭게 하셨습니다. 그리스도의 몸을 나누며, 그의 잔을 받은 우리를 그의 신실한 제자가 되게 하셔서 매일의 삶이 주님 나라의 삶의 한 부분이 되게 하시고, 우리의 사랑이 주님의 사랑이 되어 세상의 생명에게로 나아가게 하소서.

우리 주 예수 그리스도의 이름으로 기도합니다. 아멘.

C. 3막: 섬김의 리더로 보내심

18. 세상의 빛과 소금이 되어 / 집례자

우리 주님께서 말씀하시길, "너희는 세상의 소금이니 소금이 만일 그 맛을 잃으면 무엇으로 짜게 하리요 후에는 아무 쓸 데 없어 다만 밖에 버려져 사람에게 밟힐 뿐이니라 너희는 세상의 빛이라 산 위에 있는 동네가 숨겨지지 못할 것이요 사람이 등불을 켜서 말 아래에 두지 아니하고 등경 위에 두나니 이러므로 집 안 모든 사람에게 비치느니라 이같이 너희 빛이 사람 앞에 비치게 하여 그들로 너희 착한 행실을 보고 하늘에 계신 너희 아버지께 영광을 돌리게 하라"(마 5:13-16) 하셨습니다.

(이때 지도교수들은 앞으로 나와서 촛불과 소금주머니를 각각의 수료생들에게 나누어 준다. 이것을 받은 수료생들은 세상을 향하여〈예배당의 문쪽으로 향하여〉 두 줄로 선다. 그리고 다음과 같은 결단의 기도를 한다. 이때 수료생들이 원활하게 결단의 기도문을 함께 읽을 수 있도록 문쪽에 결단의 기도 내용을 써 붙이도록 한다.)

19. 결단을 위한 초대 / 집례자

옛 언약에서 하나님은 이스라엘 민족을 특별한 백성으로 선택하셨고
하나님의 법을 따르게 하셨습니다.
우리 주 예수 그리스도께서는 그분의 죽음과 부활을 통해
그를 믿는 모든 사람과 새로운 언약을 맺으셨습니다.
사랑하는 여러분, 하나님께서 그의 백성들과 맺으신 언약을 확고히 하고,
그리스도의 구속하심을 받아들이십시다.
그리스도의 구속함을 받아들인다는 것은
우리가 하는 모든 일과 우리 자신 속에서 그리스도의 인도하심을 받고,
그리스도만을 바라보며 사는 것을 말합니다.
그리스도는 많은 일을 하셨습니다.
우리도 지금까지 그리스도께서 보여주신 그 길을 따라왔습니다.
어떤 것은 쉬웠고, 어떤 것은 어려웠습니다.

어떤 것은 다른 사람들로 하여금 우리를 칭찬하게 하였고

또 어떤 것은 우리를 힘들게 하였습니다.

어떤 것은 우리의 욕심 때문에 바랐던 것들이었습니다.

어떤 것은 옳지 않은 것이었습니다.

어떤 때 우리는 우리의 욕구를 만족시키면서도 그리스도를 기쁘시게 할 수 있지만,

어떤 때 우리는 우리를 부인하지 않는다면,

도저히 그리스도를 기쁘시게 할 수 없습니다.

그러나 그리스도는 성령을 통하여 우리를 강하게 하시고

이런 모든 것을 할 수 있게 하십니다.

그러므로 이 하나님의 약속을 우리의 것으로 만듭시다.

우리를 온전히 전적으로 하나님께 바치고, 그의 약속을 믿으며,

그의 은총에 의지합시다.

20. 결단의 기도 / 수료생

나는 내 자신을 하나님께 온전히 드립니다.

주님께서 계획하신 자리에 나를 두소서.

주님을 위해 고통도 감수하게 하소서.

주님께서 나를 통해 이루시기 원하시는 그 일을 나에게 주옵소서.

많은 일을 주시거나, 또는 다른 이를 쓰실 때에 잠시 머물러 있게 하소서.

앞으로 밀고 나아가게 하시거나, 또는 나를 겸손하게 하소서.

나에게 많은 것을 주시거나, 또는 가난 속에 살게 하소서.

자유롭게, 나는 내가 가진 모든 것과 나 자신을 주님께 드립니다.

거룩하신 하나님 아버지, 아들과 성령,

주님은 나의 것이고, 나는 주님의 것입니다.

땅에서 맺은 이 약속이 영원까지 계속되기를 빕니다.

우리를 구원하신 예수 그리스도의 이름으로 기도합니다.

아멘.

21. 파송의 노래 / 다같이

(찬송가 323장 "부름 받아 나선 이 몸" 등 파송과 관련된 찬송가를 부르도록 한다.)

22. 파송선언 / 살전 5:23-24(새번역) / 리더십아카데미 원장

"평화의 하나님께서 친히,

여러분을 완전히 거룩하게 해 주시고,

우리 주 예수 그리스도께서 오실 때에

여러분의 영과 혼과 몸을 흠이 없이 완전하게 지켜 주시기를 빕니다.

여러분을 부르시는 분은 신실하시니, 이 일을 또한 이루실 것입니다."

23. 축도 / 고후 13:13 / 장로회신학대학교 총장

"주 예수 그리스도의 은혜와 하나님의 사랑과 성령의 교통하심이

너희 무리와 함께 있을지어다"

15장

성금요예배 "마태복음을 따른 예수 그리스도의 수난" I

I. 예배를 위한 안내

본 예배는 오늘의 한국교회의 성금요예배의 현실의 모습을 진단하며, 성금요예배의 본질로의 회복을 제시하기 위한 한 대안이라고 볼 수 있다. 최근 개 교회에서 진행되고 있는 고난주간의 성금요예배를 살펴보면 그리스도의 수난을 강조하기 위해 과도한 영상과 음향의 사용을 볼 수 있다. 이는 자칫 회중의 오도된 감정의 격양을 불러일으키기 위한 수단으로 전락될 위험성을 내포하고 있다. 따라서 본 성금요예배는 마태복음의 수난기사를 회중이 모두 묵상해 나아가며 회개하는 형식을 취했다.

특별히 시각적인 부분에 많은 중점을 두었던 그동안의 성금요예배와 달리 본 예배는 청각에 중점을 두었다. 본 예배에서 사용되는 악기는 그간 예배에서 흔히 볼 수 없었던 팀파니(또는 큰북)와 트라이앵글(또는 종)을 중심악기로 사용하였다. 더불어 바이올린도 사용하였다. 예배 가운데 팀파니는 사람의 마음을 격양시키는 역할을 하고, 트라이앵글은 우리의 마음을 정돈시키는 기능을 담당하게 된다. 예수 그리스도의 수난이 기록된 말씀을 읽는 중간 중간에 이 두 악기를 사용하여 극화된 말씀의 효과를 더 극대화하게 될 것이다. 더불어 예배의 정점에서 울려 퍼지는 바이올린의 연주는 애절한 음색을 통해 수난 가운데 있는 그리스도의 모습을 음악으로 재현하는 데에 있다. 따라서 본 예배는 시각에 익숙한 한국교회에서는 새로운 시도가 될 것이다.

본 예배의 또 다른 특징이 있다면, 본 예배는 성찬성례전을 마지막으로 극화된 상황에서 예배가 마치게 된다. 일반적인 예배와는 달리 예배의 마무리를 확실하게 짓지 않음으로써 아직 무엇인가 끝나지 않았다는 느낌을 회중에게 전달하려고 한다. 성찬성례전 후 마지막 찬양이 끝날 무렵 "오늘의 예배는 부활주일에 계속됩니다"라는 문구와 함께 천천히 트라이앵글 소리만이 울려 퍼지게 된다. 이는 예수 그리스도의 수난을 묵상하며 삶의 자리로 돌아가게 하려는 의도를 가지고 있으며, 더불어 본 예배가 오늘로 마치는 것이 아니라 부활주일로 이어진다는 사실을 전달하는 데에 목적이 있다.

II. 예배의 실제[1]

1. 도입 연주 / 맡은 이
[Tim][2] Signal[3]
바이올린 독주 : "주 예수보다 더 귀한 것은 없네"(찬 94장)[4]

A. 예배로 부름

2. 부르심의 말씀 / 계 5:12-13 / 집례자
[Tim] *죽임을 당하신 어린양은 능력과 부와 지혜와 힘과 존귀와 영광과 찬송을 받으시기에 합당하도다 보좌에 앉으신 이와 어린양에게 찬송과 존귀와 영광과 권능을 세세토록 돌릴지어다*

---

1 본 예배는 2011년 4월 22일 장로회신학대학교에서 드린 성금요예배를 일부 수정한 것으로 정장복 외 저, 『2012도 교회력에 따른 예배와 설교 핸드북』(서울: 예배와 설교 아카데미, 2011), 50-61쪽에 수록되어 있다.

2 팀파니가 연주되어야 할 부분을 이탤릭체로 처리하였다. [Tim] = 팀파니 / [TA] = 트라이앵글

3 예배로 부름을 알리는 팀파니의 연주가 시작된다. 연주보다는 Signal 효과에 더 가깝다고 볼 수 있다. 팀파니의 연주가 끝나면 바이올린이 몰아치는 고음의 연주로 고난예배의 서막을 알린다.

4 찬송가를 편곡한 곡으로 연주한다.

3. *찬송[5] / 찬송가 150장 "갈보리산 위에" / 다같이(오르간)

B. 말씀의 예전

4. 겟세마네에서 기도하시다 / 마 26:36-46

이에 예수께서 제자들과 함께 겟세마네라 하는 곳에 이르러 제자들에게 이르시되 내가 저기 가서 기도할 동안에 너희는 여기 앉아 있으라 하시고 베드로와 세베대의 두 아들을 데리고 가실새 고민하고 슬퍼하사 이에 말씀하시되 내 마음이 매우 고민하여 죽게 되었으니 너희는 여기 머물러 나와 함께 깨어 있으라 하시고 조금 나아가사 얼굴을 땅에 대시고 엎드려 기도하여 이르시되 [Tim] *내 아버지여 만일 할 만하시거든 이 잔을 내게서 지나가게 하옵소서 그러나 나의 원대로 마시옵고 아버지의 원대로 하옵소서* 하시고 제자들에게 오사 그 자는 것을 보시고 베드로에게 말씀하시되 너희가 나와 함께 한 시간도 이렇게 깨어 있을 수 없더냐 시험에 들지 않게 깨어 기도하라 마음에는 원이로되 육신이 약하도다 하시고 다시 두 번째 나아가 기도하여 이르시되 [Tim] *내 아버지여 만일 내가 마시지 않고는 이 잔이 내게서 지나갈 수 없거든 아버지의 원대로 되기를 원하나이다* 하시고 다시 오사 보신즉 그들이 자니 이는 그들의 눈이 피곤함일러라 또 그들을 두시고 나아가 세 번째 같은 말씀으로 기도하신 후 이에 제자들에게 오사 이르시되 [Tim] *이제는 자고 쉬라 보라 때가 가까이 왔으니 인자가 죄인의 손에 팔리느니라 일어나라 함께 가자 보라 나를 파는 자가 가까이 왔느니라* [**점점 작아짐**]

---

5 *표는 회중 모두가 일어난다.

5. *찬송 / 찬송가 144장 "예수 나를 위하여" / 다같이

6. 예수께서 잡히시다 / 마 26:46-56

〔Tim〕 *일어나라 함께 가자 보라 나를 파는 자가 가까이 왔느니라* 말씀하실 때에 열둘 중의 하나인 유다가 왔는데 대제사장들과 백성의 장로들에게서 파송된 큰 무리가 칼과 몽치를 가지고 그와 함께 하였더라 예수를 파는 자가 그들에게 군호를 짜 이르되 내가 입맞추는 자가 그이니 그를 잡으라 한지라 곧 예수께 나아와 랍비여 안녕하시옵니까 하고 입을 맞추니 예수께서 이르시되 친구여 네가 무엇을 하려고 왔는지 행하라 하신대 이에 그들이 나아와 예수께 손을 대어 잡는지라 〔Tim〕 *예수와 함께 있던 자 중의 하나가 손을 펴 칼을 빼어 대제사장의 종을 쳐 그 귀를 떨어뜨리니* 이에 예수께서 이르시되 네 칼을 도로 칼집에 꽂으라 칼을 가지는 자는 다 칼로 망하느니라 너는 내가 내 아버지께 구하여 지금 열두 군단 더 되는 천사를 보내시게 할 수 없는 줄로 아느냐 내가 만일 그렇게 하면 이런 일이 있으리라 한 성경이 어떻게 이루어지겠느냐 하시더라 그때에 예수께서 무리에게 말씀하시되 너희가 강도를 잡는 것 같이 칼과 몽치를 가지고 나를 잡으러 나왔느냐 내가 날마다 성전에 앉아 가르쳤으되 너희가 나를 잡지 아니하였도다 그러나 이렇게 된 것은 다 선지자들의 글을 이루려 함이니라 하시더라 〔Tim〕 *이에 제자들이 다 예수를 버리고 도망하니라*

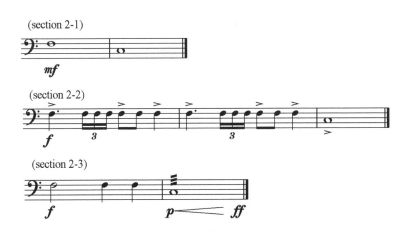

7. 연주 / 찬송가 150장 "갈보리 산 위에" / 바이올린

8. 대제사장 가야바 앞에 서시다 / 마 26:57-68

예수를 잡은 자들이 그를 끌고 대제사장 가야바에게로 가니 거기 서기관과 장로들이 모여 있더라 베드로가 멀찍이 예수를 따라 대제사장의 집 뜰에까지 가서 그 결말을 보려고 안에 들어가 하인들과 함께 앉아 있더라 대제사장들과 온 공회가 예수를 죽이려고 그를 칠 거짓 증거를 찾으매 거짓 증인이 많이 왔으나 얻지 못하더니 후에 두 사람이 와서 이르되 이 사람의 말이 내가 하나님의 성전을 헐고 사흘 동안에 지을 수 있다 하더라 하니 대제사장이 일어서서 예수께 묻되 아무 대답도 없느냐 이 사람들이 너를 치는 증거가 어떠하냐 하되 예수께서 침묵하시거늘 대제사장이 이르되 내가 너로 살아 계신 하나님께 맹세하게 하노니 네가 하나님의 아들 그리스도인지 우리에게 말하라 예수께서 이르시되 네가 말하였느니라 그러나 내가 너희에게 이르노니 이 후에 인자가 권능의 우편에 앉아 있는 것과 하늘 구름을 타고 오는 것을 너희가 보리라 하시니 이에 대제사장이 자기 옷을 찢으며 이르되 그가 신성 모독 하는 말을 하였으니 어찌 더 증인을 요구하리요 보라 너희가 지금 이 신성 모독 하는 말을 들었도다 너희 생각은 어떠하냐 대답하여 이르되 〔Tim〕 그는 사형에 해당하니라 하고 이에 예수의 얼굴에 침 뱉으며 주먹으로 치고 어떤 사람은 손바닥으로 때리며 이르되 그리스도야 우리에게 선지자 노릇을 하라 너를 친 자가 누구냐 하더라

9. *찬송 / 찬송가 145장 "오 거룩하신 주님" / 다같이

10. 예수를 세 번 모른다고 한 베드로 / 마 26:69-75

베드로가 바깥 뜰에 앉았더니 〔Tim〕 한 여종이 나아와 이르되 너도 갈릴리 사람 예수와 함께 있었도다 하거늘 베드로가 모든 사람 앞에서 부인하여 이르되 나는 네가 무슨 말

을 하는지 알지 못하겠노라 [TA][6] 하며 앞문까지 나아가니 [Tim] 다른 여종이 그를 보고 거기 있는 사람들에게 말하되 이 사람은 나사렛 예수와 함께 있었도다 하매 베드로가 맹세하고 또 부인하여 이르되 나는 그 사람을 알지 못하노라 [TA] 하더라 조금 후에 [Tim] 곁에 섰던 사람들이 나아와 베드로에게 이르되 너도 진실로 그 도당이라 네 말소리가 너를 표명한다 하거늘 그가 저주하며 맹세하여 이르되 나는 그 사람을 알지 못하노라 [TA] 하니 곧 닭이 울더라 이에 베드로가 예수의 말씀에 닭 울기 전에 네가 세 번 나를 부인하리라 하심이 생각나서 밖에 나가서 심히 통곡하니라

(section 4)

mp   (Triangle)   (*3)

11. 연주 / 찬송가 147장 "거기 너 있었는가"[7] / 바이올린

12. 사형선고를 받으시다 / 마 27:11-26

예수께서 총독 앞에 섰으매 총독이 물어 이르되 네가 유대인의 왕이냐 예수께서 대답하시되 네 말이 옳도다 하시고 대제사장들과 장로들에게 고발을 당하되 아무 대답도 아니하시는지라 이에 빌라도가 이르되 그들이 너를 쳐서 얼마나 많은 것으로 증언하는지 듣지 못하느냐 하되 한 마디도 대답하지 아니하시니 총독이 크게 놀라워하더라 명절이 되면 총독이 무리의 청원대로 죄수 한 사람을 놓아 주는 전례가 있더니 그때에 바라바라 하는 유명한 죄수가 있는데 그들이 모였을 때에 빌라도가 물어 이르되 너희는 내가 누구를 너희에게 놓아 주기를 원하느냐 바라바냐 그리스도라 하는 예수냐 하니 이는 그가 그들의 시기로 예수를 넘겨 준 줄 앎이더라 총독이 재판석에 앉았을 때에 그의 아내가 사람을 보내어 이르되 저 옳은 사람에게 아무 상관도 하지 마옵소서 오늘 꿈에 내가 그 사람으로 인하여 애를 많이 태웠나이다 하더라 대제사장들과 장로들이 무리를 권하여 바라바를 달라 하

---

6   트라이앵글을 한 번 친 후에 여운이 남을 수 있도록 약간의 시간을 둔 후 다음 대사로 넘어간다.

7   찬송가를 편곡한 곡으로 연주한다.

게 하고 예수를 죽이자 하게 하였더니 [Tim] 총독이 대답하여 이르되 둘 중의 누구를 너희에게 놓아 주기를 원하느냐 이르되 [Tim. 강하게] 바라바로소이다 빌라도가 이르되 [Tim] 그러면 그리스도라 하는 예수를 내가 어떻게 하랴 그들이 다 이르되 [Tim] 십자가에 못 박혀야 하겠나이다 [TA] 빌라도가 이르되 [Tim] 어찜이냐 무슨 악한 일을 하였느냐 그들이 더욱 소리 질러 이르되 [Tim] 십자가에 못 박혀야 하겠나이다 하는지라 [TA] 빌라도가 아무 성과도 없이 도리어 민란이 나려는 것을 보고 물을 가져다가 무리 앞에서 손을 씻으며 이르되 이 사람의 피에 대하여 나는 무죄하니 너희가 당하라 백성이 다 대답하여 이르되 그 피를 우리와 우리 자손에게 돌릴지어다 하거늘 이에 바라바는 그들에게 놓아 주고 예수는 채찍질하고 십자가에 못 박히게 넘겨 주니라

13. *찬송 / "영문 밖의 길" / 다같이

14. 십자가에 못 박히시다 / 마 27:27-44

이에 총독의 군병들이 예수를 데리고 관정 안으로 들어가서 온 군대를 그에게로 모으고

그의 옷을 벗기고 홍포를 입히며 가시관을 엮어 그 머리에 씌우고 갈대를 그 오른손에 들리고 그 앞에서 무릎을 꿇고 희롱하여 이르되 유대인의 왕이여 평안할지어다 하며 그에게 침 뱉고 갈대를 빼앗아 그의 머리를 치더라 희롱을 다 한 후 홍포를 벗기고 도로 그의 옷을 입혀 십자가에 못 박으려고 끌고 나가니라 나가다가 시몬이란 구레네 사람을 만나매 그에게 예수의 십자가를 억지로 지워 가게 하였더라 골고다 즉 해골의 곳이라는 곳에 이르러 쓸개 탄 포도주를 예수께 주어 마시게 하려 하였더니 예수께서 맛보시고 마시고자 하지 아니하시더라 그들이 예수를 십자가에 못 박은 후에 그 옷을 제비 뽑아 나누고 거기 앉아 지키더라 그 머리 위에 이는 유대인의 왕 예수라 쓴 죄패를 붙였더라 이 때에 예수와 함께 강도 둘이 십자가에 못 박히니 하나는 우편에, 하나는 좌편에 있더라 〔Tim〕 *지나가는 자들은 자기 머리를 흔들며 예수를 모욕하여 이르되 성전을 헐고 사흘에 짓는 자여 네가 만일 하나님의 아들이어든 자기를 구원하고 십자가에서 내려오라 하며 그와 같이 대제사장들도 서기관들과 장로들과 함께 희롱하여 이르되* 〔Tim〕 *그가 남은 구원하였으되 자기는 구원할 수 없도다 그가 이스라엘의 왕이로다 지금 십자가에서 내려올지어다 그리하면 우리가 믿겠노라 그가 하나님을 신뢰하니 하나님이 원하시면 이제 그를 구원하실지라 그의 말이 나는 하나님의 아들이라 하였도다 하며 함께 십자가에 못 박힌 강도들도 이와같이 욕하더라*

15. *찬송 / "얼마나 아프실까" / 다같이

16. 숨을 거두시다 / 마 27:45-50

　제육시로부터 온 땅에 어둠이 임하여 제구시까지 계속되더니 제구시쯤에 예수께서 크게 소리 질러 이르시되 [Tim] 엘리 엘리 라마 사박다니 하시니 이는 곧 나의 하나님, 나의 하나님, 어찌하여 나를 버리셨나이까 하는 뜻이라 거기 섰던 자 중 어떤 이들이 듣고 이르되 이 사람이 엘리야를 부른다 하고 그 중의 한 사람이 곧 달려가서 해면을 가져다가 신 포도주에 적시어 갈대에 꿰어 마시게 하거늘 그 남은 사람들이 이르되 [Tim] 가만 두라 엘리야가 와서 그를 구원하나 보자 하더라 [Tim.강하게] 예수께서 다시 크게 소리 지르

시고 영혼이 떠나시니라 〔**Tim molto rit**〕〔**TA 3times**〕[8]

17. 찬송 / "고난의 길"(Via Dolosa) / 맡은 이

C. 성찬성례전

18. 성찬초대 / 집례자

〔Tim〕[9]

우리가 아직 죄인 되었을 때에

그리스도께서는 우리를 위하여 죽으심으로써

우리를 향한 하나님의 사랑을 나타내셨습니다.

살해당하신 그 주님의 몸과 피가 바로 이곳에 있습니다.

그분의 찔림은 우리의 허물 때문이요,

그분의 상함은 우리의 죄악 때문입니다.

우리는 다 양 같아서 그릇 행하여 제 갈 길로 갔지만,

여호와께서는 우리 모두의 죄악을 그에게 담당시키셨습니다.

이곳에 하나님의 우리를 향한 지극하신 사랑이 있습니다.

이 자리로 여러분을 초대합니다.

---

8   아주 천천히 세 번 트라이앵글을 친다. 이때 낭독자의 낭독이 끝난 후 한동안의 침묵이 흐르도록 하는 것이 좋다.

9   "성찬초대"가 진행되는 가운데 팀파니는 예배의 도입에서와 같은 signal 효과로 분위기를 유도한다.

19. 제정의 말씀 / 집례자

〔Tim〕[10]

우리를 위하여 자신을 온전히 내어 주시던 그 밤,

주님께서 제자들과 보내신 마지막 밤에

예수께서는 떡을 들고 감사의 기도를 드리신 다음

떼어서 제자들에게 나누어 주시면서 말씀하셨습니다.

"받아 먹어라. 이것은 너희를 위하는 내 몸이니 이것을 행하여 나를 기억하여라."

또한 잔을 들고 감사를 드리신 다음

제자들에게 나누어 주시면서 말씀하셨습니다.

"받아 마셔라. 이것은 너희의 죄를 사해 주려고 흘리는 나의 피 곧 새 언약의 피이다."

그러므로 우리는 이 떡을 먹으며 이 잔을 마실 때마다

주님의 죽으심을 그가 오실 때까지 전합니다.

20. 성령 임재를 구하는 기도

얼마나 아프셨습니까? 하나님.

당신의 귀한 아들, 예수를 폭도들에게 내어놓으셨을 때…

벌레만도 못한 우리에게 참 생명을 주시고자

골고다 언덕에 십자가를 세우시고 아들을 죽음으로 내몰으셨을 때…

이 시간,

군병들이 찌른 창 끝에 묻어나온 주님의 살 한 점,

주님의 눈물과 함께 흘러내린 주님의 피 한 방울

우리의 손에 받아들 때,

오 하나님, 성령을 우리에게 부어 주시옵소서.

우리가 주님의 구원을 보게 하시고

하나님의 사랑을 느끼게 하여 주시옵소서.

---

10 "제정의 말씀" 진행시 팀파니는 말씀을 낭독할 때와 같은 효과로 연주한다.

우리를 위해 죽으신, 예수님의 이름으로 기도하옵나이다. 아멘.

21. *찬송 / 찬송가 229장 "아무 흠도 없고" / 다같이(오르간)

22. 분병례

(떡을 들며) 우리가 떼는 이 떡은 그리스도의 몸을 나누는 친교입니다.

(잔을 들며) 우리가 나누는 이 잔은 그리스도의 피를 나누는 친교입니다.

23. 분병분잔

(분병분잔시 온 회중이 성찬대로 나와 하나의 떡과 하나의 잔을 받는 것도 좋을 듯하다. 이는 우리를 위해 내어주신 그리스도의 몸과 피를 온 교회가 하나의 공동체로 참여한다는 의미를 되새길 수도 있기 때문이다.)

24. *찬송 / 찬송가 145장 "오 거룩하신 주님" / 다같이(오르간)

〔Tim〕[11]

(중간 중간에 팀파니가 적절하게 울려주다가 찬양 마지막 부분에서 〔Tim〕 팀파니가 강하게 울려준다. 이때 자막이 내려오고 자막에는 "오늘의 예배는 부활주일에 계속됩니다"라는 문구를 띄워 준다. 〔Tim〕 강하게 팀파니가 연주를 하다가 마지막에 〔TA〕 트라이앵글을 세 번 치는 것으로 모든 예배가 끝난다.)

---

11 집례 마지막 부분 팀파니가 격정적으로 마무리짓는 순간 연주되어야 할 찬양이다.

16장

성금요예배 "마태복음을 따른 예수 그리스도의 수난" II

I. 예배 기획 의도 및 특징

1. 예배 기획 의도

본 성금요예배는 조용하면서도 생각할 만한 여백이 있는 예배로 기획되었다. 지금까지 한국교회가 드려온 고난 주간의 성금요예배는 그리스도의 수난을 강조하기 위해 과도하게 영상과 음향을 사용하거나, 회중의 감정을 격앙시키는 흐름으로 진행되어 온 것이 사실이다. 물론 이러한 예배들이 주는 장점도 많지만 때로는 조용하게 묵상하면서 자신을 돌아보고 구속의 은총을 생각해 보는 예배도 필요할 것이다. 이런 관점에서 본 예배는 절제된 음악과 영상을 사용하면서 단순하면서도 의미 있는 예배가 되도록 기획하였다.

본 성금요예배는 마태복음의 수난기사를 회중이 모두 묵상해 나아가며 회개하는 형식을 취했다. 중간 중간 독창, 첼로, 팀파니, 트라이앵글 등의 소리가 예배를 이끌어 가며 마지막에는 무반주로 회중이 노래를 부르면서 자신의 신앙을 고백하도록 하였다. 본 예배는 김경진 교수의 기획으로 2018년 3월 30일 장로회신학대학교에서 처음 시행되었는데, 자세한 예배의 실황은 장신대 홈페이지에서도 확인할 수 있다.[1]

---

[1] 예배문은 장로회신학대학교 정경은 교수와 민재원 학생(대학원)이 정리하였고, 음악 디자인은 김은성 교수와 오보람 학생(대학원), 공간 디자인은 김수은 선생(예배공간디자이너)와 박고운 학생(신대원3)이 담당하였으며, 교회와 커뮤니케

2. 예배음악 디자인

본 예배에는 첼로, 팀파니, 오르간 등의 악기가 사용된다. 첼로의 저음 선율은 예수 그리스도의 고난을 애절한 음색으로 노래하는 역할을 한다. 팀파니는 리듬 악기로 예배의 전개 가운데 긴장감을 표현하며, 트라이앵글은 극적인 순간에 정적을 이끌어 낸다. 특별히 오르간으로 연주되는 작품은 "십자가의 길(Le Chemin de la Croix)"로, 프랑스 낭만시대를 대표하는 작곡가인 마셀 뒤프레(Marcel Dupré, 1886-1971)가 1932년 출판하였다. 이것은 예수님의 십자가의 길(Via Dolorasa), 즉 예수님께서 잡히시던 날로부터 시작하여 빌라도에게 사형 선고를 받으시고, 십자가를 지시고 돌아가셔서 무덤에 누이시는 내용을 음악적으로 형상화한 작품집이다. 이 작품집은 14개의 악장을 가지고 있는데 이는 십자가의 길에 따른 14처소를 그대로 제목으로 붙여 만든 것이다. 뒤프레는 이 작품에서 악장마다 그 제목에 맞게 곡의 분위기와 음색, 그리고 그에 맞는 음악적 주제와 빠르기를 조화롭게 결합하여 하나의 음악을 완성하였다.

3. 예배공간 디자인

본 예배의 공간장식은 참회와 고난을 상징하는 보라색과 겸손과 죽음, 슬픔을 상징하는 검정색을 사용하였다. 특별히 보라색은 빨강과 파랑의 혼합된 색으로서 오늘날 우리가 마주하는 외교, 정치, 이념, 경제, 권력구조, 젠더, 소수자, 환경 등을 둘러싼 대립 속에서 화해로 나아가기를 바라는 염원이 담겨 있다. 또한 천을 겹치고 덧대고 조각을 잇는 기법으로 더 풍부한 색감과 사순절의 시간의 쌓임을 표현하고자 했다.

Ⅱ. 예배의 실제

1. 오르간 전주 / "십자가의 길(Le Chemin de la croix)" 중 제8처 예수님께서 예루살렘의 여인들을 위로하심[2] / 맡은 이

이션 연구부 주관으로 시행되었다.

2 작곡가는 마셀 뒤프레(Marcel Dupré, 1886-1971)이며 원 제목은 8. Jésus console les filles d'Israël qui le suivent이다. 예수님께서 예루살렘의 여인들을 위로하시는 장면이다. 뒤프레는 이 작품 처음에 "Adagio cantabile"(느리고 노래

2. 북소리 / 맡은 이

3. 첼로 연주 / "십자가"(박지영 곡)[3] / 맡은 이

A. 예배로 부름

4. 예배로 부름 / 계 5:12b, 13b / 집례자(*표는 가능한 분은 일어서서)
"죽임을 당하신 어린 양은 능력과 부와 지혜와 힘과 존귀와 영광과 찬송을 받으시기에
합당하도다 보좌에 앉으신 이와 어린 양에게 찬송과 존귀와 영광과 권능을 세세토록 돌릴
지어다"

5. *찬송 / 찬송가 150장 "갈보리 산 위에"[4] 1-3절 / 다같이

B. 주님의 수난을 기억함

6. 겟세마네에서 기도하시다 / 마 26:36-46 / 낭독자
    예수님께서 제자들과 함께 겟세마네에 가셔서 말씀하셨다. "내가 저곳에서 기도하는 동
안 너희들은 여기에 있거라." 예수님께서는 깊은 괴로움과 슬픔에 잠겨 베드로와 세베대
의 두 아들에게 말씀하셨다. "슬픔이 나의 생명을 꺾는구나! 여기에 나와 함께 깨어 있자."
예수님께서 조금 더 나아가 얼굴을 땅에 대고 기도하셨다. "아버지여, 다른 길이 있거든 여
기에서 벗어나게 해 주옵소서. 그러나 제가 원하는 대로 하지 마시고, 아버지께서 원하는
대로 하옵소서. 아버지, 아버지께서 원하시는 것이 무엇입니까?" 예수님께서 돌아와 제자

하듯이)라고 적어 놓았다. 장조의 조성 속에 흐르는 애잔함이 묻어 있는 작품이다.

3 도입 부분에서 악기 중 낮은 음역대인 첼로를 사용함으로 가사의 무게감과 진지함을 드러내고자 하였다. 이 곡은 예배 후
    반부에서 다같이 부르게 된다. 찬송가에 수록되지 않은 곡이기에 미리 듣고 익힐 수 있는 기회로도 의미가 있다.

4 찬송가 150장은 본래 4절까지 있으나, 이곳에서는 적합한 가사로 3절까지만 부르도록 하였다. 찬송이 끝난 후 말씀 예전
    으로 들어갈 때 긴장감 있는 팀파니 연주가 이어진다.

들이 곤히 잠들어 있는 것을 보시고 베드로에게 말씀하셨다. "단 한 시간도 나와 함께 견딜 수 없더냐? 깨어있어라. 다가오는 위험을 알아채지 못하고 유혹에 빠지는 일이 없도록 기도하여라. 너희는 하나님 안에서 무엇이든지 할 각오가 되어 있지만, 지금은 난롯가에 잠든 늙은 개처럼 무기력하구나." 예수님께서 그들을 떠나 다시 기도하셨다. "내 아버지, 이 잔을 마지막 한 방울까지 마시는 것 외에 다른 길이 없다면, 나는 각오가 되어 있습니다. 아버지의 방법대로 하옵소서." 예수님께서 돌아와 보니, 이번에도 제자들이 곤히 잠들어 있었다. 도저히 눈이 떠지지 않았던 것이다. 예수님께서는 그들을 자게 놔주시고 마지막으로 한 번 더 기도하셨다. 그리고 돌아와 말씀하셨다. "밤새도록 자려느냐? 내 때가 되었다. 인자가 죄인들의 손에 넘어갈 것이다. 일어나거라! 가자! 나를 배반할 자가 왔다."

어둠 속에서… 버려진 아이가 울고 있다.

안개 속에… 길을 찾지 못한 청년이 울고 있다.

이 땅의 서러운 딸이… 어깨를 흔들며 울고 있다.

사랑하는 사람을 떠나 남쪽으로 내려 온… 그가 울고 있다.

퍽퍽한 땅… 바다 건너 온 그녀가… 어둠 속에서 울고 있다.

누가 불을 켜주었으면….

7. 이중창 / "나의 뜻대로 마옵시고"[5] / 맡은 이

8. 예수님께서 잡히시다 / 마 26:46-56 / 낭독자

"일어나거라! 가자! 나를 배반할 자가 왔다." 이 말이 떨어지기가 무섭게 제자 중의 하나인 유다가 나타났다. 그 곁에는 대제사장과 종교지도자들이 보낸 무리가 칼과 몽둥이를 들고 있었다. 배반자는 그들에게 말해두었다. "내가 입 맞추는 사람이 그 자입니다. 그를 잡으시오." 그는 곧장 예수님께 가서 입 맞추며 인사했다. "랍비님, 안녕하십니까?" 예수님께서 말씀하셨다. "친구여, 이것이 무슨 짓이냐?" 그러자 무리가 거칠게 달려들었다. 예수님과 함께 있던 사람들 가운데 하나가 칼을 뽑아 대제사장의 종의 귀를 잘라버렸다. 예

---

5 겟세마네의 기도에 관한 가사의 곡으로 유빌라테에서 출간된 부활절 칸타타 "길, 진리, 생명"(백하슬기)에 수록된 곡이다. 참고 : https://www.youtube.com/watch?v=skicd7RwENc&feature=share

수님께서 말씀하셨다. "칼을 도로 꽂아라. 칼을 쓰는 자는 칼로 망하는 법이다. 내가 아버지께 청하면 전투할 수 있는 천사 열두 중대가 올 수 있다는 것을 너희는 모르느냐? 하지만 내가 그렇게 하면, 이런 일이 일어나야 한다고 한 성경 말씀이 어떻게 이루어지겠느냐?" 예수님께서 무리에게 말씀하셨다. "내가 중범자라도 되는 것처럼 칼과 몽둥이로 나를 잡으러 오다니, 이게 무슨 짓이냐? 내가 날마다 성전에서 가르쳤지만, 너희는 내게 손 하나 대지 않았다. 너희가 이렇게 한 것은, 예언자의 글을 확증하고 성취하기 위해서다." 그때 모든 제자들은 황급히 달아났다.

9. 대제사장 가야바 앞에 서시다 / 마 26:57-68 / 낭독자

무리들이 예수님을 대제사장 가야바에게 끌고 갔다. 그곳에는 종교학자와 지도자들도 모여 있었다. 베드로는 가야바의 안뜰까지 따라가 하인들 틈에 숨어 일이 어떻게 되는지 지켜보았다. 대제사장들은 예수님께 사형을 선고하기 위해, 유대 의회와 공모해 고발할 죄목을 꾸며내려 하였다. 그러나 많은 사람들이 거짓 증언을 내놓는데도, 믿을 만한 것이 하나도 없었다. 마침내 두 사람이 나와서 고발했다. "그는 자신이 하나님의 성전을 헐고 사흘 만에 다시 지을 수 있다고 했습니다." 대제사장이 일어서서 말했다. "이 증언에 대해 너는 뭐라고 말하겠느냐?" 예수님께서는 침묵하셨다. 그러자 대제사장이 말했다. "내가 살아계신 하나님의 권세로 너에게 명한다. 네가 하나님의 아들, 메시아인지 말하여라." 예수님께서 말씀하셨다. "네가 말한 대로이다. 그러나 그것이 전부가 아니다. 조만간 네 눈으로 직접 보게 될 것이다." "전능하신 분의 오른편에 앉은 인자가 구름을 타고 올 것이다." 그 말에 대제사장이 흥분해서 옷을 찢으며 소리쳤다. "이 자가 하나님을 모독했소! 그를 고발할 증인이 무슨 필요가 있겠소? 그가 하나님을 모독하는 것을 여러분도 듣지 않았는가! 이 신성모독을 그냥 두고 볼 셈이오?" 그들이 일제히 말했다. "사형입니다! 그 정도라면 사형해야 합니다." 그러자 사람들이 예수님의 얼굴에 침을 뱉고, 주먹으로 치고 때리면서 조롱했다. "메시아야, 이번에 너를 친 사람이 누구냐?"

10. 찬송 / 찬송가 152장 "귀하신 예수"[6] 1-2절 / 다같이

---

6   찬송가 152장은 본래 4절까지 있으나, 이곳에서는 순서에 적합한 가사로 2절까지만 부르도록 하였다. 또한 이 곡은 사순절 찬송가 중 자주 부르지 않는 곡이지만 오르간 전주를 통해 곡 전체의 선율을 먼저 듣고 익힐 수 있게 하였다.

11. 예수님을 세 번 모른다고 한 베드로 / 마 26:69-75 / 낭독자

그동안, 베드로는 안뜰에 앉아있었다. 한 여종이 그에게 다가와서 말했다. "당신도 갈릴리사람 예수와 함께 있지 않았나요?" 베드로가 말했다. "당신이 무슨 말을 하는지 모르겠소."[7] 그가 문 쪽으로 가니 또 다른 사람이 옆에 있는 사람들에게 말했다. "이 사람도 나사렛 예수와 함께 있었소." 베드로는 부인하며 맹세했다. "맹세하지만 나는 그 사람을 본 적도 없소." 잠시 후에, 몇몇 구경꾼들이 베드로에게 다가왔다. "너의 말투를 들으니 너도 그들 가운데 하나가 틀림없다." 그러자 베드로는 너무 두려워서 저주하며 말했다. "나는 그 사람을 모르오!" 바로 그때, 수탉이 울었다. 베드로는 수탉이 울기 전에 네가 나를 세 번 부인할 것이라고 하신 예수님의 말씀이 생각났다. 그는 밖으로 나가서 하염없이 울고 또 울었다.

> [8]몽치와 환도와 밧줄의 군열 앞에
> 종용히 내려오신 당신의 모습을
> 어느 나무 뒤에 숨어 바라보았지요.
>
> 베드로와 요한과 야고보와 함께
> 삼년을 하루같이 따랐었다는
> 나도 그때 당신의 제자였다면
>
> 닭 울기 전
> 거듭 세 번 몰랐담에 뉘우쳐 통곡하던,
> 당신의 늙은 제자
> 베드로는 그래도
> 가야바의 뜰에까지 따라래도 갔지만

---

7 트라이앵글을 한 번 친 후에 여운이 남을 수 있도록 약간의 시간을 둔 후 다음 대사로 넘어간다.
8 내레이션과 함께 오르간으로 찬송가 533장을 연주한다.

오오

중얼거리며 나는

잡히시는 그 자릴 피해 달아 숨은 채

감람산

어느 나무 뒤 그늘에 혼자서 쭈그리고

당신과 또 스스로의 배반을

몇 줄기의 눈물론들 뉘우쳐나 봤을지요.

- 박두진, 〈감람산 밤에〉

12. 찬송 / 찬송가 533장 "우리 주 십자가"[9] / 선창자 찬양 후 간주 후 다같이(1회)

13. 사형선고를 받으시다 / 마 27:11-26 / 낭독자

예수님께서 총독 앞에 서자, 총독이 물었다. "네가 유대인의 왕이냐?" 예수님께서 말씀하셨다. "네가 그렇게 말하면 그렇다." 대제사장과 종교지도자들이 여러 이유를 들어 고발하였지만 예수님께서는 아무 말씀도 없으셨다. 빌라도가 예수님께 물었다. "저들의 고발소리가 들리지 않느냐? 뭐라고 해야 하지 않겠느냐?" 예수님께서는 한마디도 하지 않으셨다. 그것은 총독에게 깊은 인상을 남겼다. 명절을 맞이하여 무리가 지명하는 죄수 하나를 사면해 주는 관례가 있었다. 감옥에는 예수 바라바라 하는 죄수가 수감되어 있었다. 빌라도가 무리에게 말했다. "여러분은 내가 어떤 죄수를 놓아주기 원하오? 예수 바라바요? 아니면 그리스도라 하는 예수요?" 빌라도는 그들이 악의로 예수님을 넘긴 것을 알고 있었다. 재판이 진행 중일 때, 빌라도의 아내가 말을 전해왔다. "이 고귀한 사람을 재판하는 일에 상관하지 마세요, 내가 그 사람 꿈으로 밤새 뒤숭숭했습니다." 대제사장과 종교지도자들은 바라바를 놓아주고 예수님의 처형을 요구하라고 선동하였다. 총독이 물었다. "여러분은 내가 두 사람 가운데

---

9 찬송가 533장은 사순절 찬송가로 분류되지는 않으나 가사가 순서에 적합하며 차분하고 단순한 음악적 특징이 가사를 깊이 묵상할 수 있게 하여 선곡하였다. 본래 찬송가는 3절까지 있으며 순서에 맞는 1절만을 채택하였다. 또한 순서에 적합한 찬송가로는 147장 "거기 너 있었는가"로 대체할 수 있다.

누구를 놓아주었으면 좋겠소?" 그들이 말했다. "바라바요!" "그럼, 그리스도라 하는 예수는 내가 어떻게 하면 되겠소?" 그들이 일제히 소리쳤다. "십자가에 못 박으시오!" 그가 따졌다. "그의 죄가 무엇이오?" 그러나 그들은 더 크게 소리쳤다. "십자가에 못 박으시오!" 빌라도가 자칫 폭동이 나려 하는 것을 보고, 대야에 물을 떠다 무리가 보는 앞에서 손을 씻으며 말했다. "나는 이 사람의 죽음에 책임지지 않겠소. 지금부터는 여러분 소관이오. 여러분이 재판관이고 배심원이오." 무리가 대답했다. "우리와 우리 자손들이 책임지겠소." 빌라도는 바라바를 사면해 주었다. 그러나 예수님은 채찍질한 뒤에 넘겨주었다.[10]

14. 십자가에 못 박히시다 / 마 27:27-44 / 낭독자

총독의 병사들이 예수님을 총독 관저로 데리고 가서 희롱하였다. 그들은 예수님의 옷을 벗기고 빨간색 겉옷을 입혔다. 가시나무로 엮은 왕관을 머리에 씌우고 오른손에는 홀처럼 막대기를 쥐어주었다. 그분 앞에 무릎을 꿇고 예를 갖추는 시늉을 하며 조롱했다. "유대인의 왕, 만세!" 또 그들은 예수님께 침을 뱉고 막대기로 머리를 때렸다. 그들은 실컷 즐기고 나서 겉옷을 벗기고 다시 그분의 옷을 입혔다. 그런 다음, 십자가에 못 박기 위해 끌고 나갔다. 가는 길에 시몬이라는 구레네 사람을 만나 예수님의 십자가를 지게 했다. '해골 언덕'이라 하는 골고다에 이르자, 그들은 (포도주와 몰약을 섞어서 만든) 가벼운 진통제를 예수께 주었다. 그러나 예수님께서는 마시려 하지 않으셨다. 병사들은 예수님을 십자가에 못 박은 후, 그분이 죽기를 기다리는 동안, 예수님의 옷을 나눠 가지려 주사위를 던지며 시간을 보냈다. 그분의 머리 위에는 '이 사람은 유대인의 왕 예수다'라고 쓴 팻말이 붙어 있었다. 예수님과 함께 죄수 하나는 오른쪽에, 다른 하나는 왼쪽에 달렸다. 길을 가던 사람들은 슬픈 척 고개를 흔들며 예수님을 조롱했다. "성전을 헐고 사흘 만에 다시 짓겠다고 으스대던 네가 아니냐. 그러니 실력을 보여 봐라! 네 자신을 구원해 봐라! 네가 정말 하나님의 아들이면 그 십자가에서 내려와 봐라!" 대제사장과 종교학자와 지도자들도 그분을 비웃었다. "그가 다른 사람은 구원하더니 자기는 구원하지 못하는구나! 이스라엘의 왕이라고? 그럼 그 십자가에서 내려오면 우리가 다 믿어주지 하나님을 그렇게 믿더니만, 어디 하나님이 이제 자기 아들을 구해주시나 보자. 물론 하나님이 원하셔야 되겠지! 이 자는 자칭 하

---

10 긴장감 넘치는 팀파니의 짧은 연주가 진행된다.

나님의 아들이 아니었냐?" 예수님과 함께 십자가에 못 박힌 두 죄인도 그분을 조롱했다.

15. 찬송 / 찬송가 144장 "예수 나를 위하여" / 다같이

16. 통성기도 / 다같이

17. 숨을 거두시다 / 마 27:45-50 / 낭독자

  정오부터 세 시까지 온 땅이 어두워졌다. 오후 중반 쯤, 예수님께서는 깊게 신음하시고 큰 소리로 부르짖으셨다. "엘리, 엘리, 라마 사박다니?" 이 말은 "나의 하나님, 나의 하나님, 어찌하여 나를 버리셨습니까?"라는 뜻이다. 곁에서 그 말을 들은 몇몇 사람들이 "이 사람이 엘리야를 부른다" 하고 말했다. 한 사람이 달려가서 솜뭉치에 신 포도주를 적셔 장대에 달아 마시게 했다. 어떤 사람은 "그렇게 서두를 것 없다. 엘리야가 와서 그를 구해주나 보자" 하고 놀려댔다. 예수님께서는 다시 한 번 크게 소리 지르시고 숨을 거두셨다.[11]

18. 오르간 연주 / "십자가의 길(Le Chemin de la croix)" 중 제12처 예수님께서 십자가 위에서 돌아가심[12] / 맡은 이

    작은 파도 옆에 큰 파도
    우는 여자 옆에 촛불
    노란 얼굴 옆에 검은 얼굴
    목사님 옆에 미혼모
    청소하는 아버지 옆에 군수
    커다란 나무 옆에 키 낮은 꽃

---

11 아주 천천히 세 번 트라이앵글을 친다. 이때 낭독자의 낭독이 끝난 후 한동안의 침묵이 흐르도록 하는 것이 좋다.

12 작곡가는 마셀 뒤프레(Marcel Dupré, 1886-1971)이며 원 제목은 12. Jésus meurt sur la Croix (Jesus Dies upon the Cross)이다. 12악장은 예수님께서 십자가상에서 운명하시는 장면이다. 못 박히신 후 거의 죽으신 듯이 보이는 예수님의 모습으로부터 시작하는 이 악장은 조용함으로 곡이 시작된다. 그러다가 갑자기 소용돌이 같은 음형이 페달에서부터 시작하여 이내 손 건반으로 연결되어 예수님의 돌아가심을 나타내며, 동시에 휘장이 찢어지는 듯한 불협화음의 tutti sound가 나온다. 그리고는 영혼이 떠나가신 것을 표현하는 듯이 갑작스러운 침묵이 흐른다. It is finished라는 문장이 떠오르게 하는 끝맺음을 갖는다. 시간 관계로 전체 곡 중 조용한 앞부분은 생략하고 연주한다.

눈감은 사람 옆에 눈뜬 사람

사장님 옆에 종업원

인도 남자 옆에 북쪽 사람

강아지 옆에 기찻길

엄마 없는 소년 옆에, 담이 무너지네

바람 그리고 빛이

우리가 아직 죄인 되었을 때에

그리스도께서는 우리를 위하여 죽으심으로써

우리를 향한 하나님의 사랑을 나타내셨습니다.

살해당하신 그 주님의 몸과 피가 바로 이곳에 있습니다.

우리의 허물 때문에 그분이 찔리셨고

우리의 죄악 때문에 그분이 상하셨습니다.

우리는 다 양 같아서 그릇 행하여 제 갈 길로 갔지만,

여호와께서는 우리 모두의 죄악을 그에게 담당시키셨습니다.[13]

19. 찬송 / "십자가"[14] / 다같이

---

13 내레이션과 함께 오르간으로 마지막 찬양인 "십자가"를 연주한다.

14 전체적으로 여린 반주이며 후렴 이후 처음 가사가 반복되는 곳부터는 무반주로 부르게 하여 가사에 더욱 집중하며 부를 수 있도록 하였다.

십 자 가 십 자 가 - 그 위 에 나 죽 었 네 -

그 사 랑 내 속 에 강 같 이 흐 르 네

"오늘의 예배는 부활주일에 계속됩니다."

20. 오르간 후주 / "십자가의 길(Le Chemin de la croix)" 중 제14처 예수님께서 무덤에 묻히심[15] / 맡은 이

부록 : 팀파니&트라이앵글 Score

---

15 작곡가는 마셀 뒤프레(Marcel Dupré, 1886-1971)이며 원 제목은 14. Jésus est mis dans le sépulcre이다. 이 곡은 예수님의 장례행렬의 무거운 발걸음과 따르는 무리의 슬픔을 노래하는 것으로 시작된다. 하지만 곡의 후반부에 가면 예수님의 부활과 승천을 상징하기 위하여 왼손과 오른손이 모두 높은 음자리표에서 연주되며 올라가는 음형을 가진다. 부활의 예수님을 상징하며 곡이 마무리된다. 시간 사정상 일부만 발췌하여 연주한다.

17장

성금요예배
"손을 따라가는 주님의 수난 묵상"

I. 예배를 위한 안내

본 예배는 성경에 나오는 손의 이미지를 따라 창조부터 예수님의 죽으심까지의 과정을 묵상하도록 구성된 예배이다. 본 예배에서 손의 이미지는 두 가지로 나뉘어 교차적으로 나타난다. 첫 번째 손의 이미지는 하나님의 손(예수님의 손)이고, 두 번째 손의 이미지는 인간의 손이다. 하나님께서 손으로 인간을 창조하시고 인간을 위해 일하시며, 예수님께서 손으로 병자들을 고치시고 제자들의 발을 씻기시며 성찬을 베풀어 주시는 반면, 인간의 손은 형제를 죽이며 반역을 위해 손으로 바벨탑을 쌓으며 예수님의 손에 못을 박는 모습으로 드러난다. 이러한 묵상을 통해 하나님의 은혜와 인간의 나약함과 죄악 됨을 다시 한 번 상기하도록 하고자 하는 의도가 있다.

본 예배는 두 가지 조금 다른 버전으로 만들어졌다. 하나는 작은 교회에서 목회자 없이 내레이션만으로도 가능한 것이고, 다른 하나는 목회자가 설교의 형태로 이끌어 가는 것이다. 예배의 실제의 내용에서 두 가지의 서로 다른 버전을 비교할 수 있을 것이다. 본 예배는 르꼬르뷔지에의 작품인 "열린 손"에 감동을 받은 김경진 목사가 직접 작성하였고, 내레이션 버전은 문학을 전공한 장로회신학대학교 신대원의 김주상 학생과 김경진 목사가 함께 작성하였다. 성경에 나오는 손의 이미지를 따라 말씀을 듣고 찬송을 부르다 보면 어느덧 우리의 손에 못과 망치가 들려 있는 모습을 보게 될 것이다.

II. 예배의 실제 1 - 내레이션 버전

1. 전주 / 반주자

2. 예배안내 / 인도자

A. 손에 대한 묵상(이미지)[1]

3. 묵상 / 다같이
"pleine main j'ai reçu pleine main je donne" - Le Corbusier -
"나는 한손 가득 받았고, 한손 가득 주었다." - 르꼬르뷔지에 -

주는 손이 있고, 받는 손이 있습니다.
가벼워진 손이 있으며,
그로 인해 무거워진 손이 있습니다.
서로의 부족함을 알며 그것을 채워 주는 손,
그래서 손은 나눔입니다.

병자를 고치는 의사의 손은 참으로 귀한 손입니다.
음악을 연주하는 손도 참 멋진 손입니다.
그림을 그리는 손도 참으로 아름답습니다.
건축가의 손은 세상을 편리하고 행복하게 만듭니다.
요리사의 손은 우리의 삶을 살맛나게 하는 손입니다.
절망을 희망으로, 평범함에서 새로움으로,
단조로움에서 풍성함을 만들어 가는 손,
그래서 손은 창조입니다.

---

1 르꼬르뷔지에의 열린 손의 이미지를 사용하여 시작한다. 이외에도 내래이션 원고에 맞는 다양한 손의 모양을 이미지로
   만들어 중간 중간 사용할 수 있다.

그러나

손은 때로 죽이기도 합니다.

허무는 손이 있습니다.

부수는 손이 있습니다.

분리시키는 손이 있습니다.

찌르는 손이 있습니다.

그래서 손은 창조이며 동시에 파괴입니다.

손뼉을 치는 손은 축하하는 마음이며

경례를 하는 손은 존경을 표하는 마음이며

악수를 청하는 손은 환영의 마음입니다.

사랑하는 사람에게 처음으로 건네는 쑥스러운 손은

사랑이고 설렘입니다.

이렇듯 손은 우리의 마음입니다.

엄마의 손은 언제나 약손입니다.

두 팔을 벌려 꼬옥 안아주시는 아빠의 손은 늘 고향 같습니다.

작은 사탕 하나 엄마 입에 넣어주는 아이의 손은 늘 달콤합니다.

그래서 손의 다른 이름이 있다면

그것은 사랑입니다.

이렇듯 손은 나이며,

바로 우리입니다.

B. 하나님의 창조의 손

4. 성경봉독 / 맡은 이

• 창세기 2장 7절

　7 여호와 하나님이 땅의 흙으로 사람을 지으시고 생기를 그 코에 불어넣으시니 사람이
　　생령이 되니라

• 이사야 48장 12-13절

　12 야곱아 내가 부른 이스라엘아 내게 들으라 나는 그니 나는 처음이요 또 나는 마지막이라
　13 과연 내 손이 땅의 기초를 정하였고 내 오른손이 하늘을 폈나니 내가 그들을 부르면
　　그것들이 일제히 서느니라

5. 내레이션 / 창조의 손 / 인도자

흙을 손으로 만진다는 것, 그것은 가장 낮은 엎드림.
가장 낮은 밑바닥에서 누구나에게 밟힐 뿐인 인생의 흙을
하나님은 친히 그분의 손을 내어 뻗으사
따뜻하게 감싸 안으시고
사람을 지으셨다.

손금과 손톱 사이에 끼인 진흙.
손바닥에 묻은 흙먼지와 사방에 날리는 흙가루에도
토기장이는 그 흙을 전혀 더러워하지 아니하듯
하나님의 사랑은 그 모든 더러움을 덮고, 덮고, 덮어
우리를 창조하셨다.
부모가 아이를 바라보며 한없는 사랑스러움에
그 작은 손 밤새 붙잡고 있듯
부모가 그의 눈 안에 아이의 모습 담아
그 모습 하나하나를 영원히 마음에 간직하듯
하나님께서는
"그들은 혹시 잊을지라도 나는 너를 잊지 아니할 것이라
내가 너를 내 손바닥에 새겼노라" 말씀하셨다.
하나님은 창조 후 그 손의 진흙을 털지 않으신 채,
그렇게 우리를 손바닥에 새겨넣으셨다.

6. 찬송 / 찬송가 63장 "주가 세상을 다스리니" 2-3절 / 다같이

C. 하나님의 펴신 팔과 권능의 손

7. 성경봉독 / 맡은 이
• **출애굽기 7장 5절**

> [5] 내가 내 손을 애굽 위에 펴서 이스라엘 자손을 그 땅에서 인도하여 낼 때에야 애굽 사람이 나를 여호와인 줄 알리라 하시매

• **출애굽기 14장 13-16절**

> [13] 모세가 백성에게 이르되 너희는 두려워하지 말고 가만히 서서 여호와께서 오늘 너희를 위하여 행하시는 구원을 보라 너희가 오늘 본 애굽 사람을 영원히 다시 보지 아니하리라
>
> [14] 여호와께서 너희를 위하여 싸우시리니 너희는 가만히 있을지니라
>
> [15] 여호와께서 모세에게 이르시되 너는 어찌하여 내게 부르짖느냐 이스라엘 자손에게 명령하여 앞으로 나아가게 하고
>
> [16] 지팡이를 들고 손을 바다 위로 내밀어 그것이 갈라지게 하라 이스라엘 자손이 바다 가운데서 마른 땅으로 행하리라

8. 내레이션 / 인도자

고대 문명의 수도

이집트에는

노예처럼 살던 사람들이 있었습니다.

그들은 손으로 흙을 이기는 노동을 하였고

벽돌을 구워 도시를 건설하는 사람들이었습니다.

그들은 이집트 사람들의 노예,

바로 하나님의 백성, 아브라함과 이삭과 야곱의 자손들이었습니다.

그들을 구원하시기 위해 하나님은 펴신 팔과 권능의 손을 사용하십니다.

하나님은 손을 들어 이집트를 치셨습니다.

그리고 그 영광스런 팔로 모세를 시켜서 오른손으로 이스라엘을 구원하셨습니다.
모세가 팔을 들어 올렸을 때 홍해가 갈라졌습니다.

아말렉과의 전쟁에서
모세가 팔을 들어올렸을 때
이스라엘은 승리하였습니다.
아론과 훌이 모세의 두 손을 잡아들고 있을 때에
하나님의 펴신 팔이 이스라엘을 지켜주었습니다.

하나님의 손은 힘이 넘치는 손입니다.
자신의 백성을 구원하시기에 부족함이 없으신 손입니다.
이끄시는 손
젖과 꿀이 흐르는 가나안 땅으로 인도하시는 손
능력의 손
사랑의 손입니다.

그러나
그 위대한 하나님의 능력이 드러나고
시내 산에서 하나님께서 모세에게 주실 율법을 돌판에 손수 써 주시던 바로 그 시간에
이스라엘은 자신의 손으로 금송아지를 빚어 만들었습니다.
그 결과로 그들이 받은 벌은 서로가 칼을 손에 들고 동족을 죽이는 것이었습니다.
그들의 손에는 죽이는 칼이 들려 있었습니다.

여전히
우리의 손은 배신의 손이며
우상을 만드는 손이며
서로를 죽이는 살인의 손입니다.
그러나
그럼에도 불구하고

하나님은 이스라엘을 사랑하셨습니다.

이사야 49장에서 하나님은 말씀하십니다.

"보아라 예루살렘아, 내가 네 이름을 내 손바닥에 새겼고, 네 성벽을 늘 지켜보고 있다."

끊임없는 우리의 배반에도 불구하고

하나님은 우리의 이름을 그 손바닥에 새겨 두시고 기억하셨습니다.

우리를 사랑하셨습니다.

9. 찬송 / "바닷길" / 다같이

D. 제자들의 발을 씻으시는 예수님의 손

10. 성경봉독 / 맡은 이

• 요한복음 13장 3-8절

 ³ 저녁 먹는 중 예수는 아버지께서 모든 것을 자기 손에 맡기신 것과 또 자기가 하나님께로부터 오셨다가 하나님께로 돌아가실 것을 아시고

 ⁴ 저녁 잡수시던 자리에서 일어나 겉옷을 벗고 수건을 가져다가 허리에 두르시고

 ⁵ 이에 대야에 물을 떠서 제자들의 발을 씻으시고 그 두르신 수건으로 닦기를 시작하여

 ⁶ 시몬 베드로에게 이르시니 베드로가 이르되 주여 주께서 내 발을 씻으시나이까

 ⁷ 예수께서 대답하여 이르시되 내가 하는 것을 네가 지금은 알지 못하나 이 후에는 알리라

 ⁸ 베드로가 이르되 내 발을 절대로 씻지 못하시리이다 예수께서 대답하시되 내가 너를 씻어 주지 아니하면 네가 나와 상관이 없느니라

11. 내레이션 / 물로 발을 씻으시는 손 / 인도자

손.

누군가에게는 매끈하고 부드러우며

누군가에게는 놓지 못할 만큼 포근하지만

누군가에게는 거칠고 뭉뚝한 손.

거칠고 뭉뚝할 수밖에 없었던
목수의 손.

단단하고 굳센 나무에 평생을 맞서 살면서
고단한 나무처럼 되어버린
상하고 갈라진, 예수님의 손.
그 거칠고 뭉뚝한 목수의 손이
그와 같은 거친 인생의 발을 바라보네.

발.
그 어느 누구에게도 수치스러우며
그 어느 누구에게도 감추고 싶으며
그 어느 누구에게도 대놓고 보여줄 수 없는 발.
평생 그 주인의 밑바닥에 깔린
진흙과 흙먼지
오물과 토사물의 친구.

그 거친 인생의 발 위에
아무렇지도 않은 손이 다가와 씻네.
저항하여 도망치고 싶지만,
부끄러워 뛰쳐나가고 싶지만,

어찌 아셨나요, 주여!
어찌 아셨나요, 주여!
어찌 아셨나요, 주여!
발과 같은 내 인생, 그렇게 씻겨 주시옵소서.

발보다 더 낮아진 그 손이
나를 친구 삼으셨네.

12. 발을 씻음 / 맡은 이

13. 찬송 / 찬송가 251장 "놀랍다 주님의 큰 은혜" / 다같이

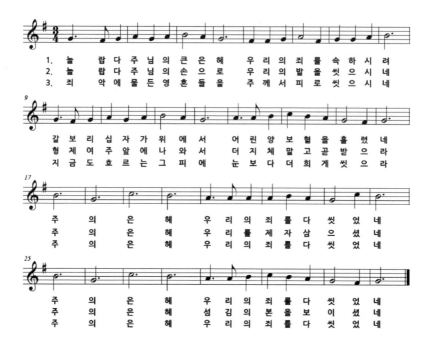

1. 늘   랍 다 주 님 의 큰 은 혜   우 리 의 죄 를 속 하 시 려
2. 늘   랍 다 주 님 의 손 으 로   우 리 의 발 을 씻 으 시 네
3. 죄   악 에 물 든 영 혼 들 을   주 께 서 피 로 씻 으 시 네

갈 보 리 십 자 가 위 에 서   어 린 양 보 혈 을 흘 렸 네
형 제 여 주 앞 에 나 와 서   더 지 체 말 고 곧 받 으 라
지 금 도 호 르 는 그 피 에   눈 보 다 더 희 게 씻 으 라

주   의   은   혜   우 리 의 죄 를 다 씻 었 네
주   의   은   혜   우 리 를 제 자 삼 으 셨 네
주   의   은   혜   우 리 의 죄 를 다 씻 었 네

주   의   은   혜   우 리 의 죄 를 다 씻 었 네
주   의   은   혜   섬 김 의 본 을 보 이 셨 네
주   의   은   혜   우 리 의 죄 를 다 씻 었 네

E. 먹이시는 예수님의 손

14. 성경봉독 / 맡은 이
• 마태복음 14장 15-21절 (오병이어)

15 저녁이 되매 제자들이 나아와 이르되 이곳은 빈 들이요 때도 이미 저물었으니 무리를
보내어 마을에 들어가 먹을 것을 사 먹게 하소서

16 예수께서 이르시되 갈 것 없다 너희가 먹을 것을 주라

17 제자들이 이르되 여기 우리에게 있는 것은 떡 다섯 개와 물고기 두 마리뿐이니이다

18 이르시되 그것을 내게 가져오라 하시고

19 무리를 명하여 잔디 위에 앉히시고 떡 다섯 개와 물고기 두 마리를 가지사 하늘을 우러

러 축사하시고 떡을 떼어 제자들에게 주시매 제자들이 무리에게 주니

²⁰ 다 배불리 먹고 남은 조각을 열두 바구니에 차게 거두었으며

²¹ 먹은 사람은 여자와 어린이 외에 오천 명이나 되었더라

• **마태복음 26장 26-30절** (제자들과 식사)

²⁶ 그들이 먹을 때에 예수께서 떡을 가지사 축복하시고 떼어 제자들에게 주시며 이르시
되 받아서 먹으라 이것은 내 몸이니라 하시고

²⁷ 또 잔을 가지사 감사 기도 하시고 그들에게 주시며 이르시되 너희가 다 이것을 마시라

²⁸ 이것은 죄 사함을 얻게 하려고 많은 사람을 위하여 흘리는 바 나의 피 곧 언약의 피니라

²⁹ 그러나 너희에게 이르노니 내가 포도나무에서 난 것을 이제부터 내 아버지의 나라에
서 새 것으로 너희와 함께 마시는 날까지 마시지 아니하리라 하시니라

³⁰ 이에 그들이 찬미하고 감람 산으로 나아가니라

15. 내레이션 / 양식을 주시는 손 / 인도자
날이 저문 빈들, 어둑한 그림자는 깔리기 시작하고
배고픈 손들은 저마다의 배들을 어루만지며
추위와 함께 가늘게 떨고 있다.

굶주린 인생길, 그 지치고 파리한 손들 사이에서
작은 섬김의 손 하나가 올라왔지만,
모두들 가망 없다는 손짓만을 반복했다.

떡 다섯 개와 물고기 두 마리,
볼수록 초라하고, 볼수록 지치고, 볼수록 능력도 없는
고작 떡 다섯 개와 물고기 두 마리.

그 불신의 틈 사이에서
예수님의 손은 그 가망 없이 저어대는 손들을 뚫고
작은 섬김의 손을 그대로 받으사
하늘을 향해 들어올리셨다.

축사하신 후 떼어 제자들에게 주며 이르시되 "무리에게 나누라."

하늘로부터 내려온 손은 이제 열두 제자에게

열두 제자의 손은 5천의 무리에게

손에서 손으로, 또 손에서 손으로

예수님의 손은 굶주린 인생들을 그렇게 먹이셨다.

주 예수께서 잡히시던 날 밤.

이제 다시 그 손을 들어 동일하게 축사하신 후

떡을 떼어 제자들에게 주시며,

또 잔을 들어 감사기도 하신 후 제자들과 잔을 나누시며 말씀하셨다.

"이것은 죄 사함을 얻게 하려고 많은 사람을 위하여 흘리는 바 나의 피 곧 언약의 피니라."

그 손안에 담긴 그분의 희생, 그분의 사랑,

그리고 그 영원한 생명을 우리의 손에 친히 쥐어주셨다.

16. 성찬찬송 / 찬송가 198장 개사 "주 예수 해변서" / 다같이

* 찬송을 부르며, 성찬을 받습니다.

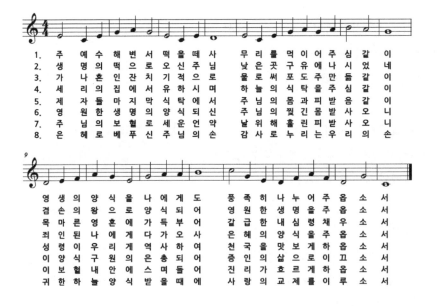

F. 기도하시는 예수님의 손

17. 성경봉독 / 맡은 이

• 마태복음 26장 36-39절

> 36 이에 예수께서 제자들과 함께 겟세마네라 하는 곳에 이르러 제자들에게 이르시되 내가 저기 가서 기도할 동안에 너희는 여기 앉아 있으라 하시고
>
> 37 베드로와 세베대의 두 아들을 데리고 가실새 고민하고 슬퍼하사
>
> 38 이에 말씀하시되 내 마음이 매우 고민하여 죽게 되었으니 너희는 여기 머물러 나와 함께 깨어 있으라 하시고
>
> 39 조금 나아가사 얼굴을 땅에 대시고 엎드려 기도하여 이르시되 내 아버지여 만일 할 만하시거든 이 잔을 내게서 지나가게 하옵소서 그러나 나의 원대로 마시옵고 아버지 의 원대로 하옵소서 하시고

18. 내레이션 / 기도하시는 손 / 인도자

나눌 수 없는 괴로움

나눌 수 없는 짐

그 어느 누구와도 나눌 수 없도록

오직 단 한 사람에게만 허락된 고난과 죽음의 잔

그 잔을 온몸으로 부여잡고

홀로 씨름하는 사내가 있네.

눈앞에 맞닥뜨린 죽음의 실존 앞에

어찌할 수 없는 저항의 몸부림은

몸 안의 실핏줄을 다 터뜨리고

그렇게 땀은 피가 되고

그 피는 핏방울이 되고

그 핏방울은 고통을 토해내듯 떨어지네.

이마에서 움켜진 손 위로

다시 움켜진 손 위에서
그 손끝을 타고 땅으로
땅으로
그 흙으로 떨어지네.

태초에 당신께서 두 손으로 감싸 안으셨던 그 흙 위에
붉은 핏방울이 떨어져
그 피가
그 흙을 덮네.
우리를 덮네.

19. 찬송 / 찬송가 154장 "생명의 주여 면류관" 1, 4절 / 다같이

G. 사람들의 손

20. 성경봉독 / 맡은 이
- **마태복음 26장 14-16절** (파는 손)
    14 그때에 열둘 중의 하나인 가룟 유다라 하는 자가 대제사장들에게 가서 말하되
    15 내가 예수를 너희에게 넘겨 주리니 얼마나 주려느냐 하니 그들이 은 삼십을 달아 주거늘
    16 그가 그때부터 예수를 넘겨 줄 기회를 찾더라
- **마태복음 26장 67-68절** (때리는 손)
    67 이에 예수의 얼굴에 침 뱉으며 주먹으로 치고 어떤 사람은 손바닥으로 때리며
    68 이르되 그리스도야 우리에게 선지자 노릇을 하라 너를 친 자가 누구냐 하더라
- **마태복음 27장 24절** (빌라도)
    24 빌라도가 아무 성과도 없이 도리어 민란이 나려는 것을 보고 물을 가져다가 무리 앞에
      서 손을 씻으며 이르되 이 사람의 피에 대하여 나는 무죄하니 너희가 당하라

21. 내레이션 / 사람들의 손 / 인도자
평생 나를 위해 살다가
평생 나를 위해 움직이고
평생 나만을 먹이었던
탐욕과 권력, 욕망과 자기중심의 손.

법이랍시고 자기와 같은 죄인들을 향해
돌을 들기 서슴지 않았으며
고아와 과부를 신원하지 않고
눈길조차 주지 않았으며
오히려 그들과 같지 아니함을 감사하다고
손을 들고 큰 소리로 기도하기 바빴던
거짓과 교만, 위선과 가증의 손.

그 손들이 예수를 잡아 희롱하고 때리다가
손안에 먼지를 털어버리듯
빌라도 앞에 던져 버렸다.
자신의 손은 마치 아무런 책임도 없다는 듯.

민란이 날까 두려워 떠는 빌라도.
그 떨리는 손 부여잡고 물로 씻으며
자신의 손은 마치 깨끗하다는 듯
예수를 다시 군병들에게 던져 버렸다.
채찍질하고, 십자가에 못 박히게 던져 버렸다.

십자가.

아무도 책임지지 않고 던져 버렸지만
오직 한 사람만이 홀로 붙잡고 있던,

우리의 죄.

22. 찬송 / "우리의 어두운 눈이" / 다같이

H. 못 박힌 예수님의 손

23. 성경봉독 / 맡은 이
• 마가복음 15장 25-27절
   25 때가 제삼시가 되어 십자가에 못 박으니라
   26 그 위에 있는 죄패에 유대인의 왕이라 썼고
   27 강도 둘을 예수와 함께 십자가에 못 박으니 하나는 그의 우편에, 하나는 좌편에 있더
      라

24. 내레이션 / 못 박히신 손 / 인도자
땀과 피와 때로 범벅된 십자가를
간신히 붙들고 있는 예수님의 손이 있네.

병자들을 고치시고, 눈먼 자의 눈을 뜨게 하시며,
자신에게 오는 아이들을 언제나 따뜻하게 안아주시던 손은
이젠 어디로 갔는지 보이질 않고,
관절도 마디도 제대로 움직이지 않는
그저 모양만 남아버린 손이 되었네.

무리들의 손가락질은 갈수록 힘만 더하는데
어찌하여 당신의 손은
그렇게 모양뿐인가요.
무리의 희롱의 손은 갈수록 강도를 더해 가는데
어찌하여 당신의 손은

그렇게 무기력한가요.

그럼에도 그 손은 십자가를 놓지 않은 채
묵묵히 언덕을 오르신다.

골고다, 그 해골이라 불리는 언덕 위에서
무리의 환호소리와 함께 군병들의 손은 올라가고
무리의 저주소리와 함께 군병들의 손이 때려 박을 때,

나무를 다루던 능숙한 손은
나무에 달린 무능한 손이 되었고

나무를 박던 힘 있는 손은
나무에 박힌 무기력한 손이 되었다.

못이 박힌 피 묻은 손과
못을 박은 피 묻은 손이 있는데

못을 박은 피 묻은 손이
이상하게 내 손처럼 붉다.

25. 찬송 / 찬송가 144장 "예수 나를 위하여" / 다같이

26. 통성기도 / 다같이

27. 기도 / 맡은 이

28. 내레이션 / 품으시는 손 / 인도자
우주를 펼치시고

인간을 창조하시며
홍해를 가르신 그 능력의 손이

낮고 낮은 발을 씻기시고
더 낮은 인생들을 찾아가 먹이시더니

죄인들의 손에 이끌려
십자가 위에서 그 손을 넓게 펼치셨다.

우리밖에 몰랐던 그 바보 같은 손은
항상 우리만 위했던 그 바보 같은 손은
항상 우리만 주시고 먹이셨던 그 바보 같은 손은

우리 때문에 찢기셨음에도 불구하고
그 고난과 죽음에 맞서
끝까지 우리를 끌어안고 놓지 않으셨다.

십자가의 손, 그 손으로 펼치신 구원의 통로가
이제 우리 앞에 펼쳐 있다.

29. 찬송 / 찬송가 150장 "갈보리 산 위에" / 다같이

30. 후주 / 반주자

"오늘의 예배는 부활절 아침에 계속됩니다."

III. 예배의 실제 2 - 설교 형태의 버전

1. 전주 / Introduction for the Oratorium "Te Death of Jesus" of Carl Heinrich Graun
   / Ernst Köhler (1799-1847) op.15 / 반주자

2. 예배 안내 / 집례자

A. 손에 대한 묵상[2]

3. 묵상 / 다같이

"pleine main j'ai reçu pleine main je donne" - Le Corbusier -

"나는 한손 가득 받았고, 한손 가득 주었다." - 르꼬르뷔지에 -

주는 손이 있고, 받는 손이 있습니다.
가벼워진 손이 있으며,
그로 인해 무거워진 손이 있습니다.
서로의 부족함을 알며 그것을 채워 주는 손.
그래서 손은 나눔입니다.

병자를 고치는 의사의 손은 참으로 귀한 손입니다.
음악을 연주하는 손도 참 멋진 손입니다.
그림을 그리는 손도 참으로 아름답습니다.
건축가의 손은 세상을 편리하고 행복하게 만듭니다.
요리사의 손은 우리의 삶을 살맛나게 하는 손입니다.
절망을 희망으로, 평범함에서 새로움으로

---

2 르꼬르뷔지에의 열린 손의 이미지를 사용하여 시작한다. 이외에도 내레이션 원고에 맞는 다양한 손의 모양을 이미지로
   만들어 중간 중간 사용할 수 있다.

단조로움에서 풍성함을 만들어 가는 손.
그래서 손은 창조입니다.

그러나
손은 때로 죽이기도 합니다.
허무는 손이 있습니다.
부수는 손이 있습니다.
분리시키는 손이 있습니다.
찌르는 손이 있습니다.
그래서 손은 창조이며 동시에 파괴입니다.

손뼉을 치는 손은 축하하는 마음이며
경례를 하는 손은 존경을 표하는 마음이며
악수를 청하는 손은 환영의 마음입니다.
사랑하는 사람에게 처음으로 건네는 쑥스러운 손은
사랑이고 설렘입니다.
이렇듯 손은 우리의 마음입니다.

엄마의 손은 언제나 약손입니다.
두 팔을 벌려 꼬옥 안아주시는 아빠의 손은 늘 고향 같습니다.
작은 사탕 하나 엄마 입에 넣어주는 아이의 손은 늘 달콤합니다.

그래서 손의 다른 이름이 있다면
그것은 사랑입니다.
이렇듯 손은 나이며,
바로 우리입니다.

B. 하나님의 창조의 손

4. 성경봉독 / 맡은 이
• 창세기 2장 7절

> 7 여호와 하나님이 땅의 흙으로 사람을 지으시고 생기를 그 코에 불어넣으시니 사람이 생령이 되니라

• 이사야 48장 12-13절

> 12 야곱아 내가 부른 이스라엘아 내게 들으라 나는 그니 나는 처음이요 또 나는 마지막이라
> 13 과연 내 손이 땅의 기초를 정하였고 내 오른손이 하늘을 폈나니 내가 그들을 부르면 그것들이 일제히 서느니라

5. 말씀 / 집례자

태초에 손이 있었습니다. 그 손은 하나님의 손이었습니다.
하나님께서는 그 손으로 땅의 기초를 놓으셨으며,
그 손으로 하늘을 펴서 열어놓으셨습니다.
그 손으로 생명나무를 만들어 에덴동산 가운데 세우셨으며
그 손으로 강들의 길을 내셨습니다.
하나님은 그의 손으로 흙을 모으시고 그것으로
아담과 하와를 빚어 만들어 내셨습니다.

그래서 하나님의 손은 창조의 손이며
그 손은 위대한 손이며
생명의 손이며
예술의 손입니다.

6. 찬송 / 찬송가 63장 "주가 세상을 다스리니" 2, 3절 / 다같이

7. 말씀 / 집례자

하지만,

인간의 손은 하나님의 손과 너무 많이 다릅니다.

첫 번째 여자인 하와의 손은 하나님께서 금하신 선악과를 따는 손이었습니다.

아담의 손은 자신의 아내를 비난하는 손입니다.

하와의 손 역시 뱀에게 핑계를 전가하는 손입니다.

에덴동산에서 쫓겨난 아담의 손은 땅의 소산을 얻기 위한 노동의 손이었습니다.

가인의 손은 형제 아벨을 죽이기 위해 돌을 잡은 손이었습니다.

그래서 하나님은 가인에게 이렇게 말씀하십니다.

"네가 무슨 짓을 저질렀느냐? 땅이 입을 벌려서 너의 아우의 피를 너의 손에서 받아 마셨다"(창 4: 11).

하나님께서 인간을 물로 심판하신 후에 또다시 사람들의 손이 등장합니다.

그들의 손에는 벽돌이 들려 있었습니다.

그들의 손은 바벨탑을 쌓는 데 정신이 없었습니다.

흩어짐을 면하기 위해,

그리고 그들의 이름을 내기 위해

바삐 움직이던 손이었습니다.

그래서 우리의 손은

계명을 어기는 손이며

증오와 피를 흘리게 하는 살인의 손이며

이루지 못할 번성을 위해, 그리고 자신을 위해

끊임없이 힘들게 일하는 손입니다.

C. 하나님의 펴신 팔과 권능의 손

8. 성경봉독 / 맡은 이

• 출애굽기 7장 5절

> 5 내가 내 손을 애굽 위에 펴서 이스라엘 자손을 그 땅에서 인도하여 낼 때에야 애굽 사람이 나를 여호와인 줄 알리라 하시매

• 출애굽기 14장 13-16절

¹³ 모세가 백성에게 이르되 너희는 두려워하지 말고 가만히 서서 여호와께서 오늘 너희를
위하여 행하시는 구원을 보라 너희가 오늘 본 애굽 사람을 영원히 다시 보지 아니하리라

¹⁴ 여호와께서 너희를 위하여 싸우시리니 너희는 가만히 있을지니라

¹⁵ 여호와께서 모세에게 이르시되 너는 어찌하여 내게 부르짖느냐 이스라엘 자손에게
명령하여 앞으로 나아가게 하고

¹⁶ 지팡이를 들고 손을 바다 위로 내밀어 그것이 갈라지게 하라 이스라엘 자손이 바다
가운데서 마른 땅으로 행하리라

9. 말씀 / 집례자

고대 문명의 수도 이집트에는
노예처럼 살던 사람들이 있었습니다.
그들은 손으로 흙을 이기는 노동을 하였고
벽돌을 구워 도시를 건설하는 사람들이었습니다.
그들은 이집트 사람들의 노예,
바로 하나님의 백성, 아브라함과 이삭과 야곱의 자손들이었습니다.

그들을 구원하시기 위해 하나님은 펴신 팔과 권능의 손을 사용하십니다.
하나님은 손을 들어 이집트를 치셨습니다.
그리고 그 영광스런 팔로 모세를 시켜서 오른손으로 이스라엘을 구원하셨습니다.
모세가 팔을 들어 올렸을 때 홍해가 갈라졌습니다.

아말렉과의 전쟁에서
모세가 팔을 들어올렸을 때
이스라엘은 승리하였습니다.
아론과 훌이 모세의 두 손을 잡아들고 있을 때에
하나님의 펴신 팔이 이스라엘을 지켜주었습니다.

하나님의 손은 힘이 넘치는 손입니다.

자신의 백성을 구원하시기에 부족함이 없으신 손입니다.
이끄시는 손
젖과 꿀이 흐르는 가나안 땅으로 인도하시는 손
능력의 손
사랑의 손입니다.
그러나
그 위대한 하나님의 능력이 드러나고
시내 산에서 하나님께서 모세에게 주실 율법을 돌판에 손수 써 주시던 바로 그 시간에
이스라엘은 자신의 손으로 금송아지를 빚어 만들었습니다.
그 결과로 그들이 받은 벌은 서로가 칼을 손에 들고 동족을 죽이는 것이었습니다.
그들의 손에는 죽이는 칼이 들려 있었습니다.

여전히
우리의 손은 배신의 손이며
우상을 만드는 손이며
서로를 죽이는 살인의 손입니다.

그러나
그럼에도 불구하고
하나님은 이스라엘을 사랑하셨습니다.
이사야 49장에서 하나님은 말씀하십니다.
"보아라 예루살렘아, 내가 네 이름을 내 손바닥에 새겼고, 네 성벽을 늘 지켜보고 있다."

끊임없는 우리의 배반에도 불구하고
하나님은 우리의 이름을 그 손바닥에 새겨 두시고 기억하셨습니다.
우리를 사랑하셨습니다.

10. 찬송 / "바닷길" / 맡은 이

D. 제자들의 발을 씻으시는 예수님의 손

11. 성경봉독 / 맡은 이

• 요한복음 13장 3-8절

> 3 저녁 먹는 중 예수는 아버지께서 모든 것을 자기 손에 맡기신 것과 또 자기가 하나님
> 께로부터 오셨다가 하나님께로 돌아가실 것을 아시고
>
> 4 저녁 잡수시던 자리에서 일어나 겉옷을 벗고 수건을 가져다가 허리에 두르시고
>
> 5 이에 대야에 물을 떠서 제자들의 발을 씻으시고 그 두르신 수건으로 닦기를 시작하여
>
> 6 시몬 베드로에게 이르시니 베드로가 이르되 주여 주께서 내 발을 씻으시나이까
>
> 7 예수께서 대답하여 이르시되 내가 하는 것을 네가 지금은 알지 못하나 이 후에는 알리라
>
> 8 베드로가 이르되 내 발을 절대로 씻지 못하시리이다 예수께서 대답하시되 내가 너를
> 씻어 주지 아니하면 네가 나와 상관이 없느니라

12. 말씀 / 집례자

어릴 적부터 아버지를 따라 나무를 만진 손.

상처입고 거칠어진 그 손.

예수님의 손.

그 손으로 예수님은 야이로의 딸을 일으켜 세우셨고,

그 손으로 예수님은 병자들을 안수하여 고쳐 주셨습니다.

예수님은 펴신 팔로 그의 품에 달려드는 아이들을 맞이하셨고 그들을 축복하셨습니다.

예수님은 요한복음 10장 28절에서

"나는 내 양들(그들)에게 영생을 준다. 그들은 영원토록 멸망하지 않을 것이요, 또 아무도
그들을 내 손에서 빼앗아가지 못할 것이다"라고 말씀하셨습니다.

수난을 준비하시던 목요일 저녁,

예수님께서는 제자들의 발을 씻어 주십니다.

예수님의 마지막 교훈은 그렇게 그분의 손으로 시작되었습니다.

예수님께서는 잡수시던 자리에서 일어나

겉옷을 벗고, 수건을 가져다가 허리에 두르셨습니다.
그리고 대야에 물을 담아다가 제자들의 발을 씻기셨습니다.

시몬 베드로가 말하였습니다.
"주님, 주님께서 내 발을 씻기시렵니까?"
예수님께서 말씀하셨습니다.
"내가 하는 일을 지금은 네가 알지 못하나 나중에는 알게 될 것이다."
베드로가 다시 예수님께 말하였습니다.
"아닙니다. 내 발은 절대로 씻기지 못하십니다."
예수님께서 말씀하셨습니다.
"내가 너를 씻기지 아니하면 너는 나와 상관이 없느니라."

제자들의 발을 씻어 주신 후에
예수님은 식탁에 앉으셔서 제자들에게 말씀하셨습니다.
"너희가 나를 주 또는 선생님이라고 부르는데, 그것은 옳은 말이다.
내가 사실로 그러하다.
주이며 선생인 내가 너희의 발을 씻겨 주었으니, 너희도 서로 남의 발을 씻어 주어야 한다.
내가 너희에게 한 것과 같이 너희도 이렇게 하라고 내가 본을 보여준 것이다."

사랑이 많으신 우리 주님!

예수님의 손은
섬김의 손이었고
사랑의 손이었습니다.
축복의 손이며
치유의 손이었습니다.

우리 예수님의 손이 참으로 그러하였습니다.

13. 발을 씻음[3] / 맡은 이

14. 찬송 / 찬송가 251장 개사 "놀랍다 주님의 큰 은혜" / 다같이

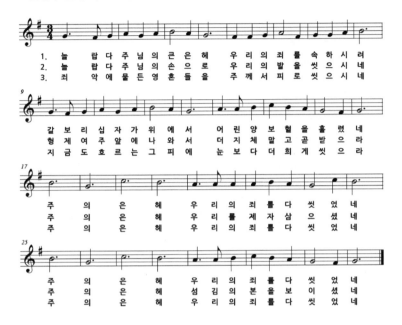

```
1. 놀  랍 다 주 님 의 큰 은 혜    우 리 의 죄 를 속 하 시 려
2. 놀  랍 다 주 님 의 손 으 로    우 리 의 발 을 씻 으 시 네
3. 죄  악 에 물 든 영 혼 들 을    주 께 서 피 로 씻 으 시 네

갈  보 리 십 자 가 위 에 서    어 린 양 보 혈 을 흘 렸 네
형  제 여 주 앞 에 나 와 서    더 지 체 말 고 곧 받 으 라
지  금 도 호 르 는 그 피 에    눈 보 다 더 희 게 씻 으 라

주    의    은    혜    우 리 의 죄 를 다 씻 었 네
주    의    은    혜    우 리 를 제 자 삼 으 셨 네
주    의    은    혜    우 리 의 죄 를 다 씻 었 네

주    의    은    혜    우 리 의 죄 를 다 씻 었 네
주    의    은    혜    섬 김 의 본 을 보 이 셨 네
주    의    은    혜    우 리 의 죄 를 다 씻 었 네
```


E. 먹이시는 예수님의 손

15. 성경봉독 / 맡은 이

• 마태복음 14장 15-21절 (오병이어)

   15 저녁이 되매 제자들이 나아와 이르되 이곳은 빈 들이요 때도 이미 저물었으니 무리를 보내어 마을에 들어가 먹을 것을 사 먹게 하소서

   16 예수께서 이르시되 갈 것 없다 너희가 먹을 것을 주라

   17 제자들이 이르되 여기 우리에게 있는 것은 떡 다섯 개와 물고기 두 마리뿐이니이다

   18 이르시되 그것을 내게 가져오라 하시고

---

3   예수님이 제자의 발을 씻는 모습을 찬송가 251장을 부르는 동안 재연한다.

¹⁹ 무리를 명하여 잔디 위에 앉히시고 떡 다섯 개와 물고기 두 마리를 가지사 하늘을
우러러 축사하시고 떡을 떼어 제자들에게 주시매 제자들이 무리에게 주니

²⁰ 다 배불리 먹고 남은 조각을 열두 바구니에 차게 거두었으며

²¹ 먹은 사람은 여자와 어린이 외에 오천 명이나 되었더라

- 마태복음 26장 26-30절 (제자들과 식사)

²⁶ 그들이 먹을 때에 예수께서 떡을 가지사 축복하시고 떼어 제자들에게 주시며 이르시
되 받아서 먹으라 이것은 내 몸이니라 하시고

²⁷ 또 잔을 가지사 감사 기도 하시고 그들에게 주시며 이르시되 너희가 다 이것을 마시라

²⁸ 이것은 죄 사함을 얻게 하려고 많은 사람을 위하여 흘리는 바 나의 피 곧 언약의 피니라

²⁹ 그러나 너희에게 이르노니 내가 포도나무에서 난 것을 이제부터 내 아버지의 나라에
서 새 것으로 너희와 함께 마시는 날까지 마시지 아니하리라 하시니라

³⁰ 이에 그들이 찬미하고 감람 산으로 나아가니라

16. 말씀 / 집례자

제자들의 발을 씻어 주신 후에
우리 주님은 식탁에서 제자들에게 빵과 포도주를 나누어주셨습니다.
육신으로는 마지막으로 제자들에게 건네신 주님의 손길이었습니다.

주님께서는
빵을 들어서
축복의 기도를 드리신 다음
떼어 제자들에게 손수 나누어주시면서 말씀하셨습니다.
"이것은 내 몸이니라."
또한 주님께서는
고난을 당하실 그 손으로
잔을 가지사
감사의 기도를 드리시고
제자들에게 나누어주시며 말씀하셨습니다.
"이것은 죄사함을 얻게 하려고 많은 사람을 위하여 흘리는 나의 피, 곧 언약의 피이다."

〔기도〕

사랑이 많으신 하나님!

우리에게 아들 예수 그리스도를 보내 주심을 감사드립니다.

그분은 생명의 빵으로 베들레헴 말구유 위에 오신 분입니다.

"돌로 빵이 되게 하라"는 사탄의 유혹을 물리치시고

자신만을 위한 식탁을 거부하신 하나님의 아들 우리 주님께서는

언제나 사람들을 위한 식탁을 마련하기를 즐거워하셨습니다.

가장 작은 자리에 오셨고 가장 낮은 자리에서 살아가셨지만

우리 주님의 손은 언제나 나누시고 베푸시는 손이었습니다.

물고기 두 마리와 보리떡 다섯 개로 오천 명의 주린 이들을 손수 먹이신 주님,

죄인들의 집에서 천한 이들과 함께한 식탁에 앉아 같은 빵에 손을 넣어 나누어 드신 주님,

마지막 날 저녁, 제자들과 함께하시며 그들에게 빵과 포도주를 손으로

나누어주시며

"이것을 먹고 마실 때마다 나를 기억하여라"고 말씀하신 주님!

이제 우리가 주님을 기억하기 위하여

빵과 포도주를 들어 감사를 드리며

주님의 성찬을 받고자 합니다.

이제 주님께 간구하오니

약속하신 성령을 보내어 주시어

우리가 이 빵과 잔을 받을 때에

주님의 귀한 은혜의 손길을 느끼며

생명의 양식을 받게 하여 주시옵소서.

베푸시는 주님의 손으로부터

이 귀한 하늘의 양식을

우리의 손으로 직접 받아 누리는

아름다운 교환이 일어나게 하여 주시옵소서.

우리 주 예수 그리스도의 이름으로 기도하옵나이다. 아멘.

[성찬]

이 빵은 우리 주님의 몸입니다.

우리를 위하여 십자가 위에 달리시고 찢기신 주님의 살입니다.

이 잔은 우리 주님의 보혈입니다.

우리를 위하여 십자가 위에서 목마르다 외치며 흘리신 주님의 피입니다.

이제 우리 주님께서

자신의 죽으심과 수난을 통하여 이루어 내신

생명의 양식을

우리에게 주십니다.

회개하는 마음과 감사의 마음으로 주님께 나와

손을 내밀어 빵과 잔을 받으십시오.

17. 성찬찬송 / 찬송가 198장 개사 "주 예수 해변서" / 다같이

* 찬송을 부르며 성찬을 받습니다.

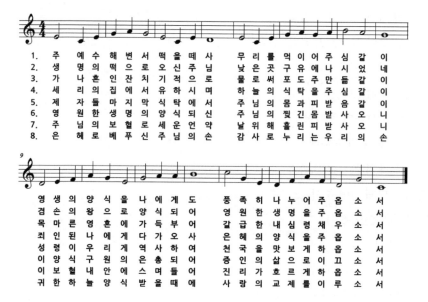

18. 성찬 후 기도 / 집례자

하나님!

어느 부모가 자녀의 죽음을 보며 슬퍼하지 않을 수 있겠습니까?

아들의 십자가 처형을 바라보시며 눈물 흘리셨을 하나님!

우리가 무엇이기에

우리를 이토록 사랑하시나이까?

감히 받을 수 없는 은혜를 받았습니다.

우리의 죄를 씻어 주시고

그 손으로 우리에게 생명의 양식을 주시며 말씀하셨듯이

이제 우리는 주님의 죽으심을 다시 오실 그날까지 기억합니다.

이 은혜 누리며 감사하며 우리에게 주신 소명을 감당하며 살게 하여

주시옵소서.

우리 주 예수 그리스도의 이름으로 기도하옵나이다. 아멘.

F. 기도하시는 예수님의 손

19. 성경봉독 / 맡은 이

- **마태복음 26장 36-39절**

  36 이에 예수께서 제자들과 함께 겟세마네라 하는 곳에 이르러 제자들에게 이르시되
  내가 저기 가서 기도할 동안에 너희는 여기 앉아 있으라 하시고

  37 베드로와 세베대의 두 아들을 데리고 가실새 고민하고 슬퍼하사

  38 이에 말씀하시되 내 마음이 매우 고민하여 죽게 되었으니 너희는 여기 머물러 나와
  함께 깨어 있으라 하시고

  39 조금 나아가사 얼굴을 땅에 대시고 엎드려 기도하여 이르시되 내 아버지여 만일 할
  만하시거든 이 잔을 내게서 지나가게 하옵소서 그러나 나의 원대로 마시옵고 아버지
  의 원대로 하옵소서 하시고

20. 말씀 / 집례자

사람들의 손에 넘겨지시던 마지막 밤에 우리 주님은 겟세마네 동산에서 마지막으로 얼굴
을 땅에 대고 엎드려 손을 모아 기도하셨습니다.

"나의 아버지, 하실 수만 있으시면 이 잔을 내게서 지나가게 해 주십시오. 그러나 내 뜻대

로 하지 마시고 아버지의 뜻대로 해 주십시오."

그 기도는 인간으로 드릴 수 있는 가장 아름다운 기도였습니다.
그러면서도 살고 싶어 하는 인간의 소망이 담겨 있는 기도였습니다.
그러나 하나님께서는 예수님의 그 소망을 이루어 주시지 않았습니다.
하나님의 뜻을 이루시기 위해 십자가 위의 아들을 구하시지 않았습니다.

예수님께서는 그 십자가 위에서 애절하게 기도하십니다.
"엘로이 엘로이 레마 사박다니?
나의 하나님, 나의 하나님, 어찌하여 나를 버리셨나이까?"(막 15:34, 새번역)

그러나
그럼에도 불구하고
예수님은 그 십자가 위에서 다시 우리를 위해 기도하십니다.
"아버지 저들을 사하여 주옵소서 자기들이 하는 것을 알지 못함이니이다"(눅 23:34).

그리고 마지막으로 예수님은 십자가 위에서 두 팔을 벌린 채
하나님께 기도합니다.
"아버지 내 영혼을 아버지 손에 부탁하나이다"(눅 23:46).

사람들의 손에 넘겨져서 죽임을 당하시는 우리 주님께서는
이제 아버지의 손을 바라보며 죽음을 맞이하십니다.

21. 찬송 / 찬송가 154장 "생명의 주여 면류관" 1, 4절 / 다같이

G. 사람들의 손

22. 성경봉독 / 맡은 이

- 마태복음 26장 14-16절 (파는 손)

  ¹⁴ 그때에 열둘 중의 하나인 가룟 유다라 하는 자가 대제사장들에게 가서 말하되

  ¹⁵ 내가 예수를 너희에게 넘겨 주리니 얼마나 주려느냐 하니 그들이 은 삼십을 달아 주거늘

  ¹⁶ 그가 그때부터 예수를 넘겨 줄 기회를 찾더라

- 마태복음 26장 67-68절 (때리는 손)

  ⁶⁷ 이에 예수의 얼굴에 침 뱉으며 주먹으로 치고 어떤 사람은 손바닥으로 때리며

  ⁶⁸ 이르되 그리스도야 우리에게 선지자 노릇을 하라 너를 친 자가 누구냐 하더라

- 마태복음 27장 24절 (빌라도)

  ²⁴ 빌라도가 아무 성과도 없이 도리어 민란이 나려는 것을 보고 물을 가져다가 무리 앞에
  서 손을 씻으며 이르되 이 사람의 피에 대하여 나는 무죄하니 너희가 당하라

23. 말씀 / 집례자

사람들의 손이 있습니다.

예수님께서 지나가실 때 환호하던 손이 있습니다.

예수님께서 빵을 나누실 때 받아들던 손이 있습니다.

종려나무 가지를 들고 호산나를 외치던 손이 있습니다.

사람들의 손이 있습니다.

은 서른을 손에 쥔 가룟 유다의 손이 있습니다.

예수를 모른다고 손사래를 치던 베드로의 손이 있습니다.

대야에 물을 떠놓고 씻으며 자신은 이 피에 대하여 죄가 없다며 책임을 회피하는 빌라도
의 손이 있습니다.

"예수를 십자가에 못 박으시오"라고 외치는 사람들의 손이 있습니다.

가시관을 만들어 예수님을 조롱하며 그의 머리에 가시관을 씌운 손이 있습니다.

채찍을 든 손이 있습니다.

창을 든 손이 있습니다.

옷을 나누는 손이 있습니다.

그리고…

예수님의 손과 발에 못을 박는 손이 있습니다.

하나님의 손은 그리도 사랑스런 손이었는데
예수님의 손은 언제나 우리를 위해 열려 있었는데
우리의 손에는
증오와 배신의 창과 검, 그리고 망치가 들려 있습니다.

24. 찬송 / "우리의 어두운 눈이" / 다같이

H. 못 박힌 예수님의 손

25. 성경봉독 / 맡은 이
• 마가복음 15장 25-27절

   25 때가 제삼시가 되어 십자가에 못 박으니라

   26 그 위에 있는 죄패에 유대인의 왕이라 썼고

   27 강도 둘을 예수와 함께 십자가에 못 박으니 하나는 그의 우편에, 하나는 좌편에 있더라

26. 말씀 / 집례자
예수님은 우리의 발을 씻어 주셨는데
우리는 그분의 발에 못을 박았고
예수님은 우리의 손에 생명의 양식을 들려 주셨는데
우리는 그분의 손에 못을 박았습니다.

땅과 하늘을 펴시고 인간을 빚으시고
내가 너를 낳았다 말씀하셨던 그 손!
강한 팔과 펴신 팔로 이스라엘 백성을 내 백성이라며 인도하여 내셨던 그 손!
병자들을 찾아오셔서 그들에게 안수하시고 그들을 고쳐 주셨던 그 손!
가난하고 배고픈 사람들을 위해서 빵과 생선을 나누어주시며
잔치를 배설해 주셨던 그 손!
제자들의 발을 씻어 주셨던 그 손!

그 손에 우리는 못을 박았습니다.

내가 너의 이름을 내 손바닥에 새겼노라 말씀하셨는데
우리는, 우리의 이름을 새겨넣으셨던
바로 그 사랑의 손바닥 위에
커다란 못을 박았습니다.

그 못은
하나님의 손길에 대한 거절이며
그 못은
예수님의 사랑에 대한 거부입니다.
하나님 없이 내가 해 보겠다는 인간의 원초적 죄입니다.
우리는 그렇게 주님의 손을 십자가에 못 박았습니다.

도우시는 하나님의 손길, 도우시는 주님의 손길을
우리는 그렇게 거부하고 그 주님의 손에 못을 박은 것입니다.

그리고 지금도 우리는 이렇게 말합니다.

내가 할 수 있습니다.
내가 벽돌을 굽고 우리의 이름을 드러낼 것입니다.
높은 탑을 쌓아 우리가 파멸되지 않게 할 것입니다.
하나님,
우리는 하나님이 필요 없습니다!

이것이 바로 십자가 사건입니다.
우리가 주님의 손에 못을 박았습니다.
우리 주님의 손이 우리를 위하여 아무것도 할 수 없도록 그렇게 만들어 버린 것입니다.

27. 찬송 / 찬송가 144장 "예수 나를 위하여" / 다같이

28. 통성기도 / 다같이

29. 기도 / 맡은 이

30. 말씀 / 집례자
하지만 여러분!
참으로 놀라운 일이 일어났습니다.
우리 인간들이 예수님의 손에 못을 박고 그를 십자가 위에 달았을 때
예수 그리스도의 팔이 펴지셨습니다.
모세가 손을 들었을 때 하나님의 승리가 시작되었듯이
하나님께서 일하기 시작하신 것입니다.
예수님의 펴신 팔은 이제 아론과 훌이 붙잡고 있지 않습니다.
우리가 박아 놓은 못이 그의 팔을 붙잡고 있습니다.

이 세상의 영과 사탄의 세력이 우리 주님의 그 펴신 팔과 권능으로 멸망을 당할 것입니다.
죽음의 힘, 거짓의 영이 그 펴신 팔 아래 무릎을 꿇을 것입니다.
우리 주님께서 이루실 것입니다. 할렐루야! 아멘.

31. 찬송 / 찬송가 150장 "갈보리 산 위에" / 다같이

32. 후주 / "In Memoriam" Introduction with Choral / Carl Reinecke(1824-1910) op.128
        / 반주자

"오늘의 예배는 부활절 아침에 계속됩니다."